幼儿园
游戏组织与指导

主　编　李立峰　李晓红

副主编　赵　杏　林静雯

参　编　李昊琼　刘　哲　张　晴

北京理工大学出版社
BEIJING INSTITUTE OF TECHNOLOGY PRESS

图书在版编目（CIP）数据

幼儿园游戏组织与指导 / 李立峰 , 李晓红主编 . --
北京 : 北京理工大学出版社 , 2023.11
　ISBN 978-7-5763-3122-6

　Ⅰ . ①幼… Ⅱ . ①李… ②李… Ⅲ . ①学前教育—游
戏课—高等职业教育—教材 Ⅳ . ① G613.7

中国国家版本馆 CIP 数据核字（2023）第 224120 号

责任编辑：封　雪　　　文案编辑：毛慧佳
责任校对：刘亚男　　　责任印制：边心超

出版发行 / 北京理工大学出版社有限责任公司
社　　址 / 北京市丰台区四合庄路 6 号
邮　　编 / 100070
电　　话 /（010）68914026（教材售后服务热线）
　　　　　　（010）68944437（课件资源服务热线）
网　　址 / http://www.bitpress.com.cn

版 印 次 / 2023 年 11 月第 1 版第 1 次印刷
印　　刷 / 定州市新华印刷有限公司
开　　本 / 787 mm × 1092 mm　1/16
印　　张 / 13.5
字　　数 / 238 千字
定　　价 / 89.00 元

前言

QIANYAN

《幼儿园教育指导纲要（试行）》中明确了游戏在幼儿园教育中的地位，认为幼儿教育要"以游戏为基本活动，寓教育于各项活动之中"，不但要将游戏的权利还给儿童，而且还要利用游戏来实现教学目标。《3~6岁儿童学习与发展指南》中也提出了"幼儿园要以游戏为基本活动"的思想，指出教师在向幼儿传授知识的同时，还应该让幼儿享受应有的游戏权利。

本教材根据学生的认知特点与学习习惯，以培养学生正确的游戏观、儿童观、教育观为宗旨，以有效提升学生游戏活动的组织、指导和设计能力为目的，根据《3~6岁儿童学习与发展指南》以及《幼儿园教师专业标准(试行)》中对幼儿教师的能力要求，夯实理念、理实结合、强化实操，全面、科学、系统地阐述幼儿游戏的基本理论以及当前常见的幼儿游戏形式和组织方式，以帮助学生正确把握幼儿园游戏活动的作用，掌握幼儿园游戏活动的基本原理，从而提高学生的专业素养和职业能力。

本教材的特色如下：

1.理论引领，思政融入

本教材坚持以习近平新时代中国特色社会主义思想引领教材建设，扎实推动二十大精神进教材、进课堂、进头脑，全面提升教材的思想性、科学性和时代性，结合国家对于学前教育的要求，使学生了解幼儿游戏的相关理论和本质特征，深入认识幼儿游戏的特点及分类，理解各种游戏活动的重要意义，树立正确的游戏观。同时，本教材还融入课程思政的元素，将立德树人的根本任务和幼儿教师专业素养要求落实到每个项目中，将"师德为先""幼儿为本""能力为重""终身学习"的理念贯穿学习全过程，增强学生的文化认同感，提升学生的学习积极性。

2.岗位对接，技能提升

本教材聚焦学前教育游戏学科的核心素养，体现人才培养模式改革方向，以幼儿园的工作流程为主线，以经典的游戏案例为辅助，从幼儿教师必备的职业素养和岗位技能构建教材体系，以真实案例为切入点来启发学生思考、领悟、迁移、提升，贴合幼儿教师工作岗位，从而满足学生继续学习和未来发展的不同需求，重点培养学生的游戏开展与组织能力，使核心素养落地生根，体现"学以致用"的职业教育特点。此外，本教材还在课后练习中增加了幼儿教师资格考试真题，这样可以提高教材内容与幼儿园游戏活动的融合程度。

3.结构创新，与时俱进

本教材以学生为中心，兼具中国特色与国际视野，在彰显时代特点的同时，也传承了优秀的传统文化。本教材以纸质教材为基础，以内容为核心，科学地设计模块，满足学生对于项目学习、案例学习、模块化学习等不同学习方式的需求。本教材的语言生动活泼、图文并茂、兼顾趣味性和易读性，突出实用性、实践性和职业性。同时，本教材还与时俱进，以资源库和平台为支撑，配套了电子教案、微课视频、动画等，还有在线开放课程、试题库资源等，通过二维码、MR技术和资源平台等方式呈现，保证了教学形式的形象化、立体化、动态化，以及教材内容的前沿性。

本教材由李立峰、李晓红担任主编，由赵杏、林静雯担任副主编。另外，李昊琼、刘哲、张晴也参与了本教材的编写工作。本教材编写的具体分工如下：李晓红编写项目一、赵杏编写项目六、林静雯负责编写项目二、项目七和项目八、李昊琼负责编写项目四、刘哲负责编写项目九、张晴负责编写项目三、项目五和项目十、李晓红负责全书案例、图片的统筹与整理，赵杏和刘哲负责微课、视频等相关教学资源的收集和整理，李立峰负责全书的统稿工作。

在本教材的编写过程中，编者得到了河南财经政法大学幼儿园、郑州郑东新区海文实验幼儿园的大力支持。本教材的编写参考、引用、借鉴了一些国内外学者的研究成果，在此对相关作者表示感谢。

本教材可作为院校学前教育专业学生的教材，也可作为幼教行政工作者、幼儿园教师、早期教育机构工作人员的教学参考用书。

由于时间和水平有限，本教材尚存不妥之处，恳请广大读者批评指正。

编　者

目录

MULU

目录

项目一

揭开幼儿园游戏神秘的面纱
——绪论

　　《幼儿园教育指导纲要（试行）》中明确了游戏在幼儿园教育中的地位，即幼儿园教育要"以游戏为基本活动，寓教育于各项活动"。游戏是幼儿的基本权利，他们在"游戏"中可以更好地认识世界，从而促进身心健康。我国著名教育家陈鹤琴表示："游戏是孩子的生命，游戏是孩子获取知识的基本活动形式。"可见，游戏中蕴含着幼儿发展的需要和教育的契机。游戏到底是什么？对于这个问题不同的人会有不同的回答。鉴于"游戏"呈现出的复杂性、多样性，我们尝试从不同角度揭开幼儿园游戏的神秘面纱。

　　本项目主要介绍幼儿园游戏的概念、特征、分类、游戏理论的基础流派、游戏与幼儿的发展等，目的是引导学生树立正确的儿童观、教育观、教师观和科学的游戏观，全面认识游戏，正确把握幼儿园游戏的地位和作用，了解幼儿、热爱并尊重幼儿，遵循幼儿教育规律，提高专业素养和教育教学水平。

 **思维导图**

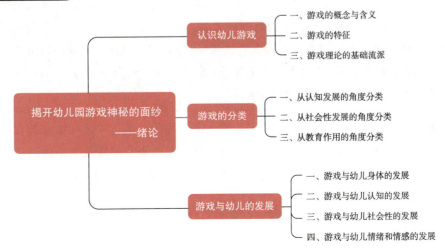

揭开幼儿园游戏神秘的面纱——绪论
- 认识幼儿游戏
  - 一、游戏的概念与含义
  - 二、游戏的特征
  - 三、游戏理论的基础流派
- 游戏的分类
  - 一、从认知发展的角度分类
  - 二、从社会性发展的角度分类
  - 三、从教育作用的角度分类
- 游戏与幼儿的发展
  - 一、游戏与幼儿身体的发展
  - 二、游戏与幼儿认知的发展
  - 三、游戏与幼儿社会性的发展
  - 四、游戏与幼儿情绪和情感的发展

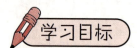

（1）理解和掌握幼儿园游戏的概念、本质特征、分类。
（2）理解游戏理论的基础流派与及其对幼儿发展的作用。

能够运用游戏的相关理论分析幼儿的各种游戏行为，并解决游戏中出现的基本问题。

（1）初步认识幼儿游戏的重要性，积极组织与指导幼儿开展游戏。
（2）愿意用游戏的理论分析、解决幼儿在游戏中遇到的实际问题。

学习支持一　认识幼儿游戏

　　在某幼儿园一次内部公开课上，一位教师在教学过程中讲解并带领幼儿玩了自己设计的一个非常精彩的游戏，孩子们玩得很开心，这节公开课也由于设计新颖而得到了幼儿园领导的一致好评。但在活动结束后，两个小朋友聊天时说："老师的游戏终于玩完了，该玩我们的游戏了。"原来，幼儿将教师教学中设计的游戏当作一项任务来完成，而并非我们所认为的自主、自愿地玩游戏。

　　分析：在游戏中，幼儿对玩什么、怎么玩、用什么玩、与谁玩都有着自由选择的权利。游戏规则的制定、游戏材料的选择、游戏情节的发展无不体现了游戏者对游戏活动的把握程度。因此，对于案例中的幼儿来说，教师设计的活动不算游戏，只是任务。

一、游戏的概念与含义

1. 游戏的概念

对于游戏的概念，一直是许多心理学家、教育学家研究和探讨的问题。但是，由于研究者对游戏的理解、使用的方法论、研究的角度、依据的材料以及所持的态度都不尽相同，迄今为止，仍然没有一个能得到一致认同的精确的术语来定义游戏。

"游戏"一词早在我国战国时期的历史文献中就有出现，该词由从古汉语中的"遊""遨""嬉"等词发展而来，"游戏"的字面意思即游乐嬉戏。《尔雅》曰："游，戏也。"又曰："戏，谑也。""谑，戏也。""游""戏""谑"相通。《说文解字》中对比也有相应的解释："游，旌旗之流也。""游"的本义是饰于旗帜上下垂的飘带，从而引申出了悠闲从容、无拘无束的含义，有运动、活动、嬉戏的意思。

"游戏"最早见于《史记·老子韩非列传》。庄子曰："我宁游戏污渎之中自快，无为有国者所羁，终身不仕，以快吾志焉。"这表达了"不以物喜，不以己悲"的精神。古汉语中有关游戏的解释主要有两层意思：第一，游戏是人们在休息、闲暇时的一种玩耍娱乐的活动形式，有随心所欲、无拘无束的意思；第二，游戏有不严肃、不认真、玩世不恭的意思。

游戏是一种活动形式，也是一种社会文化现象，属于人文学科研究的内容，由于反映了人的主体精神，具有极其丰富和复杂的内涵，而不同的人从不同的角度理解、评析、定义游戏，所得出的结论都是不同的。因此，给游戏下定义比较困难。然而，游戏活动的特点是"逸"，是轻松、自在的休闲娱乐活动，人们能够从中获得相应的乐趣体验。所以，有的学者把游戏定义为自主、自由、使个体获得愉快和满足之感非功利性行为的总称。

2. 幼儿游戏的含义

游戏是游戏者能动驾驭活动对象的主题性活动，它直观地表现为幼儿的主动性、独立性和创造性活动。幼儿游戏的含义概括为以下几方面。

1）游戏是幼儿喜爱的活动，是幼儿生活的主要内容

如果仔细观察，就不难发现幼儿每天除了吃饭、睡觉外，绝大多数时间用来游戏，只要没有特别限制或身体不适，他们一定是在游戏中。即便是劳动、学习等活动，幼儿也常常是以游戏的形式来进行的，或者是将学习、劳动的过程变成游戏活动。可见，幼儿不仅喜欢游戏，还喜欢把他们的一切生活游戏化，如图1-1-1所示。人们通常认为"游戏"是幼儿的基本活动，是适合幼儿年龄特点的、有目的和有意识的，通过模仿和想象来反映周围现实生活的一种独特的社会活动。

图 1-1-1　幼儿涂鸦

2）游戏符合幼儿身心发展的需要

游戏是符合幼儿身心发展特点的活动。由于幼儿的高级神经系统和身体的其他系统仍不健全，容易产生疲劳，导致他们带有明显的年龄特征——好动，幼儿长时间呆坐不动或者保持统一动作都会使他们感到疲劳和厌烦。此外，幼儿的认知过程具有形象性强、有意性弱的特点，而游戏是具体的、形象的，而游戏中有动作、玩具和游戏材料，如图1-1-2中的小朋友们就是在玩自制跷跷板。游戏的内容和形式也是丰富多彩、灵活多变且可以自由活动的，这些都符合幼儿身心发展的特点，可以满足幼儿身心发展的需要。

图 1-1-2　小朋友们玩自制跷跷板

3）游戏是幼儿特有的一种学习方式

游戏与其他学习活动相比，有着不同的特点，如图1-1-3所示。

（1）学习的动力来自幼儿自身。幼儿在游戏中学习，是为了满足自身的好动、好奇，以及与人交往等方面的需要，完全是由幼儿的兴趣、爱好、探究欲望等内部动机推动的。

（2）学习没有明显的目的。幼儿玩游戏的目的在于游戏活动本身，是为了好玩而游戏。幼儿虽然在游戏中学习，却没有明显的学习目标。目标是隐含于游戏过程之中的，只要幼儿积极、主动地投入游戏，就会在游戏的过程中自然地实现某些方面的发展目标。

（3）学习是潜移默化的。由于总是伴随着愉快的情绪体验，且积极性与主动性很强，幼儿在游戏中的学习是潜移默化的，甚至连自己也不知道这是在进行学习。

图 1-1-3　幼儿游戏——小小修理工

二、游戏的特征

1. 自主自愿性

游戏是幼儿的天性，是幼儿出于自己的兴趣与愿望而自发、自愿、主动进行的活动。游戏的发展由幼儿自主决定，而自愿性是幼儿游戏的本质特征之一。

从现实生活中可以看到，幼儿每天都在自发地游戏。比如，他们看到滑梯就会爬上去再滑下来，看到沙堆就会去垒城堡，看到长木棍就拿来当马骑。另外，他们还会自愿地结成伙伴一起进行游戏，根据自己的意愿和经验，及时调整游戏的进程、改变游戏的情节、创造游戏的玩法，而不需要别人在旁边组织与督促。幼儿参与游戏的诱因是内部动机，不是由外部动机强制决定的，也不是为了顺从社会和其他外部条件的要求。

2. 虚构性

游戏是幼儿把现实生活与想象活动充分结合的有效手段，是幼儿在假想的情景中反映周围生活。对幼儿来说，游戏就等于玩，是"假装的，不是真的"，主要表现在"以人代人""以物代物""情境转换"三个方面。幼儿在现实生活中的体验、感悟、愿望都以表象的形式反映到游戏中，形成新的形象和动作方式。比如，幼儿用一截小树枝当注射器，把沙子当米饭"吃"，假想自己是医生给病人打针治病等。幼儿在对游戏角色、情节、语言、动作、场所和玩具的幻想中虚构了一个"真实"的自己，充分发挥着自己的想象力和创造力，表达着对现实生活的热爱与渴望，享受着幻想中的满足与乐趣。

　案例1

阳阳左手拿着一根枝条拖在地上，右手拿着另一根枝条，一边蹦跳，一边发出"驾""驾"的声音；同时，还挥动右手的"马鞭"。到了路口，阳阳的双手突然平举，停在空中，嘴里发出"吁"的长音，惟妙惟肖地"勒住了马"。

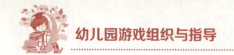

> **分析**：案例中的幼儿把自己想象成骑士，把左手的枝条想象成马匹，右手拿的枝条想象成马鞭，使活动具有游戏性。

3. 非功利性

成人从事工作或者劳动时都有明确的目的，要生产出有社会实用价值的财富，并且按照客观实际严格遵守操作方法。但是，幼儿游戏却与此不同，它只能让幼儿在游戏过程中获得满足感，没有外部强加的目的，也不会换得经济利益。所以，幼儿游戏是非功利性的活动，没有实用价值，没有强制性的社会义务，也不直接创造财富。

4. 愉悦性

无论是完全自主开展，还是在家长与教师的组织与指导下进行游戏活动，都是适应幼儿的需要与身心发展水平的，因此，能使幼儿感到满足与快乐。在游戏过程中，幼儿可以控制所处的游戏环境，甚至能根据需要改造环境，从而充分展现他们的能力，实现他们的愿望。因此，幼儿从成功和创造中获得愉悦感。

三、游戏理论的基础流派

1. 经典游戏理论

幼儿游戏作为一种社会文化现象，早在人类社会开始时就已产生。直到19世纪，在达尔文进化论的影响下，人们才开始关注幼儿的游戏，并提出了许多游戏理论。幼儿游戏理论的研究受到生物学、心理学、文化学、人类学、逻辑学等多学科的关注。由于研究者们对于幼儿游戏的基本观点不同，观察问题的角度不同，思考和说明问题的方法也不同，便出现了各种不同的游戏理论学派。这些学派之间并不存在根本观点的冲突，他们共同补充着游戏的概念，为游戏理论的发展奠定了坚实的基础。

1）剩余精力说

剩余精力说的代表人物：英国社会学家、心理学家斯宾塞，德国思想家席勒。

其主要观点：任何生物体都有让自己生存的能力（精力），在生存需求满足之后，若还有剩余的能量，即多余的精力。而多余的精力累积起来就会形成压力，所以必须消耗掉。儿童在日常生活中耗费的精力较少，多余的精力必须消耗下去散出去，否则就会"爆炸"，而游戏活动是消耗多余精力的最佳方法。

2）松弛说

松弛说的代表人物：德国哲学家拉察鲁斯和帕特里克。

其主要观点：人类在脑力和体力劳动过程中都会感到疲劳，为了放松自己，消除疲劳，便开始游戏。游戏和娱乐互动可以使机体解除紧张状态，具有一种恢复精力、增进健康的技能，所以，游戏是使人们恢复精力的一种活动。幼儿由于身心发展水平的限制和生活经验的缺乏，难以适应复杂的外部世界，很容易疲劳，需要通过游戏来恢复精力。

此理论的实际意义是休闲活动有助于长时间工作后的精力恢复。在幼儿教育中，此理论可使幼儿的生活处于动静交替、张弛有度的有序结构中。

3）生活准备说

生活准备说的代表人物：德国生物学家、新达尔文主义者格鲁斯。

主要观点：从生物进化论的观点出发，认为游戏不是无目的的活动，而是为将来的生活做准备。游戏是人与动物都具有的本能活动。游戏时间的长短随动物进化的程度而异，越是高级的动物，在成年后维持生存所必备的基本技能越复杂，需要练习的时间越长，幼儿期越长，游戏时间越长。把幼儿游戏看成是未来生活的预先练习，是幼儿对未来生活的一种无意识的准备，是一种升华本能、演练生活的手段。此观点强调了游戏的实践意义，也强调了游戏中的学习，把游戏与幼儿的发展联系起来。

4）生长说

生长说的代表人物：美国学者阿普利登和奇尔摩。

其主要观点：游戏是幼儿能力发展的一种模式，游戏是生长的结果，也是机体练习技能的一种生长性手段。游戏源于练习生长的内驱力，幼儿在游戏中生长。

5）复演说

复演说的代表人物：美国心理学家霍尔。

其主要观点：幼儿的游戏是个体昼现祖先的动作和活动，复演人类种族进化的历史，如幼儿的攀爬和荡秋千的游戏是人类处于动作阶段生活的复演，团体游戏是部落时期人类生活的复演等。通过游戏的重演，个体可以逐步摆脱原始的本能动作，从而为复杂的活动做准备。

复演说以一种近于玄乎的观点解释了幼儿游戏的本质，也说明了某些看似平常的问题，幼儿游戏是重现祖先生物进化的过程，是对从太古时代到文明社会的行为发展的复演活动。

6）成熟说

成熟说的代表人物：荷兰心理学家、生物学家拜敦代克。

主要观点：这是一种根据心理动力理论建构起来的游戏理论，认为游戏是幼儿在操作某些物品以进行活动，是幼稚动力一般特点的表现，而不单纯是一种机能。例如，幼儿的活动经常表现出无方向性、冲动性、好动等。因此，游戏既不是练习，也不是本能，而是一种欲望的表现。是由于年幼才有游戏，而不是因为游戏才有童年。

2. 现当代游戏理论

1）精神分析的游戏观

精神分析的游戏观的代表人物：奥地利心理学家弗洛伊德。

其理论观点：以奥地利著名精神病学家，精神分析学派的创始人弗洛伊德为代表的精神分析学派则提出了"游戏发泄论"和"游戏补偿论"，认为人的欲望常被压抑，不能随意表现出来，游戏则使幼儿能逃脱现实的强制和约束，给他们提供安全的环境，游戏可促使幼儿发泄他内在的抑郁和不良的情绪，从而摆脱和消除它，以满足其追求快乐的愿望。游戏是满足欲望和克服创伤性事件的手段，促使幼儿发展自我力量来应付现实环境，补偿在现实生活中得不到满足的欲望，从而能够正常发展。

2）角色模仿的游戏观

角色模仿的游戏观的代表人物：心理学家萨立。

其理论观点：幼儿游戏的实质在于执行某个角色，创造某种新地位。幼儿最初对游戏产生的兴趣，明显地表露出幼儿内心幻想的成果，这些内心幻想深埋于幼儿心中，并成为游戏的源泉。幼儿通过扮演现实生活中某个角色来"实现"愿望。

3）认知动力的游戏观

认知动力的游戏观的代表人物：瑞士心理学家皮亚杰。

其理论观点：游戏是幼儿学习新的复杂事件的方法，也是巩固和扩大已有概念和技能的方法，还是使思维和行动相协调、平衡配合的方法。游戏是幼儿接收外部世界的信息并对它们进行加工处理，使之适应自己内部认知结构的一种方法，它在幼儿智力发展中起积极作用。幼儿在游戏中努力使自己的经验适合在先前主客体相互作用的过程中形成的结构。

4）行为主义的游戏观

行为主义的游戏观的代表人物：美国心理学家桑戴克。

其理论观点：幼儿游戏是一种学习行为，受社会文化和教育要求的影响，也受学习的效果律和练习律的影响。游戏激励幼儿探索的一种手段，是对环境起作用的方式，游戏可以探寻和调节外部和内部刺激的数量，从而达到平衡，获得更多的个人满足。

5）社会活动的游戏观

社会活动的游戏观的代表人物：前苏联心理学家维果斯基。

其理论观点：幼儿看到周围的成人在活动，便在游戏中模仿这些活动，然后将其迁移到游戏中，是有目的、有意识的社会性活动。它明显强调了幼儿游戏的社会性，认为游戏是幼儿真实的实践情况之外，在行动中造出的某种生活现象，因此，属于一种"社会性实践"。在这种活动中，幼儿凭借语言的功能，以角色为中介，了解、学习和掌握基本的人与人的社会关系。

除上述理论外，还有两种理论在20世纪80年代兴起，一种是心理学家贝特森的"元交际理论"，其观点认为，游戏是人类的一种元交际手段，即本原的交往手段。而游戏是通向人类文化和表征世界的途径和必备的技能，是组成人类文化的现实与基础。另一种是由心理学家伯莱因、埃利斯、哈特、费恩提出的"游戏的觉醒理论"，他们将人们在不在游戏、需不需要游戏、适合不适合游戏等这些根本问题归结于人们处不处于"最佳觉醒状态"。

学习支持二　游戏的分类

　　盼盼在某幼儿园担任大班实习教师。在自由活动时间，小朋友恒恒拉着盼盼一起下跳棋。刚开始，盼盼故意"示弱"，恒恒开心地赢了好几次。新的一轮游戏开始了，这次盼盼没有再继续"承让"，而恒恒却不高兴了，反复让盼盼停下，还让她把棋子放在自己的棋子前面，好为自己"铺路"。每次看到恒恒不高兴，盼盼就依着他。这时，主班老师过来对盼盼说："跳棋是规则游戏，而规则游戏需要给幼儿建立遵守规则意识，孩子们在游戏中遵守规则是为将来进入社会可以遵守各种行为规范打下基础，所以我们不能让幼儿无视游戏规则。"盼盼听了，若有所思地点点头。

　　思考：如果你是盼盼，会怎么做？你赞成主班老师的观点吗？
　　分析：案例中的实习教师盼盼由于不了解不同游戏对幼儿发展的价值，想当然地认为让幼儿玩得开心最重要，而忽视了幼儿对于游戏规则的遵守问题。由于不同种类的游戏有着各自的特点和价值，教师要根据幼儿的年龄特点，以及不同的游戏种类指导幼儿游戏。

幼儿游戏各式各样，丰富多彩。由于人们的研究角度不同，对游戏本质的理解不同，依据的分类标准各异，就产生了多种多样的游戏分类方法。一般而言，心理学主要关注幼儿的自然游戏，侧重于按幼儿心理活动的发展分类，如按认知发展和社会性发展分类；教育学则既关注幼儿自然的游戏，又要关注成人为幼儿编制的游戏，将游戏作为一种教育手段。在诸多游戏分类中，典型的主要有以下几种。

一、从认知发展的角度分类

游戏是幼儿发展状况的写照，立足于幼儿认知发展的角度，以幼儿认知的不同发展阶段及其在各阶段中的认知特征在游戏中的不同表现分类即游戏的认知分类。依据这种方法，幼儿的游戏可以划分为四种，即感觉运动游戏、象征性游戏、结构游戏、规则游戏。

1. 感觉运动游戏

感觉运动游戏又称为实践性游戏、练习性游戏、机能性游戏，主要由简单的重复动作组成，幼儿只是为了获得某种愉快体验而单纯重复某种活动或动作，是幼儿游戏发展的第一阶段和最初形式，主要出现在1岁前，也就是婴儿在说话前所喜欢进行的游戏，因此，又称为"婴儿游戏"。例如，婴幼儿对悬挂着的玩具表现出兴趣，一会儿拉拉，一会儿丢开，如幼儿在洗澡时一遍遍用手拍打水花（图1-2-1），反复练习新获得的运动机能，体验着感知运动技能所带来的愉快，这是一种只对现实实践活动本体感兴趣的游戏。

图 1-2-1　感觉运动游戏

2. 象征性游戏

象征性游戏也被称为符号游戏，是2~7岁幼儿的典型游戏形式，也是幼儿阶段最常见的游戏之一（图1-2-2），它具有"好像"和"假装"的特征，象征性游戏中有象征物或替代物，即幼儿把一种东西当作另一种东西来使用，"以物代物、以人代人"是象征性游戏的表现形式。比如，幼儿用小筷子当作注射器给娃娃打针，把纸团当做汤圆来吃，这是"以物代物"；再如，幼儿扮演医生给病人看病，扮演发型师给客人设计发型等，这是"以人代人"。可见，当幼儿能够把以前经历的事情、活动以及眼前并不存在的事物作为表象回忆起来的时候，机能性游戏便转化为象征性游戏了，其高峰期为3~5岁。象征性游戏能够满足幼儿现实生活中不能实现的要求和愿望，因此，它可以对幼儿的内心状态进行诊断和治疗。

3. 结构游戏

结构游戏是指幼儿利用各种结构材料或玩具来建构新物体的活动，以反映现实生活中的事物。例如，搭积木、插积塑、捏橡皮泥、折纸、堆雪人和垒沙堡等，这些游戏对幼儿训练动手能力和发展思维能力有十分积极的作用。特别是通过搭积木、插积塑，幼儿既可以锻炼拆分和组合的动手能力，又可以获得分解与合成各种形体的经验，并在游戏过程中掌握高低、长短、上下、左右、宽窄、厚薄、对称等概念，还能增加艺术鉴赏力，如图1-2-3所示。

图 1-2-2　象征性游戏

图 1-2-3　结构游戏

4. 规则游戏

规则游戏是幼儿按照一定的规则进行的、带有竞赛性质的游戏，是一种在相互交往中以规则为目标的社会性游戏，必须有2个以上的幼儿参加。规则游戏（图1-2-4）以规则为中心，用规则来组织。4～5岁的幼儿对象征性游戏渐渐失去了兴趣，自发性规则游戏逐渐占主导地位，幼儿在规则游戏中以社会成员的身份遵守社会规则，为遵守规则和道德规范打下基础。随着年龄的增长，幼儿的规则游戏分化成体育游戏、纸牌游戏、棋类游戏等各种分支游戏形式，而这些游戏将一直伴随他们。

艾里康宁实验

图 1-2-4　规则游戏

二、从社会性发展的角度分类

社会性发展是幼儿心理发展的一个重要方面。幼儿在人际交往活动中的行为水平代表了他们社会性发展的程度，美国学者帕顿通过研究幼儿游戏的社会性发展问题，按照幼儿在游戏中的社会行为表现，以及与参加游戏的其他幼儿之间的相互关系将游戏行为分为6种。

1. 偶然的行为

偶然的行为是指幼儿目标不明确，无所事事、独自发呆、不参与游戏。如果发生什么吸引幼儿注意的东西或事情，他们便坐立不安、东张西望。例如，班上总会有几个孩子不参与游戏，每次只看着其他幼儿玩游戏，还会不时给游戏中的小伙伴出些主意，但是一让他们参与，立马退缩。严格来说，这种行为是泛泛的，不是明确的游戏行为，但为真正的游戏发生奠定了基础。

2. 袖手旁观的行为

幼儿在近处观察同伴的活动，听他们的谈话或向游戏的参加者提出问题和建议，几乎整个游戏时间只是明确地观察，旁观或注视某些幼儿或群体的游戏，虽然偶尔也跟别人搭几句话，但是行为上加入游戏，是游戏的旁观者。

3. 单独游戏

单独游戏是幼儿游戏发展的初级阶段。幼儿在游戏中独自玩玩具，使用的玩具与其他幼儿的不同，以自我为中心，即使看到其他幼儿在附近玩，也不愿意加入他们，而是把兴趣完全集中在自己的游戏上。单独游戏具有专心地、独立地操作玩具的特点，如图1-2-5所示。

4. 平行游戏

平行游戏是幼儿社会性游戏发展的初级形式。大约从3岁开始，幼儿游戏的性质发生变化，逐渐具有社会性，进入平行游戏阶段，幼儿相互模仿，操作相同或相近的玩具，开展相类同的活动。除了自己摆弄材料外，还会看别人的操作，甚至模仿别人的动作，却不和其他幼儿一起玩，没有合作行为，不影响或改变其他幼儿的游戏活动，进而形成了近似或同种游戏并存的状态。例如，如图1-2-6所示中的两名幼儿在一个水盆中玩水，使用同一批玩具，但是彼此之间没有交流，各自玩得很开心。

图1-2-5　单独游戏

图1-2-6　平行游戏

5. 联合游戏

幼儿大约4岁以后开始接受与伙伴一起游戏，但大多数情况下仍以自己的兴趣和愿望为中心，有"我们一起玩"的活动意识，同处于集体之中，与同伴一起游戏并能够留意其他幼儿的活动，时常发生借还玩具、产生短暂交谈等行为，但彼此之间没有具体目标和分工，缺乏对材料、玩法的具体规划。例如，在图1-2-7中，几个小伙伴在一起玩积塑，各自搭建的作品不同，他们会围绕作品相互交流，但是其进行的建构活动既没有明确分工，也没有统一的主题。处于这一阶段的幼儿，对于与其他幼儿一起游戏会表现出较大的兴趣，但玩游戏时间不持久。

图 1-2-7　联合游戏

6. 合作游戏

合作游戏（图1-2-8）是幼儿社会性游戏发展的高级阶段，是幼儿在5岁以后玩得较多的游戏。在游戏中，幼儿以集体共同目标为中心，有明确的分工、合作及规则意识，有1~2名领导者，大家互相合作并努力达到目的。此时，幼儿已具有较流畅的语言表达能力和较丰富的社交经验，他们之间可以互相商讨，确定游戏的主题、角色的分配、游戏材料的选择，甚至游戏规则，且结成的玩伴关系可以持续较长一段时间。例如，合作游戏有明确的主题并围绕主题进行，也有相应的分工和明确的活动计划。

图 1-2-8　合作游戏

三、从教育作用的角度分类

《幼儿园教育指导纲要（试行）》中规定，幼儿游戏可以分为两大类，即创造性游戏和规则性游戏。创造性游戏包括角色游戏、结构游戏、表演游戏等；规则性游戏包括智力游戏、体育游戏、音乐游戏、娱乐游戏等。其中，创造性游戏反映了幼儿的心理发展水平，是教师观察、了解幼儿的最佳途径；规则性游戏是幼儿园教学的主要游戏形式。

1. 创造性游戏

创造性游戏充分体现了幼儿的自主性，是幼儿的典型游戏，是幼儿创造性地反映生活的游戏，即幼儿依据自己的兴趣爱好和知识水平游戏。这类游戏以培养幼儿的创造性为显著目标，主要包括以下内容：

（1）角色游戏：幼儿通过扮演角色、运用想象力反映个人生活印象的一种游戏，如超市、美发屋、娃娃家等。角色游戏是幼儿最典型、最有特色的，也是象征性游戏中最有代表性的。

（2）结构游戏：幼儿利用各种结构材料（如积木、积塑、沙、土、金属部件），进行建造的游戏。

（3）表演游戏：幼儿根据故事、童话等中的内容，通过动作、表情、语言、扮演角色等，进行创造性表演的游戏。表演游戏通常有幼儿表演、木偶表演、桌面表演、皮影表演、手偶表演等形式。

2. 规则性游戏

规则性游戏（教学游戏）是根据幼儿发展要求而编定的游戏，一般有游戏的目的、玩法、规则和结果四部分。其中，规则是此类游戏的核心。如果按照游戏的特点来界定，并不属于严格意义上的游戏，是教师为了教学的需要而创编的，俗称教学游戏（也可按照规则的严格性将其称为规则性游戏）。规则性游戏一般包括以下内容：

（1）智力游戏：以生动有趣、活泼新颖的游戏形式，使幼儿在轻松愉快的活动中增进知识、发展智力的游戏，如语言游戏。

（2）音乐游戏：在歌曲或乐曲伴奏下进行的游戏。

（3）体育游戏：以身体练习为主要内容，以发展基本动作为目的进行的游戏。

在运用这种游戏分类的时候，教师要明白一个原则：创造性游戏中并非没有规则，规则性游戏中也并非没有创造，只不过创造性游戏的规则是内隐的，规则性游戏的规则是外显的。规则游戏的自由度较小，但并不排斥创造性的存在。

以上从教育作用的角度对游戏进行了分类，基本上概括了绝大部分幼儿游戏，它们的内容既交叉也对应的内容，见表1-2-1。

表1-2-1　幼儿游戏的分类

	第一层次的划分	第二层次的划分
幼儿游戏	创造性游戏	角色游戏
		结构游戏
		表演游戏
	规则性游戏	智力游戏
		音乐游戏
		体育游戏

学习支持三　游戏与幼儿的发展

情境导入

在"理发店"游戏中，两名幼儿在对话。其中，扮演顾客的幼儿说："我不洗头了。你们理发店里连吹风机都没有，我洗完头发怎么吹干啊？"扮演理发师的幼儿说："还是要洗头。没有吹风机，我们可以一起想办法啊。"两个幼儿商量了一阵后，决定自己制作一个吹风机。于是，两名幼儿一起动手，用一个纸巾筒和一根筷子做成了吹风机。

> **分析**：游戏是幼儿园的基本活动，幼儿在游戏中学习和成长。游戏对幼儿身体、认知、情感、社会性、个性的发展都具有重要的积极作用，这就要求教师为他们提供各种游戏活动，促进幼儿在身体、认知等方面的发展。

游戏是幼儿最喜爱的活动，能满足幼儿身心发展的客观需要，还能表现与肯定幼儿的主动性、独立性与创造性。探讨游戏特征与价值的有助于成人树立正确的观点，学会充分尊重幼儿，从而促进幼儿的全面发展。

《3~6岁儿童学习与发展指南》中指出，教育者应理解幼儿的学习方式和特点，因为幼儿的学习是以直接经验为基础，在日常生活中进行的。游戏是幼儿的主要生活，是适合幼儿的一种活动形式，不仅给幼儿带来娱乐与消遣，还能在愉快的气氛中帮助幼儿发展思维能力等。因此，任何人都应充分尊重幼儿的游戏权利。

一、游戏与幼儿身体的发展

幼儿的身体正处于快速发育时期。游戏是幼儿自发的运动，既有全身的，也有局部的，可以使各种生理器官充分调动起来，促进骨骼肌肉的成熟，加速机体的新陈代谢，有利于内脏和神经系统的发育。因此，游戏直接影响幼儿的身体健康和运动能力的发展，对于幼儿身体的生长发育和适应能力的改善起到很大的作用。

1. 游戏能促进幼儿身体生长发育

游戏使幼儿身体各器官得到活动和锻炼，大到追、跑、跳、跃的游戏，小到拼图、绘画、玩沙等游戏。在图1-3-1中，玩小火车，推、拉、拽等均可以促进幼儿大、小肌肉的运动，以及促进骨骼、关节的发育。在不同的游戏中，幼儿的反应迅速而敏捷；在欢快的游戏中，幼儿掌握各种技能，促进了新陈代谢，增强了对外界环境变化的适应能力。另外，游戏还为幼儿身体的正常发育提供了许多必要的动作和运动的机会，从而锻炼身体，增强体质。

图 1-3-1　幼儿游戏——小火车

2. 游戏能促进幼儿肢体动作和运动能力的发展

动作技能是身体运动能力的标志。学习与掌握动作技能是积极、主动的学习过程，要求学习者积极主动地身心投入，通过尝试错误不断进行建构。幼儿参与游戏的过程，正是主动积极的学习与掌握动作技能的过程。各种各样的游戏涉及多种动作技能的学习，如在户外进行走、跑、跳、攀、爬等，都可以锻炼肌肉，从而提升肌肉运动的协调性、灵活性和平衡性，如图1-3-2所示。室内游戏多是操作类、肢体表演类，可以提升幼儿小肌肉群动作的协调性和灵活性。

图 1-3-2　幼儿玩攀登架

案例2

扔沙包

在开展大班民间体育游戏活动——扔沙包时，全班幼儿在班主任教师的带领下玩起了游戏。在游戏圈里的幼儿时而左右躲闪、跑跳，时而静止不动，时而抱成一团，动作很敏捷；游戏圈外的两名扔沙包的幼儿也很欢快，他们左右移动着寻找目标。这场游戏活动持续了40分钟，幼儿和教师都玩得酣畅淋漓，衣服完全被汗水浸湿了，当活动结束时，幼儿之间还在热烈地讨论游戏过程。

分析：扔沙包游戏能够促进幼儿大小肌肉的协调发展，还能促进身体动作的分化整合，以及对全身运动的调节与控制能力，为幼儿提供了练习动作、增加运动量的机会。

3. 游戏能促进大脑的发展

研究人员发现，如果每天进行2小时内容丰富的游戏活动，且持续30天，能引起动物大脑重量的改变，因此，他们认为，游戏对大脑的发展是非常有利的。实践证明，游戏能提供大量、动手操作的机会，如幼儿磨豆浆的过程就可以有力促进左右脑功能的发展（图1-3-3）。

　　总而言之，游戏为幼儿身体的正常发育提供了许多必要的机会，使幼儿全身器官得到活动和锻炼，从而增强体质。

图 1-3-3　幼儿磨豆浆

二、游戏与幼儿认知的发展

　　在游戏中，幼儿可以充分发挥主动性和积极性，扮演各种角色，使用各种玩具或材料，进行观察、感知、比较、分类、回忆、想象思维，并通过对已有知识理解的更新、对生活经验的重组、对已掌握能力的运用、对动作和情节的实践接触、接受、探索的事物，还能了解玩具（物体）的性能，了解事物之间的关系，于是，其感知能力、注意力、记忆力、想象力、思维能力、解决问题的能力都相应的得到发展。同时，幼儿在游戏中需要与同伴沟通、交流，锻炼并提高语言表达能力。另外，游戏也发展幼儿空间推理等认知能力，如在"丢手帕""猫捉老鼠"等追逐游戏中，游戏双方都可能需要考虑哪条路线是回到"安全区"的最短的路线。因此，游戏对幼儿认知发展具有重要的教育意义。

1. 游戏促进幼儿感知觉的发展

　　感知觉是幼儿认知活动的开端，是其认识外界事物、增长知识、发展智力的途径。感知觉的发展是衡量此阶段幼儿智力水平发展的重要指标。游戏实际上是通过操作物体来感知事物的过程，幼儿通过各种感官（视觉、听觉、嗅觉、触觉等）接触到各种性质的物体，了解到各种事物的特征，发展了感觉；幼儿通过对空间、形状、时间的观察，学会感知各种事物的状态和属性，发展了知觉。在游戏活动中幼儿充满主动性、积极性和感知兴趣，从而在一定的活动过程中完成感知觉任务，且有着明显的感知、探索和学习效果。

2. 游戏促进幼儿语言的发展

　　幼儿语言的获得是一个连续发展的变化过程，而游戏为幼儿提供了表达语言的环境。

游戏中的具体情境和情节成为幼儿运用语言的刺激物和源泉。幼儿在游戏中发展口头语言，在与同伴的交流中锻炼语言组织和表达能力，即游戏为幼儿提供了实践机会。语言是游戏的一个重要组成部分，语言的发展也会促进幼儿游戏的发展。

案例3

玩跳绳

楠楠在游戏时和一位名叫安娜的女生闹了起来。她对妈妈说："安娜不让我玩跳绳。"妈妈要她和安娜商量。第一次，楠楠对安娜说："安娜，我想玩一下你的跳绳。"安娜没有回答见第一次协商没有成功，妈妈又鼓励楠楠再次尝试。楠楠又走近安娜，与她商量："我能玩一下吗？"安娜看了看她，说："你可以玩一分钟。"楠楠愉快地接过绳子，说："我先玩一分钟，然后给你玩。"就这样，楠楠的第二次协商成功了。

分析：发现问题、解决问题是游戏的魅力。在游戏中，幼儿找到了解决问题的方法，尝试沟通、交流、协商，从而主动克服困难，解决问题。

3. 游戏促进幼儿思维的发展

思维是从问题开始的，因此可以让幼儿多玩游戏，在玩游戏的过程中必然会产生问题，而在游戏情境中发生的问题，更容易激发幼儿的思维积极性。为了让游戏顺利进行，幼儿需要不断思考，这样才能解决问题。任何一种游戏活动中都蕴涵着锻炼和发展幼儿思维能力的条件。自主、自由的创造性成分较高的游戏，更能促进幼儿思维的发散性、多样性发展。

在游戏中，各种各样的玩具与幼儿发生着多种形式的互动，为幼儿提供了大量实践操作的机会，为其思维的发展储备了足够的感性经验材料，从而促进其从直觉行动思维向具体形象思维过渡，并使幼儿抽象逻辑思维萌芽。

4. 游戏促进幼儿创造力的发展

象征（假装）、模拟、联想是幼儿游戏的普遍特征，为幼儿提供了充分自由的想象空间。游戏内容越丰富，幼儿的思维也就越活跃。游戏能促进幼儿去思考和创作，促使其向想象力较高的方向发展。创造力与自主愿意的内部动机、自由民主的气氛、灵活易变的形式有着密切的一致性，这些也正是游戏的特点和性质。因此，自由游戏能促进幼儿创造性思维的发展，如图1-3-4和图1-3-5所示。另外，幼儿在绘画、做手工、讲故事等游戏中，会自然而然地在已有知识和经验的基础上思考、想象并创作，从而表现出创造性。

图 1-3-4　自主游戏——创意水果组合

图 1-3-5　自主游戏——玩积木

由此可见，游戏可以使幼儿积累丰富的经验，也可以促进幼儿各种能力的发展，如专注力、语言能力、创造力及解决问题的能力，从而促进认知的发展。

三、游戏与幼儿社会性的发展

幼儿的社会化过程是保证其在社会中成功地生存所必需的知识、技能和价值观的过程。社会性发展是幼儿从自然人转化为社会所要求的人的过程，涉及幼儿学习如何与别人友好相处、学会分享、助人和合作等社会性技能，学会自己解决人与人之间的关系问题。学前期是社会性能力形成的"关键期"，而游戏为幼儿提供了一个非常好的途径，使他们在与周围人的交往和互动中，提高社会交往水平。

1. 游戏有助于幼儿良好自我意识的发展

游戏是一种将自我为中心的个体转变成适应社会化需要的个体的途径。幼儿是"典型的自我中心主义者"，皮亚杰等研究后发现，幼儿学习从他人的角度看问题有很大的困难，这是由幼儿思维的自我中心特征决定的。对幼儿来说，自我与非我没有什么区别。随着年龄的增长，幼儿逐渐明白了自我与他人的区别。游戏帮助幼儿摆脱了自我中心，如在"两人三足跑"的游戏中，幼儿必须使自己的动作与伙伴的动作相协调，这样的游戏活动有助于幼儿在思维中"去自我中心"。在游戏中，幼儿不仅理解了规则的公正和互惠，还学会了站在他人的立场上看问题；同时，幼儿在游戏中常常可以体验成功的交往经验和失败的交往教训，并学会用规则来裁判行为，用规则来协调关系，这些都是自我意识得到良好发展的表现。

美国心理学家罗森认为，社会性表演游戏中的角色扮演能使自我意识得到发展，为幼儿建立良好的社会人际关系打下基础。幼儿在游戏中扮演各种角色，由于角色的需要，幼儿必须按角色的身份及情感体验来行动，即把自己视为他人来思考，从以自我为中心转变到从他人的角度看待问题，发现自己与他人的区别，学会发现自我，使自我意识得到发展。例如，在图 1-3-6 所示的过家家游戏中，当幼儿在游戏中扮演"妈妈"的角色时，一方面，她清楚地知道自己不是"妈妈"；另一方面，她又必须站在"妈妈"的立场上来思考问题并规划自己的行动方案。这种在思想上把自己转变为他人的行为可以使幼儿自然地学会改变自己看问题的角度，逐渐克服"自我中心"的观点和思维的片面性，从而学会比较客观地看待问题。

图 1-3-6　过家家游戏

2. 游戏有助于幼儿社会交往能力的发展

社会交往能力是一种重要的社会生存和发展技能。幼儿若要进行游戏，就必须与同伴互动。图 1-3-7 和 1-3-8 中所的幼儿便是通过玩具或游戏材料结成现实的伙伴关系和游戏中的角色关系的。玩具加强了幼儿的社会交往关系，充实了交往的内容，幼儿在解决玩具的纠纷中形成了交往技能，因此，游戏可以提升幼儿与同伴交往的能力。

图 1-3-7　幼儿游戏——户外露营

图 1-3-8　幼儿游戏——玩沙游戏

 案例4

一起玩游戏

有一次，雪晴在荡秋千，而她的朋友恒恒也想玩。可是，等了很长时间，雪晴就是不下来，恒恒就着急了，说："你要是再不下来，我以后就不和你玩'公主和王子'的游戏了。"雪晴听后，说："你不想和我玩，我还不想和你玩呢！"过了一会儿，恒恒又说："我们不是好朋友吗？好朋友应该一起玩，对不对？我一直在等你，让我玩一会儿，就一小会儿，好吗？"这几句话打动了雪晴，她愉快地从秋千上跳了下来，让恒恒玩。

分析：游戏能为幼儿在满足自己和同伴的需要之间，以及在分享、给予和索取之间找到平衡。

3. 游戏有助于幼儿亲社会行为的发展

亲社会行为是指有益于他人或社会的行为，如帮助、安慰、捐赠、分享、合作、同情等。发展亲社会行为和掌握社会行为规范是幼儿社会性发展的重要任务，而游戏为幼儿亲社会行为的发展与对社会行为规范的掌握创造了有利条件。

在幼儿早期，大部分同伴冲突都是因玩具而引起的，这种由玩具引起的冲突为幼儿学习分享、合作、谦让等亲社会行为的养成提供了很好的机会。幼儿在游戏中会出现更多的亲社会行为出现，如在游戏中扮演角色，用角色的身份来游戏，在游戏中体验角色的喜怒哀乐；在照顾幼小的"娃娃"和"病人"的过程中学会了安慰和帮助；当同伴遇到困难时，幼儿会出现对他人关心的表情。

另外，苏联教育家马卡连柯在著名的"哨兵站岗"实验中发现，在游戏情境中，幼儿坚持站立不动的时间，远远超过非游戏条件下站立不动的时间。由于游戏中的角色本身包含着行为的准则，幼儿为了实现游戏中角色的职责，能拒绝诱惑、控制自己的行为，从而使自制力得到很好的锻炼。因此，游戏有助于幼儿自我意识、自控能力、同伴关系、社会交往技能、亲社会行为的发展，是促使幼儿社会性发展的重要途径。

四、游戏与幼儿情绪和情感的发展

情绪和情感是客观事物是否符合人的需要而产生的态度体验。在现实生活中，有些事物使人高兴，而有些事物使人忧愁，有些事使人厌恶。情绪是和有机体的生物需要相联系的一种体验形式，有积极的，也有消极的；情感是与人的高级的社会性需要相联系的道德感、美感和理智感。情绪和情感紧密联系，情感是在情绪的基础上形成的，会对情绪产生巨大的影响。

1. 游戏可以使幼儿有更多积极的情绪

幼儿在游戏中始终处于积极、主动、愉快的情绪状态，在图1-3-9所示的玩陶艺游戏中，丰富多彩的玩具、富有童趣的游戏情节都能让幼儿感到快乐、满足、平和、感动、放松等。游戏是主动、自愿的活动，其中没有强制的目标，也没有为达到目标、完成任务而产生的紧张感，因此，可以带给幼儿愉悦的心情，以及很强的满足感和成就感，能够给幼儿提供体验积极情绪的机会，而这些都对幼儿的身心健康具有很好的促进作用。

图1-3-9 玩陶艺游戏

2. 游戏可以帮助幼儿转移与宣泄消极的情绪

游戏是克服情绪紧张的一种手段，能帮助幼儿消除愤怒的心情，以幼儿能接受的情境再现不愉快的经验，并在假扮角色的情况下，宣泄其焦虑、害怕、气愤和紧张等情绪，从而克服不良情绪，使心理保持平衡。如面团、黏土、橡皮泥之类的材料可以使幼儿做出各种强度不同的动作，帮助幼儿释放愤怒等消极情绪。其他如奔跑、积木堆高–推倒等活动都具有类似的功能。又如幼儿害怕打针，却喜欢玩"打针"游戏，通过再现痛苦的体验来降低害怕的程度，从而战胜恐惧。在游戏中，幼儿可以用比较妥当的方式表达自己的需求并设法控制不良情绪。幼儿在游戏中可以学习解决问题的方法，如可能挑选的这种玩具代表着他所惧怕的或是不喜欢的东西。游戏作为调节和治疗需求幼儿情绪障碍的手段，在我国已开始取得了一定效果。因此，游戏为幼儿提供了表达各种情绪的安全场所，有效地保障幼儿的心理健康。

《幼儿园工作规程》中强调，幼儿园必须"以游戏为基本活动，寓教育于各项活动之中"。游戏是幼儿最喜欢的活动，也是一种正确而有效的教育方法。

 项目实训

体验童年游戏

游戏是幼儿的主要活动，而有游戏玩的童年是幸福的。在你的记忆中，有没有一些游戏让你印象深刻，能瞬时想到儿时的美好时光？游戏是幼儿的基本活动，也是幼儿的自我与外部世界、梦想与现实、现在与未来的各种复杂关系的桥梁。游戏开启幼儿智慧之门，点亮孩子们的童年。既然游戏对幼儿如此重要，作为未来的幼儿园教师，你知道幼儿游戏有什么特点吗？让我们一起来认识和体验幼儿游戏吧。

1. 活动目的

请大家总结游戏的特点。

2. 活动内容与要求

（1）回忆童年最喜欢玩的游戏，至少想出5个。

（2）分组体验各种玩游戏时的乐趣。

（3）分析各种游戏的特点。

3. 活动体验与记录

请将游戏名称与游戏玩法填入表1–3–1中。

表1–3–1　游戏名称与游戏玩法

序号	游戏名称	游戏玩法
1		

续表

序号	游戏名称	游戏玩法
2		
3		
4		
5		

4. 活动总结与反思

（1）幼儿相互交流各自的游戏感受。

（2）幼儿一起总结并梳理幼儿游戏的特点。

（3）请说明，为什么游戏是幼儿园的基本活动，是幼儿园课程的灵魂？

一、选择题

（1）幼儿重复敲打桌子，在房间里跑来跑去，坐在椅子上摇来摇去的游戏属于（　　）。

　　A.结构游戏　　　B.象征性游戏　　C.规则游戏　　　D.机能性游戏

（2）幼儿最早开始玩的游戏类型是（　　）。

　　A.练习性游戏　　B.规则游戏　　　C.象征性游戏　　D.建构游戏

（3）幼儿利用积木、积塑、橡皮泥、竹木制品或者金属配件等材料，或者利用沙、泥、雪等材料玩的游戏称为（　　）。

　　A.表演游戏　　　B.角色游戏　　　C.智力游戏　　　D.结构游戏

（4）《幼儿园工作规程》中指出，幼儿园教育工作的基本原则之一，是以（　　）为基本活动。"这是幼儿园教育工作的原则。

　　A.学习　　　　　B.游戏　　　　　C.教学　　　　　D.体育

（5）在户外开展游戏活动时，幼儿可以沐浴灿烂的阳光，呼吸新鲜空气并感受外界环境的温度，进而提高（　　）。

　　A.免疫力　　　　B.适应力　　　　C.体能　　　　　D.机能

（6）游戏按照教育作用（或目的）可以分为（　　）。

A.角色游戏　　　B.表演游戏　　　C.结构游戏　　　D.智力游戏

（7）以集体共同的目标为中心，有达到目标的方法，在活动中有严格的组织，在分出的小组里有明确的分工，并通常有较明显的组织者和领导者的游戏称为（　　）。

A.单独游戏　　　D.平行游戏　　　C.联合游戏　　　D.合作游戏

（8）在婴幼儿阶段（特别是2岁前），游戏的基本特征是具有（　　）。

A.社会性　　　B.象征性　　　C.规则性　　　D.感觉运动性

（9）相关研究表明，使用精美的玩具游戏可以提升幼儿的（　　）能力。

A.模仿　　　B.记忆　　　C.思考　　　D.创造

（10）规则游戏最大的特点是（　　）。

A.通过模仿和想象，创造性地反映现实生活

B.把学习任务和游戏形式结合起来

C.以刺激幼儿各种感官、运动机能发展为主

D.以幼儿自主、自发表现出来的活动为特征

（11）经典游戏理论的代表学说有（　　）。

A.松弛说　　　B.角色论　　　C.剩余精力说　　　D.生活预备说

（12）游戏理论"生长说"的代表人物是（　　）。

A.阿普利登　　　B.格罗斯　　　C.霍尔　　　D.代克

（13）提出游戏"剩余精力说"理论的人是（　　）。

A.弗洛伊德　　　B.格罗斯　　　C.斯宾塞　　　D.霍尔

（14）从幼儿认知发展上，可将游戏分为（　　）。

A.表演游戏　　　B.练习性游戏　　　C.规则游戏　　　D.象征性游戏

（15）由于0~2岁的婴幼儿处于感知运动阶段，他们的游戏以（　　）为主。

A.象征性游戏　　　B.练习性游戏　　　C.结构游戏　　　D.角色游戏

二、简答题

（1）简述游戏对幼儿情感发展的作用。

（2）谈一谈游戏如何促进幼儿思维的发展。

三、案例分析题

（1）在某幼儿园小班，教师给幼儿提供了制作糕点的各种材料，组织幼儿玩"糕点厂"的游戏。教师费了很大的劲儿，试图让幼儿学会用橡皮泥制作糕点，并将它们放进"电烤炉"烤制。结果，幼儿根本不予理睬，导致游戏进行不下去。

问题：幼儿对于"糕点厂"的游戏，为什么没能玩下去？如果想要让幼儿愿意并喜欢玩这个游戏，教师应该如何做？

（2）在户外场地上，强强从滑梯上坐着滑下来后，又直接从滑道爬上，没爬两步，又趴着滑了下来。他多次尝试用不同的方法往上爬，如两手分别抓住滑道两边双膝跪着爬，弓着身体双脚向上爬……一次又一次。接下来，他又从楼梯走上滑梯，然后趴下，头朝下，试图倒着滑下去。但他估算了一下，还是没敢这么做，还是正趴着向下滑了下去。

问题：请分析强强的行为具有什么特点。

幼儿园游戏顺利进行的必要条件
—— 玩具与游戏材料

"游戏是儿童最正当的行为，玩具是儿童的天使。"游戏作为幼儿的基本权利，是对幼儿进行全面教育的一种重要形式。玩具作为游戏的组成部分，既是游戏的物质支撑，又会对游戏的内容和性质产生影响。游戏材料能够激发幼儿的游戏动机，丰富幼儿的游戏经验，为幼儿提供操作和探索的机会，因此，合理配置幼儿园玩具与游戏材料是幼儿教师的必备本领。

本项目主要介绍幼儿园玩具与幼儿园游戏材料的概念、分类，以及如何选择并投放游戏材料，还有如何自制玩具，意在通过教、学、做、研等教学方式引导学生全面深入了解幼儿园玩具与游戏材料，并掌握幼儿园玩具的制作方法。

思维导图

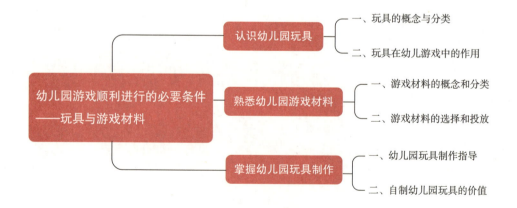

学习目标

知识目标

（1）认识并理解玩具与游戏材料的概念和分类。

（2）掌握自制幼儿园玩具的方法。

技能目标

（1）能够根据游戏需要选择和投放合适的游戏材料。

（2）尝试动手制作幼儿园玩具。

素养目标

（1）拥有良好的幼儿教师职业道德，具备灵活的动手操作能力。

（2）拥有强烈的环保意识和积极的创新开拓意识。

学习支持一　认识幼儿园玩具

情境导入

　　暑假过后，某幼儿园中的小山坡上传来一些声音，好像是机器发出的，孩子们开始交头接耳地讨论着："这是要安装什么呀？"幼儿园小山坡上工人正在安装大型玩具的声音引来了孩子们的关注，对于上学期园里拆除"大型滑梯"的事，孩子们很是不舍。在听说要重建大型玩具后，孩子们又恢复了游戏兴致，并对即将建成的大型玩具充满了期待。可见，玩具对幼儿来讲有着不可抗拒的力量。那么，什么是玩具？在幼儿园里的玩具又有哪些分类呢？

一、玩具的概念与分类

1. 玩具的定义

玩具是幼儿在游戏中使用的物品，是幼儿开展游戏的物质基础。凡是可看、可听、可触摸的都可以被称为玩具。幼儿园玩具只是玩具的一种，是供3~6岁幼儿在幼儿园内开展游戏的操作工具。

2. 玩具的分类

游戏以玩具为载体，推动幼儿的全面发展。幼儿园玩具根据不同标准分为不同的种类。根据功能和使用方法，按照教育功能，可分为四大类：社会性玩具、认知玩具、语言玩具和运动游戏玩具。

1）社会性玩具

社会性玩具是指可以让幼儿通过模仿、装扮、表演等方式了解与初步学习社会规范，逐渐掌握社会生活技能，在与同伴共同游戏的过程中发展自我、了解他人和认识周围环境的幼儿园玩具。这类幼儿园玩具主要服务于角色游戏和表演游戏，常见的一般包括可摆弄的娃娃、可动手操作的日常室内家具设备（如微波炉、烤箱、电视机等）、可上身装扮的各类服饰等。例如，在玩以"餐馆"为主题的角色扮演游戏时，供扮演厨师的幼儿用的锅碗瓢盆、瓜果、蔬菜等。

2）认知玩具

认知玩具是指发展幼儿智力，启迪幼儿智慧，提高幼儿认识能力，丰富幼儿知识经验的幼儿园玩具。这类幼儿玩具主要用于益智游戏和结构游戏。认知玩具大多带有一定的学习任务，让幼儿发挥想象力和创造力，通过动手操作学习某种概念或技巧。常见的认知玩具一般包括积木、积塑、拼图、各种棋类、算数类等。

3）语言玩具

语言玩具是指培养幼儿听、说、读、写的语言阅读和表达能力的幼儿园玩具，它对丰富幼儿语言环境，帮幼儿学习正确的发音等有重要意义。幼儿在在幼儿园的学习和生活中都可以进行语言表达，但促进幼儿爱表达、善表达，就需要特定的语言环境和语言工具了。幼儿园设置的阅读区就为幼儿提供了良好的语言学习环境，教师会为幼儿提供精美、多元的绘本，培养幼儿阅读兴趣、增强幼儿语言表达能力、拓宽幼儿知识的广度。而深受幼儿喜爱的角色游戏和表演游戏也是锻炼幼儿语言表达的重要媒介。例如，在桌面表演游戏中，幼儿以形象的语言玩具代替文学作品中的角色，通过口头独白、对白和操纵语言玩具角色来再现作品内容。

4）运动游戏玩具

运动游戏玩具是指幼儿在游戏活动中所使用的各种运动器械。这类幼儿园玩具的特征是于强调身体大小肌肉的全方位活动，即颈部、躯干、手臂、腿部等大肌肉与各部分小肌肉相互协调配合，通过走、跑、跳、攀、爬、平衡、投掷等基本动作来完成运动游戏玩具，以促进幼儿肌肉的发展，从而增强幼儿的体质。常见的运动游戏玩具包括滑滑梯、攀爬网、平衡木、小手推车等。

二、玩具在幼儿游戏中的作用

玩具是幼儿认识周围生活、探秘同伴交往时所使用的工具。根据皮亚杰的认知发展理论可知，幼儿的思维经历直觉行动思维、具体形象思维和抽象概念思维阶段，而这三个阶段都需要各种实物来指导幼儿的发展，玩具就是最好的实物替代品。在游戏开展过程中，幼儿通过操作各种类型的玩具，能够有效促进知识的增长、身体的发育、情感的表达、创造力的提升和社会性的发展。

1. 玩具能够激发幼儿主动参与游戏的意识

玩是幼儿的天性，游戏是幼儿活动的基本形式。玩具的"可玩性"满足了幼儿的游戏需求；玩具的"趣味性"吸引了幼儿想要参与游戏的兴趣；玩具的"可操作性"赋予了幼儿自主探究的权利，也提高了幼儿参与游戏的积极性。例如，滑梯是一种能让幼儿产生很大兴趣的运动器械，在玩滑滑梯时，幼儿会感受到速度带来的刺激，以及自上而下滑行时皮肤与空气摩擦的体验。

2. 玩具可以促进幼儿社会性的发展

玩具是幼儿与同伴交往的媒介。借助玩具，幼儿可以有效地开启、维持与同伴的互动，获得同伴的信任。对幼儿来讲，好朋友就是能一起开心玩耍的人。幼儿在玩游戏的过程中，不可避免地与其他小伙伴合作，因此，要学会遵守游戏规则，互相谦让和团结友爱。但有时玩具也会引发同伴冲突，这也为幼儿学习解决矛盾冲突提供了机会。例如，在角色游戏娃娃家中，小朋友们都想扮演妈妈，目的是变着法儿地"照料"宝宝（布娃娃），但由于每个娃娃只能有一位妈妈，为此，幼儿之间就会开启一场"争做妈妈大战"，但如果互不相让不但不能获得妈妈这一角色，还会浪费宝贵的游戏时间。这时，幼儿就不得不想办法解决问题了：可能是轮流当妈妈，也可能是一名幼儿当妈妈，另一名幼儿当爸爸，双方共同照料宝宝……这样一来，既加深了幼儿之间的有效交流，又丰富了游戏经验。

3. 玩具可以提高幼儿的思维水平

玩具是最适合幼儿学习的"课本"。人们常说："幼儿的智慧在手指尖上"。手的操作活动可以促使大脑积极活动，而操作学习是幼儿学习的基本特点。幼儿对于周围世界的认识依赖于他们与事物的直接接触所产生的体验。玩具为幼儿的概念学习和理解提供了具体形象、可操作的独特的物质支柱，因此，合理地操作玩具有助于幼儿在动手、动脑的过程中探索、学习。通过玩玩具的操作活动过程，幼儿可以体验、领悟和理解包含在玩具和操作过程中的概念，发现问题和解决问题。例如，在角色游戏的花店情境中，花店老板（幼儿扮演）为了招揽生意，需要想尽办法：在门口摆上"买二送一"的优惠活动招牌、免费包装花、增加花束的种类、提供免费送货上门服务等。再如，建构区和娃娃家相邻，幼儿在开展游戏时，为了丰富游戏内容，可能会想到把建构区里的积木和娃娃家里的玩具结合起来创新的游戏。建构区内搭建的房屋可以变成娃娃家购置的新房产，而娃娃家里摆放的花束也可以变为建构游戏中房屋里的辅助搭配材料。玩具作为幼儿的学习资源，具有独特的"发展适宜性"。

📎 知识链接

　　中国是世界上历史悠久的国家之一，有古老的智力游戏和经典的益智玩具，如九连环、七巧板、华容道、鲁班锁、四喜人等，这些玩具巧妙地把数学和游戏玩具结合起来，是训练幼儿思维并提升综合素养的绝佳玩具。这些经典玩具因流传中外、喜者众多而博大，也因文明高雅、造型优美、数学底蕴深厚而精深，也孕育着深厚文化底蕴和民族智慧之光，在国外被称为"中国的谜题"。

　　作为中国人，我们有责任担负起推广中国古老和经典益智玩具，积极为中国古典益智玩具的传承和发扬尽自己的一份力。作为一名幼儿教师，更应将"中国宝藏"传递给幼儿，让幼儿在中国式的智慧设计中学习、成长。

学习支持二　熟悉幼儿园游戏材料

　　某幼儿园为了增强幼儿体能，在操场投放了新材料——体操垫。某天，孩子们来到户外，一眼就发现了体操垫，很快垫子被一扫而光，只剩盛放垫子的架子被整齐地移放至一个不起眼的角落。爱跑、爱跳的圆圆来到了摆放体操垫的架子旁，用手握住架子的扶手转了几圈，拿来体操垫放在架子上，然后坐了上去，并大声招呼旁边的小朋友一起来，几个孩子跑到圆圆身后，用力推动架子。就这样，一辆"敞篷小汽车"横空出世。随着"敞篷小汽车"的诞生，原本起存储作用的架子就变成了孩子们的游戏材料。

　　观察之后，幼儿园的林老师开始思考：幼儿园中的一切物品都能变成游戏材料吗？我们应该如何选择和投放游戏材料呢？

一、游戏材料的概念和分类

1. 游戏材料的定义

游戏材料是指幼儿游戏中使用的所有物品，其中包括为幼儿游戏制作的所有玩具或自然材料。

2. 游戏材料的分类

游戏材料是支持幼儿开展游戏活动的物质媒介。游戏材料具有象征性，可替代生活中的人和事物。根据用途的特定性程度，可将游戏材料分为高结构材料和低结构材料。

1）高结构材料

高结构材料是指材料想象逼真但可塑性差，暗示玩法的程度高但幼儿自主发挥的可能性低的游戏材料。高结构材料的目标指向性比较强，其中蕴含着已建构好的知识体系，隐含了一定的游戏规则。它是为了让幼儿学会某一项技能或者知识而设计出来的玩具材料，有一定的玩法规定，幼儿园益智区的很多玩具属于高结构材料。

在幼儿教育活动中，教师根据幼儿发展需要，有目的、有计划地投放各种材料，进行活动环境的创设。而高结构材料的使用过程正是由教师发起，且以教师计划为导向的，蕴涵着教师预先建构好的知识体系，系统性较强。例如，为了巩固小班幼儿对于5以内点数知识点的学习成果，教师在益智区为幼儿投放了一个"看点投球"的游戏：请幼儿根据目标球袋的数字，找到对应数字的球（球上没有数字，只有圆点，需要幼儿通过点数来确定数字），并将该球投入球袋，若球上的点数与球袋上的数字不对应，则游戏失败。结果在教师提供的高结构材料的影响下，幼儿们在游戏中巩固了所学知识点，该游戏材料的目的性较强。

2）低结构材料

低结构材料是指材料的内容较宽松，没有特定的玩法，没有特定具体特征的形象，结构性简单，可塑性强，可随意操作、改变和组合的游戏材料。由于低结构材料留给幼儿的想象创造空间较大，大多知识信息是幼儿在与低结构材料的互动中形成的。其材料主要来源于生活，取材方便，具有隐性的教学目标，如积木、积塑、雪花插片等专门的建构材料，沙、水、土等自然的建构材料，以及一次性纸杯、鸡蛋纸托、纸箱等废旧的、可塑性大的半成品的建构材料。由于低结构材料可塑性强，可以随意变换样式，应用起来也就更方便、实惠，同一种材料可以应用在多种游戏中，同一游戏中的一种材料也可以实现一物多用。例如，在开展"餐馆"的角色游戏时，为了表现厨师的身份，幼儿会将白纸折成厨师帽；为了满足顾客的要求，对于菜单中原本没有的食物，幼儿可利用白纸制作，如面条、汤圆等。

随着年龄的增长，幼儿的材料假想能力逐步发展，而低结构材料就慢慢成为幼儿游戏的主流工具，对于低结构材料的使用是由幼儿自主发起的，以幼儿的兴趣和需要为导向，通常需要幼儿具备多种技能和知识，虽然系统性不强，但充满创造性，发散幼儿的思维。例如，幼儿可以初步建立对图形的感知，即在集体教学活动中，教师引导幼儿分别找出道具箱中的三角形、正方形、长方形和圆形；接着，在游戏中，幼儿们发现两个正三角形可以组成一个正方形，而两个正方形又可以组成一个长方形；然后，幼儿利用磁力片开展建构游戏，在建构的过程中，为了找到合适的搭建材料，他们巩固了对三角形、正方形、长方形和圆形的图形感知，对图形的认知也从平面走向了立体。这说明在动手操作的过程中中，幼儿不断建构新经验，提升想象力和思维能力，并将已建构好的新经验运用于至下一个操作活动。

二、游戏材料的选择和投放

1. 游戏材料的选择原则

1）安全性原则

游戏材料是幼儿学习、娱乐的好工具，幼儿经常与游戏材料接触密切，因此，这些材料的安全和卫生对幼儿的成长至关重要。从游戏材料的体积大小、材质、外形，到材料的涂层和零配件，幼儿教师都应仔细检查，避免安全问题发生。首先，避免选择体积太小的游戏材料，以免误被幼儿吞食；其次，在选择游戏材料时应确保符合国家安全标准，市面上的一些塑料玩具采用劣质的再生塑料制成，有的木质玩具上涂刷了异味扑鼻的油漆，这些均存在安全隐患，严重危害幼儿的身体健康。此外，幼儿教师对游戏材料的外形也要进行筛选，避免使用边缘太过锋利、突出的游戏材料，因为很容易划伤幼儿娇嫩的皮肤。

2）寓教于乐原则

幼儿在游戏中学习，在学习中游戏，最终在游戏材料的辅助下全面发展。因此，幼儿教师既要赋予游戏材料游戏的作用，又要在游戏中寄托教育的作用。这意味着，游戏材料既要满足幼儿的兴趣和需要，又要促进幼儿德、智、体、美等方面的全面发展。兴趣与学习并不矛盾，在兴趣的推动下，幼儿更有机会发现问题、解决问题。而具有教育性的游戏材料更能激起幼儿的探究欲、让幼儿主动思考、发展幼儿的创造性思维。

3）经济实用性原则

游戏材料的价值与其价格并不成正相关，一些废旧材料也具有很高的教育价值，而游戏材料功能的发挥主要在于其本身是否满足幼儿游戏的需要。例如，幼儿喜欢玩炒菜、做饭的游戏，但一些制作精美、形象逼真的食物却并不能充分发挥幼儿烹饪的"绝技"，大多数幼儿会向教师反映：为什么在妈妈做的番茄炒蛋里，番茄和鸡蛋都是一小块一小块的，而大家在幼儿园里的番茄炒蛋只有完整的"番茄"和用再大力气也打不碎的"鸡蛋"，这会让幼儿失去想玩的冲动。相反，一包彩色卡纸、一把剪刀却可以让幼儿的"餐桌"上多了"鱼""虾""饺子""馒头"等"食物"。可见，材料并非越贵越好，适合才最重要。同时，选择游戏材料也要考虑幼儿游戏的成本，避免增加家长和幼儿园的经济负担。此外，幼儿教师应尽量选择坚实、耐用的游戏材料，这样能延长其使用寿命，既环保又节约经费。

2. 游戏材料的投放方式

1）纵向看年龄

为了让游戏材料更好地促进幼儿的发展，幼儿教师需认真考虑不同年龄幼儿的需求，尽量把游戏材料投放到适宜的班级中。

（1）小班（3~4岁）幼儿游戏内容相似，经常出现争抢游戏材料的现象，因此投放的游戏材料建议种类少数量多，以满足多名幼儿同时开展同一游戏的要求。小班建议以高度还原现实生活的高结构材料为主，易激发幼儿的生活经验，丰富游戏情节，带给幼儿直观启发，产生更多象征性游戏行为。

（2）中班（4~5岁）幼儿随着年龄的增长，社会生活经验有所增加，游戏材料的种类也应该随之增加。首先，在此年龄阶段的幼儿进入开展角色游戏的鼎盛时期，多种多样的角色游戏材料，更能满足幼儿开拓新主题的需要。其次，随着幼儿建构技能的发展，幼儿教师可适当补充结构化程度更低的结构材料。

（3）大班（5~6岁）幼儿有了更强的自主性，开展游戏的目的性也更明确。在这个阶段，幼儿教师应允许幼儿参与游戏材料的准备，也可为他们提供一些半成品游戏材料，给幼儿提供更广阔的发挥空间。

2）横向看发展

游戏材料的投放要考虑游戏的开展情况，根据幼儿的实际需要适当增减游戏材料。《幼儿园教育指导纲要（试行）》中明确指出："幼儿园的空间、设施、活动材料和常规要求等应有利于引发、支持幼儿的游戏和各种探索活动，有利于开发支持幼儿与周围环境之间积极的相互作用。"因此，幼儿教师要注意游戏材料的灵活和变化，使其成为一种动态性的游戏材料，让游戏材料不仅蕴含教育意义，更可成为幼儿体验、建构、发展的媒介。

小林老师在角色游戏中安排了一家银行供幼儿"存取钱"，也设计了银行柜员的角色。一开始，小朋友们都希望扮演这个角色，体验"管钱"的快乐，但没过多久，大家就都不愿意了。小林老师通过观察发现，银行柜员只在游戏开头（其他幼儿排队取钱）和快结束时（其他幼儿存钱入行）才能发挥作用，其余时间基本上都是独自坐在柜台旁无所事事。为了解决这个问题，小林老师在班内组织了一次关于"银行"的谈话活动。在谈到购物付款方式的问题时，明明骄傲的和大家分享："我爸爸每次带我出去吃饭，都是用手机付钱的。"这引起了大家的兴趣。借着这个话题，小林老师问明明："用手机怎么付钱？"明明说："好像给一张黑黑的图片拍张照就好了。"紧接着，小林老师为孩子们讲解了使用手机扫描二维码支付方法。孩子们纷纷表示也想试一试这种有意思的支付方式。

于是，小林老师将银行改成了自动取款机，这样就不需要设置柜员这一角色了，幼儿们就可以根据需要在自动取款机上自行存取款了。同时，小林老师还为游戏的"花店""餐馆""超市""医院""理发店"增设了二维码，并为每名幼儿配备了"手机"，这不仅丰富了游戏情节和游戏方式，也增加了幼儿的生活经验。

📍 知识链接

选购玩具时尽量做到四步走：一看，看玩具是否带有安全认证标识，杜绝三无产品；看玩具的适用年龄、操作功能和注意事项，选择与幼儿年龄与能力适配的玩具；在使用玩具前详细阅读玩具说明书，参照说明书要求指导幼儿操作玩具。二摸，用手摸或捏玩具是否坚固耐用，是否有非功能性的尖点锐边，是否存在危险的活动间隙（安全间隙应小于5 mm或大于12 mm），是否存在或可能存在小部件。有小部件的产品不适用3岁及以下的幼儿玩耍。三闻，用鼻子闻一闻玩具是否存在严重异味，不选择有严重异味的产品。四试，在购买玩具前，最好先试用一下，了解一下玩具的性能，并预判一下玩具在操作过程中存在的风险，尽量为幼儿选购安全适宜的玩具。

学习支持三　掌握幼儿园玩具制作

情境导入

婷婷老师上周为小班幼儿组织了一次名为"3以内的点数"的数学活动，但她发现幼儿们对相关知识掌握得并不是很好，于是想设计一个与教学活动相关的玩具放在益智区角，使幼儿在游戏中更具体、更形象地巩固"3以内的点数"相关知识。但婷婷老师现在没有思路，不知道该如何设计。如果你是婷婷老师，有什么好办法吗？

一、幼儿园玩具制作指导

1. 幼儿园玩具制作的基本环节

优质的玩具在设计的巧思、选材的严谨、制作工序的完备、制作技艺的精良等方面均有很好的表现，由此可见，玩具的制作需要层层把关、逐级推进。

1）构思

构思是指幼儿在制作玩具前，通过想象和联想对玩具作品的用料、外形结构、色彩、玩法等因素，以及在游戏过程中对外部制约条件进行全面、系统的规划与思考。这需要教师全面了解目标幼儿的年龄特点、身心发展规律，深入观察目标幼儿的游戏方式和需求，让构思更全面、高效。建议教师可以采用思维导图的形式，将整个思路绘制下来。

2）设计

设计是指根据构思形成初步的设计图，使构思更加明晰化，包括对玩具作品的整体外形结构、比例大小、内部细小零件布局、玩法控制等制定出可行的设计方案。另外，教师在绘制设计图时要考虑玩具的科学性、安全性、动机需求、互动性体验和功能组合方式等。

3）选材

选材是保证构思和设计顺利实现的重要前提条件，而材料的好坏决定了玩具质量的优劣。确定制作材料要经过方向性初筛和全面性考量两个环节。方向性初筛是指根据设计要求确定的材料方向找到合适的制作材料，而全面性考量是指在确定制作材料后要全面细致地研究材料的外形、质地、内部结构特征，以便实现材料应用的最大化。例如，教师拿到一个废旧纸箱后，从外形上看，它是质地偏硬的平面正方体结构，而拆解后便会看到每片纸板的中间都有起到缓冲作用的瓦楞结构。因此，在选材这一环节中，教师既要充分考虑材料的选择和利用，又要让材料可以启迪、影响构思和设计。

4）制作

制作是运用工艺技术手段完成玩具的施工阶段，因此，教师应在构思和设计的基础上根据材料的特性合理拆解、组合材料，并结合一定的工艺手法完成玩具制作。工艺手法包括剪贴、编织、印染、雕刻、捏塑、黏合和插接等，应根据材料的性质确定工艺手法，由于不同材质的工艺不同，最终呈现出的造型也各有特色。玩具的制作过程对工艺水平的要求不高，但教师也应在保证实现玩具预设的操作功能的基础上，严格把关玩具的安全性，特别是一些细小的上用来固定材料的零部件，要避免尖锐、凸起之处划伤幼儿。玩具的制作工艺应精细、牢固，使其耐玩，便于操作。

5）装饰

装饰是指通过涂绘、粘贴等手法对玩具进行美化，增加其视觉美感，使其既满足本身的功能性，又兼具外在的审美性的过程，要使玩具色彩鲜明、突出个性、富有童趣。

案例2

玩具制作——中班巧手编织

一、构思

1. 灵感来源

2021年8月2日，中共中央办公厅、国务院办公厅印发《关于进一步加强非物质文化遗产保护工作的意见》的通知，其中指出："非物质文化遗产是中华优秀传统文化的重要组成部分，是中华文明绵延传承的生动见证，是连结民族情感、维系国家统一的重要基础。保护好、传承好、利用好非物质文化遗产，对于延续历史文脉、坚定文化自信、推动文明交流互鉴、建设社会主义文化强国具有重要意义。"绳结编织技艺是珍贵的非物质文化遗产，除独具工艺艺术观赏价值外，还蕴含着浓厚的中华历史文化气息，是我国优秀传统文化的重要组成部分。

2. 理论依据

《3~6岁儿童学习与发展指南》中提到："多为幼儿选择一些能操作、多变化、多功能的玩具材料或废旧材料，在保证安全的前提下，鼓励幼儿拆装或动手自制玩具。"同时，该指南还在艺术领域表现与创造中给出了对应的教育建议："创造机会和条件，支持幼儿自发的艺术表现和创造。"

3. 年龄特点

中班幼儿在大动作基本发展的前提下，精细化动作逐步发展，教师应利用中班幼儿常常动手动脑探索物体和材料的特点，创设适宜的游戏环境帮助幼儿提升手眼协调、双手协调和手指操作的灵活性。

4. 游戏方式

进入中班后，由于角色游戏占据主导地位，幼儿喜欢扮演成人，喜欢用身边的材料装饰自己和他人，尤其是女孩，他们还特别喜欢为娃娃做发型、换装。

5. 构思结果

制作一个编织玩具。

6. 玩具目标

（1）掌握基础的编织方法，如拧、绕、打节、交叉等。

（2）能够正确使用编织材料和工具，并尝试利用学会的编织方法表现简单的物象。

（3）喜欢编织，愿意在操作编织玩具中发挥想象力和创造力，感受中国传统手工艺的魅力。

二、设计

1. 外形结构

能穿多种绳子的网状结构。

2. 比例大小

设计两种大小规格的玩具，其中一个供幼儿单独玩耍使用；另一个供多名幼儿同时操作。

3. 内部细小零件布局

尽量为编织玩具设置挂绳，方便用多种方式及从多个方向操作。

4. 玩法控制

幼儿选取自己有喜欢的颜色和材质的绳子，结合学会的编织方法操作。

三、选材

1. 单人

选取直径为 20~30cm 的塑料圆圈 1 个；材质、颜色、宽窄、薄厚相同的，长度为 60cm 左右的绳子 4 根；长度为 60~100cm 的绳子若干（颜色、材质、宽窄、薄厚不限）；盛放绳子的盒子 1 个。

2. 多人

选取表面光滑、粗细均等的长度为 30~40cm 的树枝 8 枝；不同材质、颜色、宽窄、薄厚的长度为 60~100cm 的绳子若干；长度为 20cm 左右的麻绳 1 根；长度为 40cm 左右的麻绳 4 根。

四、制作

1. 单人

将 4 根材质、颜色、宽窄、薄厚相同的长度为 60cm 左右的绳子呈网状均等地缠绕在塑料圆圈上并固定好，缠绕方式示意如图 2-3-1 所示。接下来，将若干根长度为 60~100cm 的绳子（颜色、材质、宽窄、薄厚不限）放入准备好的盒子内，以便幼儿挑选使用。

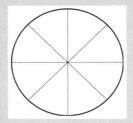

图 2-3-1 绳子缠绕方式示意

2. 多人

将8根树枝横向平行排列，使2根树枝之间保持约5cm的宽度，接着用4根长度为40cm左右的麻绳将固定住。树枝排列固定方式如图2-3-2所示。待固定好后，将不同材质、颜色、宽窄、薄厚的长度为60~100cm的若干根绳子的一端随机系在8根树枝上。最后，将长20cm左右的麻绳的两端分别捆绑在最顶层树枝的两端，作为所有编织玩具的挂绳，其最终呈现出的效果草图如图2-3-3所示。

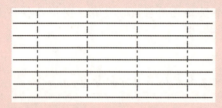

图2-3-2　树枝排列及固定方式　　　图2-3-3　多人编织玩具效果草图

五、装饰

1. 单人

可使用彩色胶带装饰塑料圆圈，如图2-3-4所示。

2. 多人

可在编织工具上粘贴些许布艺蝴蝶结作为装饰。为保证幼儿的操作安全，教师还可将每根树枝的首尾两端用彩色布条缠裹上，如图2-3-5所示。

图2-3-4　单人编织玩具成品　　　图2-3-5　多人编织玩具成品

2. 幼儿园玩具制作的基本方法

结合幼儿园的教育教学实践工作可知，对于玩具的制作，最有发言权的就是一线幼教工作者。他们边制作、边总结，在长期的实践中积累了自制玩具多种的方法。例如，可以利用同一材料和同一方法制作成若干相同玩具，如将彩色卡纸剪成相同或不同的大小、形状，让幼儿自行拼接、组合。这样制作出来的玩具可变大、可变小、可变多、可变少。除以上介绍的玩具制作方法外，在具体制作中，教师还可以采用下面阐述的方法。

1）保留原形

保留原形，是指教师在不改变原有材料属性的基础上，不需要使用太多制作技巧，稍微进行装饰便可将其制成玩具的过程。

案例3

例如，在挑豆子游戏中，教师只需将不同颜色的豆子混合后放入同一个盘型容器内，指定其中某个颜色的豆子，让幼儿挑出来即可。另外，还可以结合幼儿手部动作的发展情况，为他们投放不同的挑豆子工具。对于小班幼儿，挑豆子的工具可以是漏勺，中班幼儿用手，大班幼儿用筷子；教师将几个体积不同的铁盒（如饼干盒、奶粉桶、易拉罐等）依次摆放，就可以制成一组小鼓供幼儿击打；将一次性纸杯加以装饰后，就可以使其成为幼儿的搭建材料；将几条废旧拉链粘贴在硬纸板上，就可以锻炼幼儿的手部小肌肉；在手套的手指位置上绘制图案，就可以变成表演游戏中的指偶；将废旧轮胎置于户外，幼儿人手一个向前推行，就成了锻炼身体大肌肉的运动器械。若把轮胎平铺或堆叠在地面上，让幼儿一次次翻越障碍，就等于为幼儿的体育游戏增加了挑战性。

> **分析**：一般，保留原形的原材料取材于生活，也意味着，这是将生活中的常见原料直接拿到幼儿园，不用经过二次加工。

2）改变原形

改变原形，是指其对原有的材料形状进行变形处理（如折、揉、捏、系、扭、编、缠绕等方式），再将其制作成玩具的过程。

 案例4

教师将麻绳缠绕在沾满乳白胶的气球上，待乳白胶干后，再用针将气球戳破，就可以得到一个质地坚挺的小球了该球可供幼儿开展投掷游戏使用。将几根质地柔软的长绳的一端绑在固定物上，幼儿就可以根据自己的想法编织造型，如编辫子、打结等。将牛皮纸张按照一定规律进行折、翻、捏等处理，就可以得到一个折纸魔法球了，如图2-3-6所示。随后，幼儿可随意变换魔法球的造型。

> **分析**：案例中提到的麻绳、长绳、牛皮纸可塑性均较强，因此，若想改变原形，教师应选择可塑性较强的低结构材料。

图2-3-6 折纸魔法球

3）展开制作

展开制作，是指教师将原材料切割或剪开，组合出新的形象的过程，以供幼儿操作、玩耍。

案例5

教师可以在彩纸上画一些简单的线条（或形状、图案等），让幼儿沿着线条（或形状、图案等）剪，此锻炼幼儿手指的灵活性；将一次性纸盘剪裁成各种造型的头饰，就制成了幼儿玩表演游戏时必不可少的演出道具；将若干不同形状、大小、颜色的废旧纸板的四边分别裁出宽1mm、长5mm的开口，使之成为纸板拼接插片，如图2-3-7所示。

> **分析**：通过切割纸板，幼儿可以根据想象自行拼插造型，这有利于让他们对色彩、形状、空间位置等要素有准确的感受。

图2-3-7　纸板拼接插片

4）组合改装

组合改装，是指利用两种或两种以上的材料组合出实际所需玩具的过程。

案例6

幼儿的心理健康状况会直接影响其个性发展、情绪和自我意识，以及社会适应能力的发展。当出现不良情绪时，幼儿需要进行合理宣泄情绪，以减轻内心的压力，而自制的释放压力专用的压力球就是一种很好的帮助幼儿排解不良情绪的工具。其制作方法是将牙膏挤进气球，再将少许可乐倒入其中。为了更加彰显压力球的趣味性，教师也可以利用马克笔在压力球上画上表情，这样，幼儿就可以随意对压力球进行弯折、伸展、挤压了。

> **分析**：将牙膏、可乐和气球三种不同的材料进行改装的过程充分利用了牙膏与可乐相溶的特点，再将二者装入气球这个容器内，就可以组成一个既好玩又解压的压力球玩具了。

二、自制幼儿园玩具的价值

1. 保障幼儿游戏的基本权利，提供多元化的游戏材料

社会和成人有责任为幼儿提供玩具，以保障他们的游戏权利。游戏是幼儿自主自发的、在自己动手操作游戏材料的过程中获得愉悦的情绪体验的活动。自制玩具可控性、教育性的特点，使它有了更宽泛的操作空间，更能有针对性地满足幼儿的游戏需要。幼儿在游戏中可以充分发挥动手能力，并且在亲自动手实践的过程中巩固所学的知识。因地制宜、就地取材是自制幼儿玩具选材的特点，而对于生活中常见的沙土、水、树叶、果蔬皮、壳、树叶、花瓣、菜根等自然材料，以及礼品包装盒、快递包装袋、纸箱、牛奶盒、报纸、饮料瓶、易拉罐等废旧材料，幼儿教师都可以根据它们各自的材料特性，稍加制作，便可应用于幼儿的不同类型游戏中。多元化的材料，开拓了幼儿的游戏思路、丰富了幼儿的游戏情节，用多种材料制成的玩具为幼儿提供了更宽广的想象空间，也培养了幼儿的环保意识。除此之外，可节省一部分教育成本，保障了幼儿游戏的物质基础。

2. 促进家园合作，增进亲子关系

自制玩具时不仅教师可以动手，家长和幼儿也可以参加。在亲子自制玩具的过程中，家长与幼儿积极构思创意，共同搜集和筛选制作玩具的材料，商讨玩具设计的各种巧思，体会动手制作的快乐，分享成功的喜悦。在动手操作自己亲手自制的玩具时，幼儿可发挥丰富的想象和创造，与家长的交流互动中感受彼此给予的温情，享受亲子游戏的乐趣。家长在自制玩具这一亲子活动中不仅可以更加了解教师的教育工作，而更有利于提高对幼儿教育的认知水平，认清自己的教育责任，唤醒和增强作为幼儿的第一任老师的角色意识，使他们积极、主动地参与幼儿的教育过程。

3. 挖掘教师组织游戏潜力，促进了教师专业成长

《幼儿园教师专业标准（试行）》中提出了"能力为重"的基本理念，要求幼儿教师："创设有助于促进幼儿成长、学习、游戏的教育环境，合理利用资源，为幼儿提供和制作适合的玩教具和学习材料，引发和支持幼儿的主动活动。"因此教师应制作有温度的玩具，传递有温度的教育。玩具制作的整个过程实际上是幼儿教师学习和成长的过程。为了制作出适合幼儿成长的玩具，教师需全面观察、了解幼儿，需增强动手能力、创造力和审美能力，想幼儿所想。教师以参与者、指导者、支持者、同伴等多重身份参与玩具制作的实践过程，既加深了对幼儿年龄特征、学习发展特征的了解，积累了教学经验，也促进了各方面专业技能的提升。

知识链接

传统手工艺作为非物质文化遗产是中国传统文化的一部分，具有无法替代的社会使命和独有的文化属性。对于文化的传承，需要使用新的手段和方式，而工匠精神的提出，更需要我们在传承文化的同时，也要努力创新。自制玩具可选用的材料、可创新的设计有很多，为了帮助幼儿深入了解中国传统手工艺，教师可以将羊毛毡、竹料、藤编、刺绣等技艺融入玩具制作，也可以请幼儿参与玩具的制作过程，真正让他们在做中玩、玩中学。

一、活动目的

（1）掌握幼儿园玩具制作的基本环节。

（2）能够全面分析给定玩具的制作依据、所用材料、玩法设计。

（3）结合幼儿园玩具制作的基本方法，尝试自制幼儿园玩具。

二、活动内容与要求

（1）请仔细查看图 2-3-8 所示的幼儿操作游戏材料和图 2-3-9 所示的游戏成品效果呈现，并结合"幼儿园玩具制作的基本环节"对此玩具进行全面、细致的分析。

图 2-3-8　幼儿操作游戏材料　　　图 2-3-9　游戏成品效果呈现

（2）请以小组为单位，结合幼儿园玩具制作的基本环节和基本方法进行组内讨论，并以 A4 纸为原材料，设计并制作出 3 种玩具。

一、选择题

（1）教师应根据幼儿游戏的特点，引导幼儿一起准备游戏材料和场地，多用语言指导游戏，在游戏中培养幼儿的独立性。以上是针对（　　　）幼儿进行的指导。

　　　A.托班　　　　　B.小班　　　　　C.中班　　　　　D.大班

（2）下列选项中属于运动游戏类玩具的是（　　　）。

　　A.识字卡片　　　B.平衡木　　　C.手偶　　　　D.绘本

（3）按照教育功能，可将幼儿园玩具分为社会性玩具、认知玩具、（　　　）和运动游戏玩具。

　　A.语言玩具　　　　　　　　B.角色游戏玩具

　　C.结构游戏玩具　　　　　　D.体育游戏玩具

（4）（　　　）幼儿由于有了更强的自主性，开展游戏的目的性也更明确。在这个阶段，教师应允许幼儿参与游戏材料的准备工作，也可以为他们提供一些半成品材料。

　　A.大班　　　　B.中班　　　　C.小班　　　　D.托班

（5）在下列关于幼儿园玩具制作的过程中，（　　　）是正确的？

　　A.设计-构思-选材-制作-装饰

　　B.设计-构思-制作-选材-装饰

　　C.构思-设计-选材-制作-装饰

　　D.构思-设计-制作-选材-装饰

二、简答题

（1）简述玩具在幼儿游戏中的作用。

（2）简述游戏材料的选择原则。

（3）简述幼儿园玩具制作的基本方法。

三、案例分析

　　几位幼儿在玩乘坐公交车的游戏。原本前面的幼儿都依次排队坐上公交车，可轮到圆圆的时候，她在口袋里翻了好久，也不知道在找什么。后面排队的幼儿等不及了，纷纷催她。圆圆说："别着急，我马上就好！"话音刚落，圆圆走到车门处，将手一划，发出"滴"的一声，然后心满意足地找到座位坐好。后面的小朋友见状，也跟着做出了同样的动作。

（1）结合上述情境，请你判断一下，他们是哪个年龄段的幼儿？

（2）如果你是这个班的带班老师，遇到上述情况时，会怎样做？

（3）请为案例中的"公交车"添设合适的游戏材料。

项目三

幼儿园孩子的欢乐时光

——角色游戏

　　角色游戏是幼儿创造性游戏的典型类型，属于象征性游戏，在幼儿2～3岁时产生，在学前晚期达到最高峰，此后会逐渐被有规则游戏代替。它是幼儿对现实生活的一种积极、主动的再现活动，而游戏主题、角色、情节、材料的使用均与幼儿的社会生活经验有关，如在"医院"的角色游戏中，幼儿扮演医生，用听诊器给人看病；在"超市"的角色游戏中，幼儿扮演收银员，负责结账等工作，这是幼儿期最典型、最有特色的一种游戏。

　　相关实验结果表明，经常玩角色游戏的幼儿，在认知发展、语言技能和创造性方面的表现都比很少玩的幼儿更好。由于游戏可以为幼儿提供了机会来练习刚刚出现的认知技能并加以强化，经常玩角色游戏的幼儿有着更为娴熟的社交技能，更受欢迎。另外，角色游戏能够促进幼儿情绪的健康发展，并为他们提供表达情绪、解决冲突和面对挑战的机会，也有助于父母了解孩子在幼儿园中的生活情况。相对于幼儿跳跃的表达方式而言，玩游戏更能直观、真实地反映出他们的日常状况。

　　本项目主要介绍角色游戏的概念、类型、特征，以及组织角色游戏的方法与策略；同时，还研究角色游戏活动过程中的常见问题，并培养学生的游戏素养，让他们巧妙运用教育策略指导幼儿游戏，以形成正确的游戏观。

思维导图

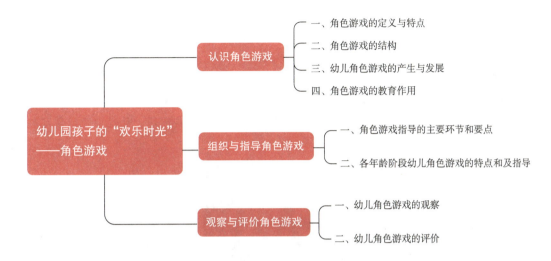

幼儿园孩子的"欢乐时光"——角色游戏

- 认识角色游戏
  - 一、角色游戏的定义与特点
  - 二、角色游戏的结构
  - 三、幼儿角色游戏的产生与发展
  - 四、角色游戏的教育作用
- 组织与指导角色游戏
  - 一、角色游戏指导的主要环节和要点
  - 二、各年龄阶段幼儿角色游戏的特点和及指导
- 观察与评价角色游戏
  - 一、幼儿角色游戏的观察
  - 二、幼儿角色游戏的评价

学习目标

知 识 目 标

（1）了解角色游戏的概念和一般特点。

（2）理解角色游戏的结构及其对幼儿发展的教育作用。

技 能 目 标

（1）熟悉幼儿角色游戏设计组织的基本技能。

（2）能在角色游戏中正确观察、分析与评价幼儿的行为表现。

（3）能根据各年龄班幼儿的游戏特点进行基本指导。

素 养 目 标

乐于组织幼儿进行角色游戏，善于捕捉幼儿在角色游戏中的教育价值，树立正确、科学的游戏观。

学习支持一　认识角色游戏

情境导入

　　同学们，看到这些场景后，你是否觉得熟悉？是否回忆起了自己的童年时光？相信"娃娃家"游戏大家都曾经玩过（图3-1-1）。那你知道"娃娃家游戏"在幼儿园游戏分类里属于哪种游戏吗？你能说出这类游戏的特点吗？带着这些问题，让我们开始学习本项目。

图3-1-1　幼儿园"娃娃家"游戏用具

一、角色游戏的定义与特点

1. 角色游戏的定义

　　角色游戏是幼儿通过扮演角色，运用想象，创造性地反映个人生活印象的一种游戏，通常都有一定的主题，如"娃娃家""商店""医院""银行""美发屋"等，所以又称为主题角色游戏，如图3-1-2~图3-1-5所示。

图3-1-2　角色游戏"娃娃家"

图3-1-3　角色游戏"医院"

图3-1-4　角色游戏"银行"

图3-1-5　角色游戏"美发屋"

角色游戏是幼儿自主游戏的基本类型之一，在2~3岁时产生，在学前晚期达到最高峰，是幼儿最典型，最有特色的一种游戏。角色游戏是当幼儿的身心发展到一定阶段自然产生的，即使没有成人的指导，幼儿同样会开始玩角色游戏。角色游戏集中反映了幼儿游戏的基本特点，因此，心理学家们常常借助角色游戏所呈现的情况来观察幼儿的行为，并以此作为探究幼儿心理发展规律及其特点的重要研究手段。

2. 角色游戏的特点

1）社会性

角色游戏既是幼儿对周围现实生活的体验，也是幼儿对人类社会生活的再现和创造，还常常包含幼儿对成人社会的某种期待。在角色游戏中，幼儿扮演的角色来自社会生活，他们通过模仿角色人物的语言和行为方式体验日常生活中人与人之间的社会关系及其态度倾向，从而了解社会并学习社会生活的基本规范。

2）表征性

角色游戏是幼儿对角色、动作、情境等方面展开想象并表征出来的活动，是幼儿表征能力发展的产物。幼儿在游戏中常以表情、动作、语言来扮演角色，还会使用一种简单的游戏材料替代多种真实物品，对游戏的动作和情境进行假想，体现出以人代人、以物代物、以物代人等表征特点。表征的实质是幼儿用语言、动作、物体等抽象符号替代、表现出头脑中实体形象的过程。幼儿在游戏中会对这些"假想"活动"信以为真"。

3）创造性

角色游戏是幼儿自主的活动。在角色游戏中，幼儿根据自己的生活经验和兴趣需要选择主题、内容、角色、材料，在游戏过程中自由切换情景和发展内容，边构思行动边展开具体情节，创造性地反映社会生活中的某一片段或典型事件，使自身的主动性和创造性在游戏中得到充分体现。

二、角色游戏的结构

角色游戏的结构就是角色游戏所包含的各种要素，包括角色扮演、对材料的假想、对动作和情节的概括，以及内在的游戏规则4方面。

1. 角色游戏中的人——角色扮演

幼儿在游戏中扮演一个或多个假装的角色，这些角色通常是幼儿认为重要的、经常接触的，或者是引起强烈情感的人物，一般分为机能性角色、互补性角色和想象性角色。

1）机能性角色

机能性角色是指幼儿通过模仿对象的典型动作来进行角色扮演，如通过转动方向盘的动作来扮演司机，通过挥动手臂的动作来扮演交警。

2）互补性角色

互补性角色是指幼儿所扮演的角色是以角色关系中另一方的存在为条件，角色动作指向另一个角色，使两个角色之间产生互补关系，如医生和病人、妈妈和孩子、售货员和顾客等。

3）想象性角色

想象性角色不是现实生活中的人物，不是来自文学故事、电视剧、电影等文学作品，是基于幼儿记忆表象基础上的再造性想象活动，并不是全部角色的再现，只是扮演其中的某些角色，并将其形象迁移至现实生活中，如人物角色光头强、天线宝宝；动物角色喜羊羊、灰太狼等。

通常，幼儿根据自己的情感取向来选择所扮演的游戏角色。幼儿比较喜欢扮演三种角色如下：第一种是幼儿比较崇拜和尊敬的人，如教师、父母等；第二种是让幼儿感到害怕的人或动物，如正在打针的医生、凶猛的大老虎等；第三种是与自己身份不同或比自己身份低的角色，如婴儿、小猫等。

 小试身手

谁的反应快——说出图3-1-6~图3-1-8中的幼儿所匹配的角色类型

图3-1-6　角色类型1　　　　图3-1-7　角色类型2　　　　图3-1-8　角色类型3

2. 角色游戏中的物——对材料的假想

角色游戏中离不开对材料和物品的辅助和支持，特别是幼儿对游戏材料的假想。例如，在"娃娃家"游戏中，幼儿用泥巴当面团制作馒头和包子，把树叶当成菜，把枕头当成娃娃等。由于不同的幼儿对同一物品会有不同的想象，也就会使它们出现不同的用法，幼儿们如果想要在游戏中达成统一意见，共同游戏，就必须借助语言的帮助把自己对各种物品的想象用语言表达出来，使别的幼儿能够理解与接受，如指着积木说："这是蛋糕"，指着小塑料盆说："这是头盔"。这样，个人的表征就成为游戏的表征。

在游戏中，积木和塑料盆是替代物，而蛋糕和头盔则是被替代物。替代物和被替代物在幼儿思维中出现的顺序分为两种情况。一种情况是由替代物引发的想象活动：这个东西可以当什么用呢？如看到一把扫帚，便想象把它来当马。另一种情况是由被替代物引发的想象活动：什么东西可以用来"当它"呢？如在游戏中，幼儿想要一个注射器，他便会依照头脑中已有的注射器的表象来寻找相似的替代物，如一根筷子。

3. 角色游戏中的情节——对动作和情节的概括

在角色游戏中幼儿用最简单，最直观形象的动作表现游戏情节。例如，对于现实生活中的做饭、看病有比较复杂的情况，其中包含了许多动作。而在角色游戏中，幼儿往往用"切菜"这一动作表现"做饭"的情节，用"打针"这一动作表现"看病"的情节，幼儿根据自己的生活经验对这些进行加工处理后。只用最简单、直观的动作来表现情节。

在角色游戏中，幼儿用最典型的情节表现游戏情境。游戏情节与一定的游戏情境密不可分，而幼儿对游戏情节的假想又会衍生出相关的情境，如关于吃饭的动作，幼儿的生活经验是"妈妈喂宝宝吃饭"；关于看病的动作，幼儿的生活经验是"医生给病人看病时主要动作是打针"。由此，幼儿认为，大多数家庭，医院都是这样的，在"娃娃家"或"医院"等角色游戏中，幼儿就开始用"做饭""吃饭""睡觉"以及"听诊""打针"这些最简单的动作情节来展现家庭和医院中的游戏情境。这样，经验不同的幼儿都可以参与同一个主题游戏，他们选用大家普遍可以接受的、最适宜的动作来表现客观世界中的人物形象。可见，游戏动作与情节的概括性反映是角色游戏非常重要的创造性心智活动，是幼儿从具体形象思维过渡到抽象逻辑思维的基础。

4. 角色游戏中的规则——内在的游戏规则

角色游戏中的规则表现为：正确地表现现实生活中每个人物应有的动作及其先后顺序，人们的态度，以及相互间的关系等，如幼儿在游戏中经常会说："不是这样的，医生看病应该是先挂号才看病开药，先用酒精消毒，才能打针"等。

角色游戏中的规则不同于规则游戏中的规则，在游戏前是预设好的，虽然游戏结束后游戏规则可以根据需要进行调整，但一旦游戏开始了，规则就是所有参与者必须遵守的，且不能在游戏过程中随意更改。角色游戏的规则是受角色制约的，幼儿们扮演哪种角色就要按照相应的角色行为来游戏，游戏规则与角色责任密切相关。同时，角色游戏的规则是灵活的，且每次游戏都可能出现新的规则，只要游戏参与者能够接受即可。这就是角色游戏规则的内在性。

三、幼儿角色游戏的产生与发展

1. 幼儿角色游戏的产生

角色游戏是一种典型的象征性游戏。在2岁之前，幼儿的游戏主要是简单的感觉运动游戏。幼儿寻求并满足于感觉运动器官的机能性快乐，故也被称为机能性游戏，如敲打和摆弄物体、摇木马等。在2岁以后，由于模仿和想象能力的发展，幼儿开始进行延迟模仿，也就是说，可以借助头脑中的表象在事后对某些角色进行模仿。正是这种延迟模仿的能力使他们能够在非真实的情境中模仿曾经经历过的或想象的生活细节，在此而展开新的游戏形式——角色游戏。3~4岁的幼儿普遍热衷于玩角色游戏，6~7岁以后，角色游戏减少并被规则游戏取代。

2. 幼儿角色游戏的发展

角色游戏是幼儿游戏发展的必经阶段，是不能跨越的。发育正常的幼儿都必然会经历角色游戏这个阶段，并从中获得情感、社会能力以及认知等方面的发展。幼儿不可能从感觉运动游戏阶段直接跨入规则游戏阶段，这也是由他们智力发展的阶段性所决定的。而角色游戏本身也有一定的发展过程。

角色游戏的发展过程可以从幼儿在角色扮演中水平的提高、游戏内容的不断扩展与丰富、使用材料与玩具能力的发展，以及语言与社会能力的发展等方面来衡量和评价。

1）角色扮演的水平的提高

在角色游戏的最初阶段，幼儿不能意识到自己所扮演的角色，只满足于摆弄物体和反复进行同样的动作。如幼儿反复"喂孩子"，不停地"切菜"却没有意识到自己是在扮演妈妈。在角色游戏的第二阶段，幼儿开始意识到自己所扮演的角色，但是经常转移注意力，不能始终按照角色的要求行动，如"妈妈"在喂"孩子"时，听到有人喊自己或是看到别人的游戏开始了，可能会丢下"孩子"就走，离开自己的游戏和所扮演的角色。在角色游戏的第三阶段，幼儿角色意识明确，能够按照角色要求来行动，但还不能与其他角色进行有效的配合。如扮演医生的幼儿始终在忙着自己的事情，一会儿给"病人"把脉，一会儿用听诊器给"病人"听心跳，但一直没有注意到旁边的"护士"，没有跟"护士"进行角色间的沟通。在角色游戏的第四阶段，幼儿的角色意识明确而且能够协调角色间的关系，有角色行为之间的配合互动，能满足共同游戏的需要。例如，同样是扮演医生，幼儿不仅会观察"病人"的状态，请"护士"给"病人"量体温，还会安慰"病人"，嘱咐"病人"回家后按时吃药等。

2）游戏内容的不断扩展与丰富

幼儿游戏的内容包括游戏主题游戏情节两方面。游戏主题是指在游戏中反映的社会现象的范围，如幼儿角色游戏中有家庭生活主题，有医院、商场、超市、银行和学校等扩展的社会生活主题。游戏情节是指主题的展开和游戏中的具体活动过程。幼儿游戏中的主题往往相同而游戏情节有很大区别。以下三种因素影响幼儿对游戏主题的选择：第一，是否有幼儿亲身经历、留下深刻印象的内容；第二，是否有幼儿愿意扮演的角色；第三，是否有吸引幼儿的游戏材料或游戏情境。

幼儿游戏主题的范围从幼儿所熟悉的家庭或幼儿园的生活，逐渐扩大到社会生活。主题的性质由简单的、自由的到比较复杂的、有规定的内容。例如，"娃娃家"到"照相馆"和"图书馆"。游戏情节的发展表现为从零散、片段到出现系列，并逐渐富有创造性。

3）使用材料与玩具能力的发展

幼儿在游戏的最初阶段表现为模仿性强的特点，往往是别人玩什么，自己就玩什么，如果手里没有与别人一样的玩具，就从同伴手里"抢"。在游戏的第二阶段幼儿不再只模仿他人，而是能够根据自己的兴趣使用材料，但这些材料通常是实物，形象性比较强。在游戏的第三阶段，幼儿能够按照角色要求使用替代物，这些替代物与真实物体具有外形上的相似性，如用木棍代替针筒，将扫把当马骑。而到了游戏的第四阶段，幼儿已经不拘泥于材料外形上的相似了。

4）语言与社会能力的发展

第一阶段，幼儿在游戏时各人玩各人的，很少用语言沟通，主要是在自言自语；第二阶段，幼儿开始进行联合游戏，并能够进行简单的对话，对话内容围绕材料出现，如对材料的借还，对游戏结果的评价等；第三阶段，与合作游戏对应，幼儿能够依据游戏情节的发展和角色身份进行有意义的沟通。另外，幼儿能够在游戏外以自然身份进行沟通，即能自觉出入游戏。

四、角色游戏的教育作用

1. 促进幼儿的社会性发展

角色游戏能促进幼儿社会交往能力和合作行为的发展，强化幼儿的社会角色意识和社会角色规范，促进幼儿自我意识及社会积极性、独立性和主动性的发展，是使幼儿实现社会化的一个重要途径。

1）发展恰当的自我意识，摆脱自我中心

自我意识是人的社会性发展的基础，而发展恰当的自我意识是人的社会性的发展第一步。幼儿是典型的自我中心主义者，他们往往从自己的角度出发去考虑问题，去理解周围的任何事物，不能站在他人的角度看问题。

角色游戏在促进幼儿站在他人角度看问题的能力发展中起到重要作用。这是因为在游

戏中，当扮演他人时，由于角色的需要，幼儿必须以他人的身份出现，站在他人的角度看问题。这样，幼儿就可以比较自然地学会改变自己看问题的角度，逐渐克服"自我中心"的观点，使自我意识得到发展与完善。

 **知识链接**

自我中心思维

幼儿的思维非常具体，只能理解事物的直接关系，因此具有片面性，常常从自己的角度出发看问题。于是，经过研究，皮亚杰称之为"自我中心思维"。皮亚杰的"自我中心"理论最先见于他所著的《幼儿语言思维》。在该书中，皮亚杰用"自我中心"这一概念来指明幼儿不能区分自己的观点和他人的观点，不能区分自己的活动和别人的变化，认为一切都与自己有关。

2）促进幼儿的同伴交往行为

同伴交往是幼儿社会性发展的必经途径，幼儿在角色游戏中发展了交往技能。为了顺利开展角色游戏，幼儿之间必须先就游戏主题、游戏内容、游戏情节和角色分配等进行沟通与交流，这就促进了现实的伙伴交往关系的形成与发展。另外，幼儿扮演角色时还必须进行角色间的交往，学会表达角色的感情和愿望，理解其他角色的意愿与态度并做出相应的反应。这样，幼儿在游戏中就结成了两种类型的交往关系：一种是现实中的伙伴关系；另一种是游戏中的角色关系，这两种关系都为幼儿的社会性发展提供了有利条件。

角色游戏不仅可以为幼儿的交往提供了良好的环境，也为幼儿交往能力的发展提供了可能。角色游戏越深入，幼儿的交往频率越高，交往时越积极主动，也就越能促进他们交往能力的发展。同时，角色游戏还培养了幼儿的交往技能。在游戏中，幼儿必须学会妥协与让步，学会通过协商、轮流、分享、谦让和交换等交往技巧，以使自己的愿望在游戏顺利进行的情况下达成。这样，在不断解决游戏纠纷的过程中，幼儿的社会交往能力也逐渐得到了提升。

角色游戏可以为幼儿提供践行社会规则的机会。角色游戏是幼儿对将来社会生活的预演，为他们以后适应成人社会、掌握社会规则、理解人与人之间的关系及习得合理的行为方式提供了舞台。每个人在社会生活中都担任多种不同的角色，每种角色都有自己的特定任务与需要遵守的规范。这些角色不是天生的，而是社会赋予的。幼儿的角色游戏具有天然的开放性，凡是幼儿能够接触到的社会领域，如家庭、菜市场、银行、医院和公交车站等，在幼儿的游戏中都有可能出现。随着游戏情节的展开，幼儿可以把自己在现实生活中获得的知识经验在游戏中演练一番，从而进一步加深对的社会认知。

对幼儿来说，角色扮演正是一种社会角色的学习和实践过程。每位幼儿会扮演各种不同的角色，他们不仅可以通过学习和模仿角色行为，从中理解不同的角色关系，学习社会生活中的行为准则；还能通过学习和模仿角色的态度和情感获得良好的情感体验，这对幼儿道德意识的培养和情感的发展均有良好的促进作用。例如，过分鲁莽、好动的幼儿，可以在担任"交通警察"和"售票员"这样的角色中培养抑制能力；不爱干净的幼儿可以通过担任"医生"这样的角色逐渐培养爱干净的习惯等。

3）促进幼儿社会性情感的发展

角色游戏既是幼儿建立积极情感、调整消极情感的途径，也是他们表露和发泄情感的渠道。在游戏中，幼儿体验着各种情感（如快乐、恐惧、对别人的同情、成功的喜悦等），又可以控制这些情感。幼儿在游戏中全神贯注地角色扮演，很少受约束和限制，他们的各种情绪都能通过游戏表露和抒发出来。一方面，这能使幼儿增加控制环境的机会，获得满足感，增强自信心；另一方面，这又为幼儿提供了消极情感的出路，减少了情感失调的影响因素。同时，角色游戏还为幼儿提供了体验别人情感、帮助他人的机会，通过扮演商店、医院等游戏中的角色，幼儿的同情心和责任感能得到增强。

✏ 知识链接

弗洛伊德的精神分析理论

弗洛伊德的精神分析理论认为，驱使幼儿玩游戏的是心理生活的快乐原则。游戏与其他心理事件一样，都受快乐原则的自动调节。在游戏中，幼儿的快乐原则表现为能满足他们的愿望和使受压抑的冲动发泄出来。

弗洛伊德认为，幼儿的愿望就是快快长大成人，做大人能做的事。而这种愿望在现实生活中是不可能实现的，于是幼儿就在游戏中寻求满足。但不愉快的情绪体验有时也会成为游戏主题，这时幼儿就出现了一种强迫重复的现象，即事件的发生可能是由某种不愉快的情绪紧张状态引起的，若要消除这种紧张状态，幼儿就出现强迫重复的现象。

2. 促进幼儿的认知发展

幼儿在角色游戏中积极地回忆已有的知识和经验，重新组合已有的印象，在想象的环境里扮演各种角色，这发展了他们的主动性、创造性等思维品质。主动性、创造性是幼儿认知发展的基础，是幼儿进一步健康成长的重要条件。在角色游戏中，幼儿要先想好游戏主题，然后对角色如何行动、游戏怎样进行下去、如何与其他角色互动等方面做出安排。他们不仅要分配角色、布置环境，还要思考游戏过程、解决问题，并以语言和行动来实现自己的想象。幼儿以游戏材料代替真实物品，积极想办法解决出现的各种问题，从而锻炼了他们开动脑筋解决问题的能力，也使幼儿的记忆、想象、思维和语言均衡发展。角色游戏帮助幼儿了解其他角色扮演者与自己相同或不同的想法，也帮助幼儿在游戏纠纷的解决中获得思维的发展。由此可见，幼儿思维的主动性、创造性品质的发展贯穿角色游戏的整个过程。

3. 促进幼儿意志品质的发展

幼儿的意志品质在角色游戏中能得到有效的锻炼。在游戏中，幼儿自愿担当一定的角色之后，角色本身就具有了榜样作用。幼儿在游戏中要时刻拿自己的行为和角色应有的行为对比，并根据角色的要求调节自己的行为，否则便会遭到游戏伙伴的异议。另外，角色游戏要求幼儿遵守游戏规则，按照规则来控制自己的行为，以保证游戏的顺利进行。在游戏中，幼儿为了在游戏中表现角色，能自愿地服从规则，努力克服困难，使游戏顺利进行，这在无形中就提高了他们的自我控制能力，从而培养了坚定的意志品质。

4. 促进幼儿身体和语言的发展

在角色游戏中，幼儿在愉快情绪的伴随下，不停地操作着各种物体，这就促进了身体的发育和动作的发展，也促进了幼儿肌肉活动和手眼协调能力的提高。在游戏中，幼儿尝试着用语言进行角色间的交往，学习按角色的要求使用不同的语言，其中既有模仿，又有创造，对幼儿语言的发展有着很大的促进作用。相关研究证明，角色游戏对幼儿叙述能力的提高具有积极作用。幼儿早期参与的角色游戏越多、情节越丰富，今后学龄阶段的故事讲述、记叙文写作的兴趣和水平就越高。由此可见，角色游戏对促进幼儿语言表达与交流水平的提高具有长期效应。

综上所述，角色游戏在学前幼儿的生活中占有重要的地位，是促进幼儿身心全面发展的重要手段。因此，教师在学前期支持和引导幼儿开展角色游戏，是非常重要的。

学习支持二　组织与指导角色游戏

情境导入

在一次游戏活动里，孩子们都到自己选好的地方开始游戏了，王老师发现一个名为"希希饮料批发"的店里就扮演店主的希希一个人坐在里面，没有顾客光顾。于是，王老师让希希跟她一起喊："谁来批发饮料啊？"可是没有人理睬。也许是大家只光顾着玩游戏，没有听见吧，于是王老师耐心地提高了嗓门："今天饮料批发优惠啦，打5折，冰红茶每瓶只要1.5元，谁要买呀？"这时，有几个"顾客"来批发饮料了。

作为未来的幼儿园教师，面对孩子们在游戏中出现的这些现象，你是否能和案例中的王老师一样采取有效的指导策略？你知道角色游戏对幼儿的发展有什么价值吗？应怎样组织和指导角色游戏呢？

一、角色游戏指导的主要环节和要点

角色游戏是一种自主性的幼儿游戏，普遍存在于幼儿的游戏活动中。作为幼儿教育的基本活动之一，角色游戏被赋予了一定的教育目的，教师必须在其中指导。角色游戏的指导工作主要围绕着游戏前的指导、游戏过程中的指导和游戏后的指导三个阶段展开。

1. 游戏前的指导

游戏前的指导是为游戏的开展创设良好的环境和条件而存在的，包括以下几方面内容。

1）提供充足的游戏时间，促进游戏的深入开展

幼儿的角色游戏所需时间一般较长，每次不能少于30分钟，只有这样，幼儿才能有足够的时间寻找游戏伙伴、商量主题和情节、分配角色、准备材料等。否则，游戏情节便难以充分展开，势必影响游戏的效果，这既会影响幼儿继续开展角色游戏的兴趣，也不能使角色游戏达到应有的教育目的。

2）丰富幼儿的生活经验，拓展角色游戏的情节

由于角色游戏是幼儿对现实生活的反映，幼儿的生活经验越丰富，经验感知越充分，角色游戏的材料、情节也就越充实、越新颖。幼儿的生活经验主要来自家庭、幼儿园和社会生活中的日常见闻。为了提高幼儿角色游戏的水平，教师要与家长密切合作，在日常生活和教育活动的各个环节中利用一切机会引导幼儿观察周围生活，丰富幼儿的见闻，拓展幼儿的视野，加深幼儿对周围生活的印象。

 案例1

"照相馆"游戏中的生活经验

在"照相馆"里，李老师投放了玩具照相机、相册、空化妆品瓶子、镜子、裙子、纱巾等材料。孩子们似乎对这里很感兴趣，"照相馆"里一下子热闹起来了，可没过多久就出现了混乱无序的现象。在游戏开展前，李老师认为，孩子们都有到照相馆拍照的经验，他们喜欢装扮自己，也爱摆出各种姿势拍照，对照相的过程乐此不疲。由此，李老师想当然地认为他们肯定了解过照相馆的工作程序，也明白不同角色的分工。可事实上，孩子们的表现与李老师的期望相差甚远。

李老师决定带孩子们参观幼儿园附近的一家照相馆，了解里面的区域划分、物品摆放、工作内容和流程等。回到幼儿园，李老师又组织孩子们对参观过程展开讨论。

师：你们觉得幼儿园的"照相馆"该怎样布置？

幼：现在，我们的照相馆里没有接待室和选样照区，所以应该加上；真正的照相

馆里的布景很丰富，而我们这里只有一种；我们的服装也太少了，应该再增加一些。

　　师：那我们该收集些什么材料当做装饰品好呢？

　　幼：可以收集假发、发卡、项链、手链、布娃娃、小伞、帽子、假花……

　　师：我们是否还要做一个柔光灯呢？

　　幼：我们可以去美工区订货。

　　师：照相馆里的叔叔和阿姨是怎样工作的？和我们有什么不一样？

　　幼：叔叔和阿姨都在做自己的工作，他们对顾客很热情，会为顾客倒水，会记录顾客的要求，会安排顾客照相的时间，还会领顾客先选择服装再化妆……

> **分析**：在上述案例中，正是由于对幼儿游戏现状做出反思，教师才对幼儿已有生活经验产生了关注。而教师有针对性地组织幼儿去参观，以及对幼儿的讨论进行有效引导，就是从丰富幼儿的生活经验入手，让幼儿有目的地去体验生活，从而有效地支持了角色游戏的开展。

　　值得注意的是，幼儿在角色游戏中反映的内容并不是周围生活的直接再现，而是经过认知和情感的加工和创造以后，于适当的场合才在游戏中表现出来的，如幼儿参观完邮局后，是不会立即玩邮局游戏的，而往往是在后来玩商店游戏时增加了"邮递员来送信送报"的情节。因此，教师不能急于要求幼儿们将看到的和听到的立即反映在游戏中，更不能要求他们将参观的内容马上照搬到游戏中。

3）创设材料丰富、有挑战性的游戏场地

　　游戏场地、游戏设备、玩具和材料都是幼儿开展角色游戏的物质条件，又是满足幼儿游戏愿望和兴趣、发展幼儿想象力的重要载体。合适的游戏材料不仅反映了幼儿的发展水平，也渗透了教师的教育意图。幼儿角色游戏中的游戏材料环节准备应注意以下几点。

4）要为幼儿设置固定、有意义的角色游戏区

　　固定的游戏区能吸引幼儿进入角色游戏，也便于幼儿在此区域中积极开展游戏。教师创设有意义的角色游戏区便于幼儿明确游戏主题，也便于幼儿在熟悉的游戏环境中创造出丰富的游戏情节。例如，由于幼儿普遍喜欢"娃娃家"的游戏，教师应当在教室中单独划分出一部分相对应而封闭的区域，营造出"家"的空间感，而不应该在这个区域中混合摆放其他室内设备，更重要的是"娃娃家"中相关设备的摆放与陈列应尽量符合家庭生活的日常习惯，如儿童床、电视机、厨房用具等，如图3-2-1所示。如此一来，幼儿自然而然地就能想起自己在家中的生活，从而产生对游戏的渴望。

图 3-2-1 "娃娃家"游戏区域

5）引导幼儿根据游戏需要丰富、拓展角色区玩具材料

幼儿常见的角色游戏区包括小医院、娃娃家、餐厅、小吃店、商店、邮局、银行、理发店、蛋糕店等，不同的角色游戏区反映了幼儿社会生活的不同主题。因此，幼儿园角色游戏材料也是丰富多样的，教师应通过投放适当的游戏材料来满足幼儿游戏的兴趣，例如，对于小吃店的游戏材料，可以投放布或油泥制成的包子、饺子、馄饨，皱纹纸制成的面条，纸盒制成的收银机，以及围裙，服务员帽子等，如图3-2-2所示。同时，教师也应当根据游戏主题的发展需要，为幼儿对材料的创造性使用提供适宜的支持。例如，玩"娃娃家"游戏时，幼儿们想制作一个"抽水马桶"，他们想到用纸盒制成底部，用剪成环形的纸圈制成马桶盖子。如果教师发现幼儿多次尝试后仍然无法剪出椭圆环，便可指导幼儿将纸先对折，然后画一个半圆的曲线，再顺着这条线剪，就能完成了。这样，幼儿在教师的指导下完成了游戏材料的制作，从而体验了成就感。

图 3-2-2 "小吃店"游戏

6）支持幼儿使用替代性材料丰富角色游戏材料

角色游戏是幼儿对现实生活的反映。幼儿在角色游戏中往往需要借助想象和创造性来制作游戏材料。当角色游戏区没有现成的真实生活需要的材料时，替代性材料就显得尤为重要。当幼儿从用"沙子"替代"小米"发展到用"竹竿"替代"马"时，表明他们的象征性思维水平已经逐步提高。比如，幼儿玩小医院游戏，幼儿通过在真实的医院情境中的观察发现，眼科医生头上戴着一个用于诊断检查的"小镜子"，便利用废旧的小光盘作为替代物，将其佩戴在自制的"医生帽"边缘。

7）鼓励大班幼儿参与环境创设和游戏材料的准备

教师不能使用过去物种环境和材料均由自己"包干"的方法，要有目的地引导幼儿参与环境创设和材料准备的过程，从而使这些过程产生教育价值。教师与幼儿共同收集与主题相关的废旧材料，这对中、大班幼儿来讲更具有重要意义。

2. 游戏过程中的指导

角色游戏过程中
常见的问题

在进行幼儿角色游戏的活动过程中，教师要抓住游戏过程的主要环节，协助幼儿按照的兴趣和意愿组织和开展游戏，以尊重幼儿的主体性为原则对他们进行科学指导，这就需要教师在指导中在有游戏主题的选择与确定、角色的分配、游戏情节的深入与展开、游戏规则的建立与执行、游戏的合作程度等方面均有所安排，即可在观察的基础上采用提问、建议、启发、提供玩具和材料等游戏指导方法介入这些环节。

1）细致地观察幼儿游戏，适时、适度介入指导

观察是教师指导角色游戏的重要前提。教师耐心、细致地观察幼儿角色游戏的进展情况，随时按需要增减与幼儿游戏主题相关的玩具和材料，引导角色游戏的进一步开展。在角色游戏的过程中，教师应在对幼儿进行充分观察的基础上实施指导，并注意把握介入指导的时机，一般情况下，可以选择的时机有三种。

（1）当幼儿在角色游戏中遇到困难时。

（2）当幼儿需要在游戏中提升某些技能水平时。

（3）当教育目标需要在游戏中实现时。

适度的指导，一方面是指教师的介入指导要以幼儿为主体，帮助幼儿按自己的意愿与想象开展游戏，不要把自己的设计和意图强加给幼儿；另一方面是指要在了解幼儿已有经验的基础上，有目的地根据幼儿的发展需要进行有针对性的指导。

案例2

孩子的求助

A教师站在"娃娃家"旁，静静地观察孩子们的活动：在果果家里，玲玲拿起围裙准备当"妈妈"。乐乐从小床上抱起了娃娃当了爸爸。欢欢、政政、苏苏和杰杰也想当"爸爸"，他们争执了起来。"老师，我想到果果家当爸爸，你帮帮我好吗？""老师，我也想到果果家当爸爸，你帮帮我好吗？"他们一起围向了A教师。A教师没有直接满足他们的请求，而是问道："一个家里有几位爸爸和妈妈？""一位爸爸，一位妈妈。""现在果果家已经有一位爸爸和一位妈妈了，你们看该怎么办？"欢欢和政政想了想，便去其他区了。但苏苏和杰杰仍不肯离开，继续向A教师求助。"要是有什么办法让使你们都可以留在果果家玩就好了。"A教师"轻描淡写"地说了一句。苏苏立刻叫了起来："我来当奶奶，杰杰来当爷爷。"杰杰跟着说："好，我当爷爷，我们都可以去玩啦。"

分析：在上述案例中，A教师以引导者、支持者的身份为幼儿的角色游戏提供帮助，通过引导幼儿自己想办法解决问题的方法来使幼儿体验到自主解决问题这个过程的快乐。

2）鼓励和协助幼儿按照自己的意愿提出游戏主题

　　角色游戏是幼儿自主、自愿进行的游戏，其主题应来自幼儿的需要。幼儿在角色游戏中出现的问题正是下一步发展新游戏情节的契机，而教师要善于发现幼儿游戏的需要，敏感地捕捉幼儿的游戏动机，帮助幼儿在解决问题的过程中掌握自主确立游戏主题的方法，不断推进幼儿的游戏体验。教师不应是幼儿角色游戏情节的设计师和游戏实施的控制者，而应成为幼儿游戏的促进者，支持者和引导者。教师可以与家长配合，利用参观、绘画、讨论等形式启发、引导幼儿展开问题解决的过程，协助幼儿根据自己的意愿提出游戏主题。游戏的主题应该是动态的，当游戏内容缺乏吸引力而没有人玩了，就可以取消了。同时，教师在新开展一个游戏主题时，要预先对该主题的吸引力做出判断。

3）指导幼儿自主选择和分配角色

　　幼儿的角色意识是逐渐发展起来的，因此存在个体差异。有的幼儿角色意识较强，明确知道自己是"妈妈"或"医生"，有的幼儿角色意识较弱，在游戏中常出现在不同游戏区之间来回转换的现象。此时，教师需要指导幼儿增强角色意识。

　　在游戏中，角色的确定方法有多种，如猜拳、轮流等，教师可在平时的游戏中引导幼儿学会使用这些方法来进行角色分配。教师要尊重幼儿的自由选择，引导幼儿学习通过协商解决问题，并让他们学会等待和轮流，而不要包办、替代。

　　在幼儿分配角色时，教师还要注意观察，使幼儿在角色扮演时有一定的针对性和公平性。由于某些幼儿性格比较安静、内向，在角色扮演时，教师可进行针对性的安排，如鼓励他们去扮演活泼的、活动性强的角色，如警察、医生等；而对那些外向的、活动性强的幼儿则建议他们扮演一些需要耐性的角色，如门卫、收银员等。同时，教师还要注意，不要总是让那些能力强的幼儿扮演主要角色，而让能力弱的幼儿总处于被支配的状态。

　　在幼儿园区域活动时，通常都会规定各区域的人数，旨在让幼儿按规则有序地游戏，但有时也会导致个别幼儿无法满足游戏愿望。在上述案例中，教师通过观察及时发现问题后，没有机械地遵守"游戏规则"，而是巧妙地利用设计角色和情节这种方法来化解矛盾。"实习医生"这一角色设计得恰到好处，既不违背游戏规则，又合理地满足了幼儿们的游戏愿望。

4）指导幼儿丰富游戏内容和情节，提高游戏水平

　　教师可以采用参与游戏，以所扮演角色的身份来指导游戏，也可以用提供玩具和材料的方法来促进游戏和情节的发展。

教师以玩伴的身份参与游戏，在其中扮演角色，不仅能有效地支持幼儿游戏，提高幼儿对于游戏的兴趣，调动和激发幼儿的主动性和创造性，还可以使游戏内容更加丰富，还不会让幼儿感到自己被干涉了，于是在不知不觉中提高了幼儿的游戏能力。

案例3

定做小镜子

在某幼儿园的角色游戏中，商店的售货员是乐乐。游戏一开始，"商店"就热闹起来了。王老师看见这里生意这么好，也加入了游戏。乐乐见王老师来到商店，热情地问道："您买什么？我们这里商品很多，您先看看。""你们这儿没有我想要的东西，我想买一面小镜子。"这下可难住了乐乐，只见他看了看柜台里的商品，然后转身走出了商店，又回头对王老师说："您先别走，等我一下。"他干什么去了？老师也不清楚。过了一会儿，乐乐回来了，手里拿着一面用插片制成的小镜子。他走到老师面前说："这是您需要的东西，5元。"王老师接过小镜子，她好奇地问乐乐是从哪里弄来的，原来，这是乐乐去工厂里定制的。

教师参与幼儿游戏，为游戏增加了情节，还可以发现幼儿身上更多的闪光点，也能锻炼幼儿解决突发事件的能力。

需要注意的是，角色游戏是幼儿已有经验的反映，而幼儿的游戏水平是在原有经验的基础上慢慢提升的。教师参与和指导幼儿游戏时不能像上课一样预设目标，然后按计划执行，而是要做幼儿的玩伴，学会在幼儿现有水平的基础上帮助幼儿解决问题，提升水平。

5）提供有助于丰富游戏内容和促进情节发展的玩具和材料

在游戏中，教师应注意观察幼儿游戏的情况，随时按需要增减与幼儿游戏主题相关的游戏材料，引导游戏情节继续发展。例如，教师可以在活动室的某个角放置一个百宝箱，用来收集各种物品（如易拉罐、饮料瓶、纸盒、挂历纸、橡皮泥等），如在照相馆的游戏中，幼儿发现少了照相机，便到百宝箱里来寻找，临时用纸杯制作了一个（图3-2-3），这样，"照相馆"就可以开张了。

图 3-2-3　纸盒照相机

由于信息渠道通畅，现在的幼儿那些新鲜、时尚的事物特别有兴趣，这就要求教师提供的环境和材料富有时代气息，富含时尚元素，这可以激发幼儿的游戏热情。

"理发店"的人气

一天，张老师扮成顾客去理发店理发。理发师天天问道："您要理发还是要洗头？"张老师说："我要烫卷卷的头发。"天天又问："您要烫什么样的卷发？"张老师启发说："我也说不清楚，要是让我看到发型，我就知道了！"那怎么办呢？天天犯愁了。这时，扮演小顾客的朱文说："我陪我妈妈去烫过头发，理发店有几本很漂亮的书，里面就有很多很多的发型。""我知道，我也看到过的。""老师，我们也来做一本发型书吧！"于是张老师和孩子们找来了一些发型设计的图片，分类贴在纸上并装订成一本精美的发型书。除此之外，天天又给理发店里增加了染发材料。于是孩子们可以自由选择色彩，自由粘贴染发发套。就这样，新的材料发型书和染发工具就在理发店游戏中使用起来了。之后，理发店的发型师便成了抢手职业，顾客更是络绎不绝。

6）加强角色之间的内在联系，增加游戏的合作性

无论什么主题的角色游戏，都会存在多个角色。角色的职责及其之间的相互关系是角色游戏的重要规则，也是反映幼儿游戏水平的重要指标。幼儿刚开始游戏时，往往独自摆弄和操作玩具，他们不注意其他角色的行为，只关注自己扮演的角色和角色行为，各角色之间很少交流。教师分别指导扮演各种角色的幼儿，加强与其他角色之间的联系与交往，使游戏的内容更加丰富。

"娃娃家"的电话机

一天，角色游戏正在进行，突然，红红家的"爸爸"荣荣大叫起来："刘老师，平平打我！"我循声来到"娃娃家"，原来红红家和兰兰家是用一个游戏柜隔开的，中间还有个窗口。荣荣由于从窗口把头探到了兰兰家而引起了兰兰家"爸爸"平平的不满。刘老师听见荣荣也很委屈地嘟哝着："我只是想和兰兰家里的人打个招呼。"这是多好的一个想法呀，正是推动游戏发展的一个契机。于是，刘老师把"娃娃家"的孩子们召集起来，先描述了一下当时的情况，特别将荣荣的委屈告诉了大家。随即，刘老师让大家开展讨论："可以用什么办法和你的邻居打招呼？"孩子们有的说可以到邻居家里去；有的说可以与邻居约好在小区里玩；还有的说可以打电话到邻居家问好。我顺势拿出"电话"，请平平和荣荣通过打电话的方式向彼此问好。打完电话后，一直闷闷不乐的平平和荣荣就和好如初了。此后，每天"娃娃家"里的"电话"铃声不断，孩子们用小小的"电话"串起了"娃娃家"。

需要注意的是，游戏中角色之间的联系是自然的，如果为了联系而联系或强制幼儿与其他角色联系，都将破坏游戏规则，影响幼儿在游戏中发挥主动性，积极性和创造性。例如，一位教师发现"医院"里没有"病人"，就让"工厂厂长"带工人来"看病"。结果导致正在忙碌的"工厂"游戏被迫停止，而医院里又出现排队等待的现象，这位教师的做法破坏了幼儿原有游戏的主题，使大部分幼儿失去游戏的积极性主动性。

7）认同幼儿的游戏规则，培养幼儿的规则意识

角色游戏包含内部规则和外部规则两种游戏规则。内部规则是角色本身的职责以及角色之间的相互关系，如医院的护士应该听从医生的安排，不能擅自给病人打针、吃药等。外部规则是开展游戏所必须遵守的游戏规则，包括不打扰他人的游戏，游戏结束按照类别收放玩具，游戏过程中注意环境卫生等方面。

教师要注意培养幼儿的规则意识。在外部规则方面由于涉及常规的安全因素，一般来说，幼儿较为容易接受。在内部规则方面，幼儿有时会做一些与教师期待的角色职责不同的事情，这是幼儿社会生活经验独特性的表现，是符合幼儿年龄特点的角色认知表现。在指导时，教师要先学会认同幼儿的感受，然后引导幼儿发觉角色的任务，要与幼儿共同制定游戏规则，这样幼儿则会比较容易接受。

案例6

方便面的价钱

一天，东东在幼儿园玩起了售卖方便面的游戏："卖方便面啦！买一包不要钱，买两包只要1元！"很快，"娃娃家"的"妈妈""警察"和"修理工"都来用1元，买走两包方便面。这时，张老师扮成顾客故意说："我买方便面，只要1包。"东东很高兴地给他1包，没要钱。其他老师也来买了，但都只买了1包方便面。很快，他的方便面就卖完了。在游戏结束后的分享活动中，当老师提起冬冬今天把方便面全部卖光了，赚了3元时，孩子们都给他鼓起掌来。

在上述案例中，教师要认同的是方便面全部卖完很棒的游戏境界与"不做赔本买卖"的成人社会规则完全不同。有时候，教师在计划、组织游戏中，为了让游戏按照预设的轨道进行，便不遗余力地对游戏的方方面面进行"周全设计"，制定了各种的规则来规范幼儿的游戏行为，并保证游戏的各环节能顺利、有序地进行。然而，其结果却失去了游戏的本质，让孩子失去了自主、自由、快乐的游戏体验。毕竟，角色游戏是幼儿独立自主的活动的行为，其根本出发点是幼儿是否成为游戏的主人。所以，教师要学会用同理之心认同幼儿，认同幼儿的游戏规则，而不能强迫幼儿按照成人的价值观游戏，遵守成人的规则。

3. 游戏后的指导

1）让游戏在愉快自然的状态下结束

结束游戏的方法有很多种，教师可根据游戏的内容和情节发展来灵活掌握。教师可以以教师的身份，也可以角色的身份提醒幼儿结束游戏，如老师说："现在时间到了，该下班了。"这时，如果"售货员"没卖完东西，"医生"没看完"病人"，都可以停下来。

另外，教师也可以教幼儿对对方说："请明天再来吧，今天下班了。"这样也便于幼儿自然而然地收拾玩具，结束游戏。教师可以个别提醒，也可以集体提醒幼儿结束游戏。例如，教师可以个别提醒那些整理场地，收拾玩具需要时间较多的游戏组先结束游戏，也可以让游戏情节正处于高潮的游戏组在场地允许的条件下继续游戏。

2）做好游戏后的整理工作

在游戏结束后整理场地时，收拾玩具既是在为下次游戏做准备，又是培养幼儿良好生活习惯的重要时机，教师千万不能包办。针对不同年龄班幼儿的特点，应该采取不同的指导方法，对于小班幼儿，主要是培养他们游戏后参与整理的意识，教师可以请幼儿帮助一起收放玩具。对于中班幼儿，主要是培养他们收拾玩具的能力，即整理场地要以幼儿为主，教师只在必要时给予帮助。对于大班幼儿，应要求幼儿独立做好整理场地的工作，教师只要监督他们就行了。

3）讲评游戏

角色游戏的讲评也是游戏组织中的重要环节，对于提高幼儿的游戏质量、发展游戏情节和巩固游戏中所获得的情绪体验等都有直接的导向作用，教师可以针对以下几点进行讲评。

（1）就游戏情节进行讲评。在游戏过程中，教师应随时发现和捕捉一些典型的情节，抓住幼儿的想象力、创造力萌发的良好时机进行讲评。在无意间发展出的某些精彩情节，如果经过教师及时肯定的讲评，就会在以后的游戏中成为幼儿有意努力的方向。

（2）就游戏材料和玩具的制作与使用进行讲评。当玩具缺少时，有些幼儿会寻找代替物，做到一物多用。有的幼儿会自己动手，现场赶制一些玩具。这时，幼儿的想象力和解决问题的能力都得到了提高，对此，教师在讲评时应给予充分肯定，以鼓励幼儿。

（3）就游戏中幼儿的行为进行讲评，如对于在"娃娃家"里争抢玩具，把商店里弄得乱七八糟等行为，教师先让幼儿讨论，再展开讲评使其懂得如何改正。

对于角色游戏的讲评，形式可以灵活。不一定每次都要在班级集体中展开，也可以在某个游戏小组中展开；不一定每次都在游戏结束后进行，也可以在幼儿游戏过程中进行。

我饿了

今天的角色游戏活动时间又到了，丹丹担任的是理发店的发型师。有一位顾客来到了理发店，丹丹开始为他理发。丹丹一只手拿着梳子，另一只手拿着小推子，梳一梳、推一推，认真地、有模有样地为顾客理发。理完后，顾客照了照镜子，高兴地走了。丹丹看见顾客走了，又没有新的顾客来，就在椅子上坐了下来，摆弄着理发店里的各种物品。摆弄了一会，她看还是没有顾客来，就起身来到烧烤店，对服务员说："给我来一串韭菜吧。"她接过服务员给的韭菜串后便独自烤了起来。烤着烤着，她听到旁边的小朋友说其他烤串也很好吃，于是又去买了好多串。她回到烧烤炉前，一边烤着串，一边跟旁边的小朋友说着话。好长时间过去了，她烤串的热情依旧高涨。于是，老师提醒她说："可爱的理发师，你的休息时间太长了，虽然你的理发技术很好，但是不能骄傲啊！"丹丹这才放下了手里的各种烤串，回到理发店里继续当起了理发师，等着顾客上门。

当游戏结束的时候，老师又在总结游戏活动效果的时候说："丹丹发型师的手艺不错，但是要记得在工作的时候不能偷懒。"接下来，她讲评了孩子们在游戏中的一些细节表现。

分析：我们从这个案例中可以看出，幼儿的角色意识不是很强，对游戏的坚持能力也比较差，不管是担任服务员、医生、娃娃家的爸爸妈妈或是顾客的幼儿都存在同样的问题，他们容易被其他游戏所吸引，不能很好地坚守岗位，尤其是当他们在无所事事或是比较空闲的时候，就会表现得特别明显。比如丹丹小朋友，她的岗位是一名理发师，可她只在理发店招呼了一会儿顾客，当看到店里没有顾客时，也就离开了，不管后面有没有顾客再来，她在别的游戏区逗留了较长时间，经过老师的提醒才回到自己原先的岗位上，已经完全忘记了自己角色任务。如果遇到这样的情况，教师可以在游戏过程中就开始讲评。

讲评的形式多种多样，主要有下列两种。

1. 讨论

当幼儿在游戏中发生纠纷时，教师可以让他们讨论是与非。如果幼儿由于缺乏生活经验而不能得出结论，教师可以找机会让幼儿通过参观等丰富生活经验。需要注意的是，教师不要试图通过讨论来引导幼儿发掘游戏中的闪光点。事实上，幼儿往往无法说明白教师所认为的闪光点，因为幼儿眼中的闪光点与教师眼中的闪光点可能是完全不一样的。

2. 现场评议

有的游戏开展得很好，为了教育全体幼儿，教师可以保留游戏现场并组织现场评议。例如，"中轴线建筑"游戏很有特色，当各游戏结束后，教师可带领全体幼儿去参观中轴线，请扮演建筑工人的幼儿介绍设计意图和建造方法，让其他小朋友提意见。这样的讲评可以使幼儿继续处在游戏情境之中，可以感同身受。汇报发言。游戏结束后，教师可以让各组幼儿讲讲他们是怎么玩的。针对大班幼儿汇报发言踊跃的情况，教师可以特别安排相应的环节来满足他们的需求，如在教室里放5个玩具话筒。游戏结束后，想要发言的幼儿就去拿话筒，这样就有机会发言了。教师应有重点地抓住某些主题汇报，将它与今后的游戏联系起来。如"电影院"游戏小组汇报之后，教师可以说："听说你们明天演新电影，名字叫《××》。我明天想看，你们能卖张明天的票给我吗？"这样一来，许多幼儿守着要买预售票。于是，扮演影院售票员的幼儿去拿电影票，卖给大家。虽然票是假的，可幼儿们还是把买到的票小心翼翼地交给家长说："不能丢了，如果丢了，明天就看不成电影了。"这种讲评使幼儿们对明天的游戏充满期待。

教师在讲评活动中应注意以下几点。

（1）教师提问以开放性问题为主，使幼儿不仅有讨论的话题，而且能表达不同的观点。

（2）每次游戏讲评都要有重点，讲评具体、准确地指向幼儿的游戏问题和行为。

（3）以幼儿讲评为主，教师适时引导。

（4）讲评活动可以为幼儿进行下一次游戏指明方向。

二、各年龄阶段幼儿角色游戏的特点和指导

角色游戏是对幼儿身心发展都十分有益的一种游戏活动，幼儿园教师应重视对幼儿角色游戏的指导工作。由于不同年龄班幼儿的游戏发展的层次、水平各不相同，教师应针对不同的年龄班，选择不同的侧重点进行指导，以达到开展角色游戏的目的。一般来说，小班幼儿的角色游戏以模仿为主，而大班幼儿的角色游戏则以启发创造性为主。

1. 小班

对于小班幼儿（3～4岁）年龄特点、游戏水平及其角色游戏的指导要点如下。

1）特点

（1）处于独自游戏和平行游戏阶段。小班幼儿对规则的理解能力较差，自控能力较弱，常常独自扮演角色，却全然不顾及其他的角色扮演者。因此，在角色游戏中，个人游戏和平行游戏占很大的比例，同伴之间没有什么交往，但可能会向同伴借玩具或互相间进行简单的评论，如"你的衣服真好看"和"你的菜切得不好"等，而争吵等现象也时有发生。

（2）角色意识淡薄。3岁的幼儿就已经有玩角色游戏的愿望，并对此表现出极大的兴趣，但还未充分意识到自己是在扮演角色。他们通常只是对游戏材料不断进行重复操作，而且喜好模仿，看到别人玩什么，就扔掉自己手上的玩具去玩别人的。

（3）游戏主题依赖于游戏材料。小班幼儿的游戏直接依赖玩具，通常是面前有什么玩具就玩什么游戏，一旦离开玩具，游戏也就停止了。而且他们选择玩具的依据通常玩具是否有刺激性，而不是根据自身喜好选择。

（4）游戏水平较低。首先，小班幼儿的角色游戏常随外部条件和幼儿的情绪变化而变化，具有不稳定性。其次，由于幼儿受生活经验所限，其游戏的主题、内容、情节等也较为简单。最后，游戏没有明确的主题，幼儿在游戏中的动作要多于语言，往往只是重复某个动作，如模仿司机开车时、转动方向盘的样子或模仿妈妈切菜的动作等。

2）指导要点

指导要点在于增强幼儿的角色意识，让其运用游戏材料扮演最熟悉、最感兴趣的角色，并在独自游戏、平行游戏的基础上多与其他幼儿交流。

（1）教师要根据小班幼儿的生活经验为幼儿提供种类少、数量多、形状相似的成品玩具，保证每个幼儿都能拿到，以满足小班幼儿开展独立游戏和平行游戏的需要，避免他们因游戏材料不足而引发争执，保证游戏能够顺利进行。

（2）在游戏过程中，教师多以角色的身份参与到幼儿的游戏中，以游戏的口吻来指导幼儿，帮助他们明确主题，提醒幼儿自己所扮演的角色，启发和督促幼儿遵守角色的行为规范。

（3）教师根据游戏的需要，帮助幼儿积累生活经验，应以角色的身份进入游戏，提高幼儿的游戏的水平并促进幼儿之间的交流；同时，还要注意幼儿遵守游戏常规。另外，教师还要在基础上引导幼儿逐步稳定游戏主题，丰富游戏内容和情节，培养幼儿独立游戏的能力。

案例8

忙碌的"医院"

幼儿很喜欢"医院"游戏，这种游戏从小班一直玩到中班。小班时，王老师为幼儿准备了多套听诊器、针筒、白大褂、帽子和口罩并通过观察发现幼儿最喜欢玩针筒，因为在现实生活中，他们对医院最深刻的印象就是去打针和输液，在游戏中也经常出现模仿医生打针的情节。在这一阶段，教师可以投放更多针筒和吊针之类的材料来满足幼儿的操作愿望。

小班幼儿缺乏交往能力，若"病人"不来光顾时，他们就无所事事。但他们扮医生为病人看病的愿望很强烈，于是，王老师投放了布娃娃和动物玩偶等，引导"医生"在没人来看病时照顾这类住院"病人"，从而满足幼儿的游戏愿望，小班幼儿尚不明白医生真正的工作是什么，教师也不必强求他们真实地再现医生诊断的过程，毕竟游戏不是纯粹的生活演练。另外，在游戏过程中，教师还要考虑幼儿当前感兴趣的是什么，以及幼儿的生活经验达到了何种水平，等幼儿有了足够的经验铺垫和游戏愿望时，再进一步对他们提高要求。

 案例9

"娃娃家"的妈妈

在小班的"娃娃家"活动区里，李老师看见贝贝和慧慧把娃娃放在一边，都在起劲地"切菜"，便走过去问："你们这么忙着切菜，准备给谁吃啊？"贝贝回答说："我给娃娃切菜。"慧慧说："我也是。"李老师接着问："那你们谁是娃娃家的妈妈呀，你是一个人玩娃娃家游戏，还是两个人一起玩呀？"贝贝说："我当妈妈。"慧慧说："那我就当姐姐吧。"李老师说："呀，娃娃哭了，该喂奶了吧？"慧慧抢着说："妈妈做饭，我去喂娃娃吧。"贝贝也说："我先给娃娃热点牛奶。"两个人便分头忙开了。

分析：小班幼儿对于娃娃家的仿真物品感兴趣，聚焦于形象生动的物品，内容重复，情节单一。分工合作是小班游戏中需要发展的重点方面，因此，师要有意识地引导和指导幼儿，帮助幼儿丰富游戏内容，拓展游戏情节。

2. 中班

对于中班幼儿（4～5岁）年龄特点、游戏水平及其角色游戏的指导要点如下。

1）特点

（1）处于联合游戏阶段。中班幼儿有了与别人交往的意愿，但缺乏相应的交往技能，因此，在游戏中常与小伙伴发生纠纷。

（2）角色意识逐渐增强。中班幼儿对扮演角色感兴趣，能够按照自己的意愿选定角色，并能初步按自己理解的角色职责活动。

（3）游戏水平有所提高。随着经验的增长和认知能力的提升，中班幼儿角色游戏的主题、内容和情节都较为丰富，持续的时间也有所增长，但还不稳定，往往是边游戏边构思，而且随时改变。

2）指导要点

此时的指导要点是丰富幼儿的生活经验，加深幼儿对角色的理解程度，从而提高角色扮演水平，并促进社交能力的发展，以及指导幼儿对游戏进行简单的评议。

（1）鼓励多位幼儿一起游戏，这样既可提高幼儿的合作意识，又可促进同伴之间的联系和交往，在游戏过程中，教师还要注意观察发生纠纷的原因，引导幼儿在游戏中掌握解决简单问题的办法。教师还可以就游戏中出现的问题引导幼儿开展讨论，在讨论过程中寻找答案，解决问题，从而进一步发挥幼儿的主动性和积极性。

（2）有计划有重点地指导幼儿角色游戏的开展。启发幼儿按照自己的意愿提出游戏主题、设计游戏情节、商量游戏规则、分配游戏角色、构思游戏情节，并培养幼儿拥有先构思、后行动的能力，另外，教师还要引导幼儿加深对角色的理解，如可以用语言提示幼儿："司机叔叔在不开车的时候还干什么呀？他要擦车，给车加油，检修机器……"从而不断提高幼儿的游戏水平。

（3）教师用继续扮演角色的方式影响幼儿的角色游戏，并根据游戏主题的需要，在提供成品玩具的基础上，提供半成品和废旧物品材料，以促进幼儿提高想象力和创造力。

（4）组织幼儿进行讨论式评议、现场评议等活动，鼓励幼儿发表意见、解决游戏中出现的问题。

谁来当"服务员"

游戏开始了，"娃娃家"里的爸爸、妈妈，烧烤店和超市的营业员，医院的医生、护士等角色都选好了，但是张老师发现"百味小吃店"里还缺一名服务员。于是，张老师就让孩子们自荐，但没有人愿意当服务员。询问原因时，就听见孩子们争着回答："老师，当服务员一点也没意思，没有客人的时候就一直站在那里，也不能到其他地方去。"听见孩子们的回答后，张老师接着说："那服务员在没有客人的时候可以做些什么事情呢？我们一起来想想办法。"接下来，孩子们开始讨论起来，最终大家决定除了招呼客人之外，服务员还要在空闲的时候制作各种小点心。这时候，很多小朋友举手了，还说："老师，我来！我来！"

通过观察孩子，张老师发现服务员这项工作对于孩子来说，并没有兴趣。中班下学期的幼儿在角色游戏中的能力已经较以前有了一定的进步，因此，在对他们提出问题的时候，都能积极、踊跃地举手，这就说明孩子在遇到游戏中的问题时，已经能够开始想办法解决了。因此针对这样的情况，教师要善于观察、发现问题，并及时与幼儿讨论解决问题的策略。

分析： 在本次游戏中，教师首先应该帮助幼儿解决问题，在解决问题的时候，还要充分考虑孩子的自主性。所以，张老师以讨论的形式让幼儿自己说出服务员空闲时可以做的事情，这样在无形中提升了幼儿的能力，也培养了幼儿的团结精神。其次，作为教师，就应该用敏锐的目光，随时捕捉幼儿学习和发展需要，以参与者、指导者的身份积极地解决幼儿游戏中存在的一些问题和矛盾，这样，幼儿的游戏水平也会不断提高。

3. 大班

对于大班幼儿（5～6岁）的年龄特点、游戏水平及其角色游戏的指导要点如下。

1）特点

（1）处于合作游戏阶段。大班幼儿喜欢并善于和同伴一起游戏。

（2）角色意识较强。大班幼儿的角色扮演较为逼真，能准确按照角色的行为规范开展游戏。

（3）游戏水平比中小班幼儿明显提高，即大班幼儿能根据自己的经验和知识，主动在游戏中反映多种多样的生活。此时幼儿们游戏的特点是：游戏主题新颖、内容丰富，角色增加并能反映较为复杂的人际关系；能预先制定游戏的规则，商议角色分配事宜，乐于自制玩具来满足游戏需要，并对评议活动表现积极。

2）指导要点

此时的指导要点是通过扩大或增加游戏主题，丰富和充实幼儿角色游戏的情节，加深其对游戏规则和角色职责的理解，以及继续促进幼儿交往能力和组织能力的培养。另外，还有发展幼儿的想象力和创造力，重视角色游戏中对幼儿解决问题能力的培养。

（1）给予幼儿自主权，让幼儿自主讨论和确定游戏的相关事宜，并鼓励幼儿去实现这些计划。着重培养幼儿独立开展游戏的能力，解决游戏中出现的困难和纠纷的能力以及自制玩具的能力等，鼓励幼儿游戏过程中的点滴进步。

（2）教师更多地以语言方式介入游戏，用提问、建议等方式适时给予幼儿帮助和指导。教师对于幼儿的合作程度也要加以关注，引导幼儿们在游戏中进行更多、更深入的沟通，从而反映出现实生活中更复杂的社会关系。

（3）教师要组织幼儿在轻松愉快的气氛中进行评议，运用集体的力量对好的行为给予表扬，对不良行为提出改进的方法，并对评议做出适当的总结。教师应给予幼儿更多的表现空间，培养他们分析问题和评议游戏的能力。

学习支持三　观察与评价角色游戏

情境导入

幼儿角色游戏的评价是指对游戏的水平与发展进行评价。幼儿游戏水平的高低，游戏进行得顺利与否，直接取决于教师指导和评价水平的优劣。对游戏进行观察后评价是一种间接指导，对游戏有着促进的作用。由于角色游戏水平是随着幼儿的年龄和生活经验的增加而提高的，教师在对不同年龄阶段幼儿的游戏进行观察和评价的方法也有区别。

一、幼儿角色游戏的观察

1. 小班阶段的观察要点

（1）是否有角色意识，对社会角色的认识是否明确。

（2）游戏时是否表现出初步的交往意识。

（3）仔细观察游戏主题和角色行为。

（4）是否有角色规则的意识。

（5）是否会商量并解决问题（如出现矛盾后怎样解决）。

（6）是否有尝试其他角色的兴趣和欲望。

（7）幼儿在游戏中的对话语言（如是否有礼貌）。

（8）是否爱惜物品。

（9）是否会整理玩具（图3-3-1）以及会根据标志将物品放回原处。

（10）角色行为是否稳定。

图 3-3-1 整理玩具

2. 中班阶段的观察要点

教师要注意观察幼儿在游戏中发生纠纷的原因，从而以旁观者或合作者的身份进行指导，并在评价过程中让幼儿学会处理简单问题的方法，掌握交往技能和相应的规则。此阶段的观察要点涉及三方面。

1）表征行为

可能出现哪些主题和情节；游戏情节是否丰富；动机是否出自物的诱惑或同伴间的模仿；幼儿的角色意识情况；行为是仅指向物还是指向其他角色；游戏主题的稳定情况；是否有游戏积极性；行为是以物品为主，还是以角色关系为主；是否使用替代物。

2）构造行为

对角色造型是先做后想，还是边做边想，或先想好了再做。

3）合作行为

能否从平行游戏过渡到合作游戏；通常主动与别人沟通还是被动沟通，即交往能力强弱；更多的是指使别人还是跟从别人；是否会采用协商的办法处理玩伴关系。

3. 大班阶段的观察要点

教师的观察重点应该放在幼儿对游戏的创造能力上，且在评价时一定要注意对幼儿独创性的评价，尤其是在自选游戏角色的过程中，幼儿必然会充分表现出各种能力水平上的差异，而教师应协同幼儿进行评价，评价时要注意将针对性与科学性相结合。此阶段的观察要点涉及以下几个方面。

（1）游戏的目的性是否明确，游戏的主题是否丰富。

（2）独立性和集体性的情况。

（3）同一主题情节的复杂性和持久性情况如何。

（4）角色扮演是否逼真，能否反映角色的主要职责及角色与角色之间的关系。

（5）是否能与同伴进行广泛、友好的交往，是否善于调整自己的行为来适应他人的节奏，是否能用协商的办法处理玩伴之间的关系。

（6）是否能创造游戏规则，独立解决游戏中的问题，克服游戏中遇到的困难。

（7）是否能自制玩具（图3-3-2）并充分利用玩具来组织游戏。

（8）是否能评价自己与别人的游戏行为，对评价游戏表现的积极。

（9）是否能用同一物品进行多种替代，以及用不同物品进行同种替代。

（10）游戏规则的复杂情况。

角色游戏观察方法

图 3-3-2　自制玩具

二、幼儿角色游戏的评价

评价观察法是一种量化的观察方法，简单明了、易于操作，能直接反映出幼儿在角色游戏中的表现。由于游戏评价的时间有限，不可能面面俱到，教师应该具有敏锐的洞察力，能有重点地引导幼儿整理经验，解决游戏中存在的问题，具体方法如下。

1. 以发展能力为导向对幼儿进行评价

教师在游戏中要鼓励幼儿的创新性思维，注重培养幼儿发现问题的能力，且在引导幼儿进行游戏评价的时候要注意以幼儿为主，帮助幼儿将外在的经验内化为自身的经验，多问"为什么""怎么办"这种问题，不要急于替幼儿回答或直接将解决问题的方法告诉幼儿。

2. 坚持以解决问题为导向

教师应注重对幼儿解决问题能力的培养，因为每位幼儿都是站在自己已有的经验基础上表达他们对生活的理解，且表达的侧重点可能不同，教师不能用游戏开展得好与不好来评判幼儿的游戏水平，而应该以幼儿在游戏过程中发现问题和解决问题的情况为评价标准。

3. 注重游戏内容的评价

角色游戏以角色扮演和日常的真实生活经验为特征，因此，教师在对角色游戏内容进行评价时，可以着重注意以下两点：第一，评价幼儿是否能正确地反映生活经验。游戏中，幼儿往往会把现实生活中的内容照搬进角色游戏中，这就需要教师通过评价，有意识地将游戏向健康的方向引导。第二，评价幼儿的角色意识。幼儿可以通过与他人的互动逐渐理解并认识到自己在团体中所扮演的角色，并逐渐形成角色意识，因此，教师可以通过评价培养幼儿的合作精神和团队意识。

4. 评价幼儿在游戏中使用材料的水平

在游戏中，幼儿喜欢用形状和功能相似的物品代替游戏中没有的物品，如对于一块简单的积木，幼儿可以把它当成娃娃的小床、电话、对讲机、饮料瓶等。因此，教师在评价时可以对这些"以物代物"的现象加以肯定，从而促使幼儿在游戏中的想象力和创造力的发展。

5. 评价幼儿的交往能力

幼儿的自主性和社会性是角色游戏的灵魂，它给幼儿提供了社会交往的机会，使幼儿在游戏中与同伴交往，这有利于保持对游戏的兴趣。因此，教师应该对幼儿成功交往的情况给予赞赏和肯定。

6. 评价幼儿在游戏中的道德行为习惯

幼儿在游戏中受角色的约束，对自己有一定的控制能力，但也会出现一些问题，而角色游戏为幼儿提供了实改正错误行为的机会。例如，幼儿在游戏中可能会争夺游戏材料，在角色分配不均的时候会和其他幼儿发生冲突。因此，教师可以选择游戏中的一两个现象进行分析，引导幼儿判断谁对谁错，以及怎样做会更好，让他们在游戏中学会谦让和互相帮助，为今后树立正确的是非观和提高道德判断力奠定基础。

教师可以使用幼儿角色游戏评价的方式来评价幼儿（表3-3-1）。

表3-3-1　幼儿角色游戏评价

活动起止时间	活动持续时间/分	活动有效时间/分	游戏名称（类别）	组织形式	活动材料	幼儿活动	教师活动	保育员活动
			角色游戏 表演游戏 结构游戏 娱乐游戏 智力游戏 音乐游戏 其他	个别游戏 小组游戏 班级游戏 全园游戏	种类 数量	是否有自主学习的机会、是否会自主选择、是否会使用和收拾处理、活动情绪、遵守游戏规则、游戏整体水平等	具体的指导行为活动、对幼儿游戏的态度、对幼儿游戏的关注程度	具体的指导行为活动、对幼儿游戏的态度、对幼儿游戏的关注程度

制定角色游戏活动方案

一、活动目的

能够根据大、中、小班幼儿的特点设计角色游戏方案；能够对该方案进行组织与实施。

二、活动场地

实训室或者教室。

三、活动准备

纸、笔等。

四、活动形式

4~6人分组进行。

角色游戏活动方案

五、活动时间

2课时（第1课时观看角色游戏视频"爱心照相馆"，依照提纲问题进行集体讨论，并根据视频案例自行选择年龄班和主题撰写游戏方案；第2课时各组交换方案进行修改，模拟方案组织，最后挑选其中一组展示，并进行互评和总结）。

六、活动过程

（1）根据学号分组，让学生围成圆形坐下观看教学视频（中班游戏："爱心照相馆"）。

（2）请学生说出视频中的教学环节。

（3）分析并讨论以下问题。

①视频中的教师是怎样导入的？

②视频中的教师是如何帮助幼儿分配角色的？

③在角色游戏进行的过程中，教师运用了哪些方式指导幼儿的行为？

④在结束环节中，教师是如何点评作品的，还引入了什么话题？

（4）在学生依照案例撰写方案的同时教师巡视并提供活动支持。

（5）各小组进行方案展示并交换互评，教师点评并修改方案。

（6）学生展示方案，教师提供并评价。

一、选择题

（1）在游戏中，幼儿通过模仿范例或对象（如司机）的一两个最富特色的典型角色动作（如转方向盘）来表示他所模仿的对象，此时幼儿所扮演的角色属于（　　）。

　　A.机能性角色　　B.互补性角色　　C.想象的角色　　D.虚幻性角色

（2）角色游戏与其他游戏形式的相比，更突出地表现出的两个最基本特点是（　　）。

　　A.高度的独立自主性和特殊的想象活动

　　B.创造性反映周围现实生活和与儿童的智力发展水平紧密相关

　　C.高度的独立自主性和根据文艺作品的内容进行表演的游戏

　　D.有特殊的想象活动和明确的规则

二、填空题

（1）角色游戏是学龄前幼儿典型的游戏活动，其特点为＿＿＿＿＿＿＿、＿＿＿＿＿＿＿＿＿＿＿、＿＿＿＿＿＿＿＿＿＿。

（2）一般来说，小班幼儿的角色游戏以＿＿＿＿＿＿＿＿＿为主，而大班幼儿的角色游戏则偏重于＿＿＿＿＿＿＿＿＿＿。

（3）角色游戏讲评的形式，主要有＿＿＿＿＿＿＿＿＿、＿＿＿＿＿＿＿＿＿、＿＿＿＿＿＿＿＿＿。

（4）对于大班幼儿来说，教师要多采用＿＿＿＿＿＿＿＿＿方式介入游戏并给予指导。

三、案例分析

在为"航海"游戏分配角色时，大多数幼儿故事想当"船长"。这时，王老师让幼儿们回想自己曾看到或听说过的有关航海的故事，然后告诉他们，除了船长之外，船上还有很多有趣的职位，如船长助理、船员、无线电报务员、领航员等，他们肩负着不同的责任。讨论后，大家觉得不同角色有不同的吸引力，在协商中完成了角色分配任务。在游戏过程中，王老师发现"船长"主意多，懂得分配别人做事，但态度生硬，就以航海督察的身份提醒他说："这位船长真能干，要是说话再和气些，大家干活就更有劲了。"游戏结束后，王老师进行了简短的评价，指出了幼儿们的不足之处，也表扬了在游戏中发挥出高水平的幼儿。

请结合角色游戏活动过程中的现场指导理论，分析王老师在这次活动的组织与实施过程中处理问题的合理之处。

项目四

幼儿的大国工匠梦

——结构游戏

　　结构游戏是幼儿园孩子非常喜爱的游戏，他们在操作结构材料的过程中展开想象力，接触我国优秀的建筑文化，感受传统文化教育的魅力。对学前教育专业的学生来说，掌握结构游戏的相关知识和技能，有助于提高游戏课程设计能力、规划能力、组织能力、分析问题的能力、诊断能力等，也有助于加深学生对"工匠精神、创新思维、国际视野"理解，有助于培养学生的职业信念与核心素养。

　　本项目主要介绍结构游戏的概念、类型、组织和指导结构游戏的策略、结构游戏的观察与评价，还安排了培养学生结构游戏素养的实训活动，意在通过教、学、做、研等教学活动来引导学生全面认识结构游戏并获得组织与指导幼儿开展结构游戏的专业技能，以形成正确的游戏观。

思维导图

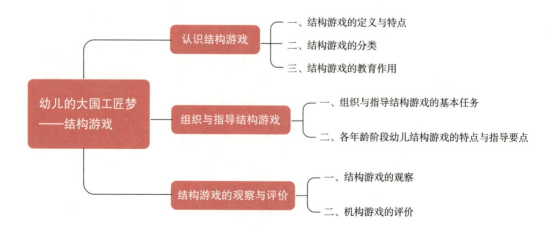

学习目标

知 识 目 标

（1）理解和掌握结构游戏的概念、特点、类型及其对幼儿发展的价值。

（2）掌握组织和指导幼儿进行结构游戏的方法和策略。

（3）学会分析结构游戏的内容及其所达到的水平。

技 能 目 标

（1）掌握基本的结构游戏活动技能。

（2）初步学会组织和指导幼儿进行结构游戏活动。

（3）学会使用游戏观察表来检验学习结果并发现问题、解决问题。

素 养 目 标

（1）对幼儿结构游戏有正确的认识，喜欢幼儿结构游戏并乐于参与幼儿结构游戏的教育教学实践活动。

（2）组织幼儿进行结构游戏活动时善于发现问题、解决问题，从而培养问题意识和教学素养。

学习支持一　认识结构游戏

情境导入

王老师：小明，你在玩什么？

小明：我想修建一个游乐场。

王老师：你准备在游乐场里放什么呀？

小明：旋转木马、秋千，还有摩天轮。

　　请思考：（1）幼儿修建游乐场需要什么建构材料？（2）什么是结构游戏，它有哪些类型？

一、结构游戏的定义与特点

1. 结构游戏的定义

结构游戏也称为建构游戏，是幼儿利用各种不同的结构玩具或结构材料（积木、积塑、金属片、泥、沙、雪等）构造物体形象，反映现实活动的一种游戏，如图4-1-1所示。在这种游戏中，幼儿按照自己的想法，动手操作，生动而形象地再现现实生活中的各种物品及建筑物。

图 4-1-1　幼儿园常见的结构游戏

2. 结构游戏的特点

1）结构游戏材料的多样性

结构游戏材料能激发幼儿的建构兴趣，而不同性质的结构材料可以为幼儿的建构活动带来不同的挑战。幼儿园常用的结构材料有积木、积塑、金属材料、泥、沙、水、雪，以及生活中随处可见各种的废旧物品等，如图4-1-2所示。这些材料种类繁多，在建构中可以随意变换、相互搭配，从而创建出深受幼儿们喜爱的作品。

图 4-1-2　多种多样的结构游戏材料

2）游戏方式的操作性

结构游戏是手动操作的构造活动，幼儿通过直接动手操作是结构游戏的主要活动方式。这种亲自动手操作的构造活动可以使幼儿的活动需求得到满足，并获得了身心的愉悦和成功的体验。因此可以说，幼儿对材料的操作与构造是游戏的本质。

3）构造过程的创造性

结构游戏是幼儿在原有的建构经验基础上用想象力模拟建造活动的过程。结构材料的丰富性和建构方式灵活多变，为幼儿的创造性发展提供了契机。幼儿在构造过程中边做边想，使想象和操作互相促进，表达自身对周围生活的认知。在构造过程中，幼儿还会选择用相近或相似的材料组合起来，将它们改造成可用的结构材料，这体现了思维的变通性和概括性。

4）结构作品的艺术性

结构游戏是一种造型游戏。幼儿在游戏中需要了解物体的造型、色彩、比例、布局等艺术造型的简单原理，勾勒出物体的形象，从而表达自己独特的审美体验。从作品结果的呈现方面来看，幼儿拼搭的建构物往往充满奇思妙想，有独一无二的童趣，如图4-1-3所示。

图 4-1-3　富有艺术性的结构作品

二、结构游戏的分类

随着科学技术的发展，结构游戏无论从材料、玩法还是在结构造型上都发生了很大的变化，出现了塑料接插、金属螺丝结构等，即结构游戏的概念扩展了。幼儿通常可以根据结构游戏中运用的材料来确定结构游戏的类型。当然，由于幼儿在结构游戏中还可使用其他材料，在区分时不能绝对化。

1. 积木搭建类游戏

积木搭建类游戏俗称"搭积木"，是幼儿喜爱的一种创造性游戏，该游戏由各种几何图形的积木进行排列组合，构造出各种房屋，桥梁等建筑物，各种交通工具和各种动物形象等。常见的积木主要有以下四种类型。

普通积木

（1）小型、中型和大型的普通积木，是以各种颜色的几何形体组成的积木，如图4-1-4所示，这些几何形体称为积砖。大型普通积木的积砖多为空心木结构形体，也有用泡沫材料制成的。

（a） （b） （c）

图 4-1-4 不同类型的积木

（a）小型积木；（b）中型积木；（c）大型积木

（2）主题建筑积木有两种形式：一种是用表面印有主题纹样的积木，以构成反映主题内容的建筑；另一种是将积木制成主题所需要的各种形状，来构成主题的建筑。前者一般为单面的结构，而后者则是多面立体的造型。积木的主题分为房舍建筑主题、动物园主题、交通工具主题等，即主题建筑积木如图4-1-5所示。

图 4-1-5 主题建筑积木

（3）拼插积木是用各种木片、木棒组成，以拼插方式连接构造而成的积木，如图4-1-6所示。

图 4-1-6 拼插积木

（4）榔头积木，是以小圆棒为连接物，将各种形状的积砖拼接而构造成的积木，在拼接时用小榔头敲击的方式帮助连接，故称为榔头积木，如图4-1-7所示。

图 4-1-7 榔头积木

榔头积木

2. 积塑插接类游戏

由塑胶材料制成的各种结构玩具称为积塑，按照结构性质可以分为主题类积塑和素材类积塑两大类。

积塑插接类游戏

主题类积塑按照主题需要做成各种形状，如房屋建筑主题类积塑玩具就有门、窗、柱、屋顶、围栏等部件，可以用各种形式随意组合成房舍。此外，还有交通工具、怪物汽车、外星人等多种主题，玩具品种繁多，不胜枚举（图4-1-8）。

图 4-1-8　主题类积塑

素材类积塑则由一些简单的元件构成，可以根据想象构成各种造型，具有更大的创造空间。有软硬不同的塑胶制成的凸点型积塑、花型片型积塑（又称"雪花片"）、块型积塑、齿型积塑和插图型积塑等，如图4-1-9所示。

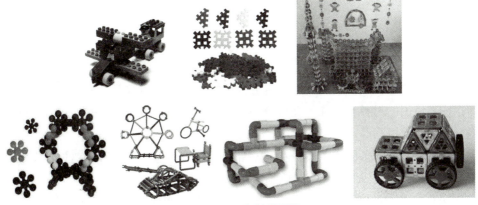

图 4-1-9　素材类积塑

3. 积竹游戏

积竹游戏是指将竹子制成各种大小、长短的竹片、竹块、竹筒等材料组合成某物体的结构游戏，如图4-1-10所示。另外，积竹游戏也是幼儿的手工造型艺术活动，积竹可构造"坦克""火车""飞机"，还可构造"桥梁""公园"，且构造出的物体栩栩如生、富有情趣。

图 4-1-10　积竹

4. 金属结构游戏

金属结构游戏是指利用以金属为主构成的部件进行连接组合，构建成各种物体形象的一种结构游戏，如图4-1-11所示。金属结构玩具大都是成套的定型产品，构造时用螺丝和螺母将各部件连在一起，成品十分精致、模型化，比其他结构游戏难度高，更适合学前晚期幼儿。

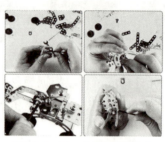

图 4-1-11　金属结构游戏

5. 拼图游戏

拼图游戏是结构游戏中的一种，是用木板，纸板，塑料或其他材料制成的散块，按规定的方法进行拼摆。按其拼制的图形，可分为动物拼图、脸谱拼图、美术拼图、几何形体拼图等；按其使用的材料和特征，又可分为图像组合拼图、拼板、拼棒，几何图形拼图、自然物拼图和美术拼图等。

（1）图像组合拼图是将图案分散的各部分拼合成一副完整的图案或画面的一种游戏。按图像特征分成几何图形和美术图形两种。

几何图形组合拼图是将正方形，长方形和圆形任意剪开，让幼儿恢复原状，如图4-1-12所示。拼图的难度可根据幼儿的智力水平调整，也可以作为测试幼儿智力水平的一种手段。

美术图形组合拼图分成有框拼图（图4-1-13）、无框拼图（图4-1-14）、分割拼图（图4-1-15）和六面体拼图（图4-1-16）。

有框拼图是指在组合散片时有所拼图形的边框，而无框拼图则没有。

六面体拼图是由几个正方体散块组成，每个散块的各个面都有图案，可组成六幅完整的画面。分割拼图是把一幅完整的画面任意分割成许多散块，再开始拼图的一种游戏。

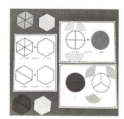

图 4-1-12　几何图形拼图

图 4-1-13　有框拼图

图 4-1-14　无框拼图

图 4-1-15　分割拼图

图 4-1-16　六面体拼图

（2）拼棒游戏是用火柴棒、塑料管、冰棒棍或用糖纸搓成的纸棍等棍状物作为游戏材料，经过卫生处理和色彩加工等步骤组成各种图形的一种游戏，如图4-1-17所示。

图 4-1-17　拼棒

（3）拼板游戏是将一块原形板按规定的画法分成几块散片，然后将其拼成各种图形的一种游戏，如图4-1-18所示。拼板游戏是一种智力性较强的结构游戏。原形有正方形、长方形、圆形和蛋形，其中正方形可分成3块，6块，7块等数种。

图 4-1-18　拼板

（4）几何图形拼图游戏是用许多大小不等、形状各异的几何图形进行组画拼图的一种游戏，如图4-1-19所示。市面上出售的几何图形拼图有图形拼板式和挖空绘图型版式两种，幼儿可以任意将它们组合成各种画面。

图 4-1-19　几何图形拼图

（5）自然物拼图游戏是利用各种形状的树叶、果实、石子等和纸一起拼成美丽的图案的一种游戏，如图4-1-20所示。

图 4-1-20　自然物拼图

（6）美术拼图游戏是将许多心形、叶形、花形和弧形等美术形状的散片组合成一幅美术图案的一种游戏，如图4-1-21所示。

图 4-1-21　美术拼图

6. 串珠、穿线、编织结构游戏

串珠、穿线是把线穿过各种小环、细管、珠子、纸板上的孔、把大小、形状、颜色不同的东西用连续穿或交替、间隔穿等方法组合成各种物品（如花环、门帘等）的一种游戏，在穿线板上用线穿出各种物体的平面形象也属此类游戏，如图4-1-22所示。

图 4-1-22　串珠、穿线

编织是把细长的材料（如纸条、绳、带子等）交叉组织起来成为某一物体或某一形象（如编花带、编花篮等）的一种游戏，如图4-1-23所示。

图 4-1-23　编织

7. 玩沙、玩雪、玩水等结构游戏

幼儿非常喜欢用沙土、水、雪等自然物玩游戏，而这些都属于不定型的游戏材料，是结构游戏的另一种类型。这种游戏具有简便易行、灵活多变的特点，可以广泛开展。

这类游戏可以满足幼儿摆弄物体和喜欢活动的心理，可以使幼儿认识自然物的性质，认识形体和数量，以增长知识。在玩沙、玩雪、玩水的游戏中，幼儿可以自由表达自己的意愿，尝试和练习各种创造性活动。

请说出图4-1-24中各种结构游戏的类型。

图 4-1-24　各种结构游戏的类型

三、结构游戏的教育作用

1. 有利于提高幼儿的动作精确性及手眼协调能力

结构游戏通常使用手来操作，即幼儿在游戏中不停地做各种动作（堆、放、握、挖、拼插、整理等），将各种结构材料进行排列、组合、铺平、延长、垒高、连接等，这些活动能使幼儿的手指、手腕、手臂肌肉的力度和灵活性得到提升，从而培养了幼儿的基本动作（特别是手部动作）的协调性和精确性。

2. 有利于促进幼儿创造性的发展

在结构游戏中，一切结构活动都以丰富的想象和创造性思维为基础，幼儿经历的是从设计到建构再到创造的过程，这就锻炼了他们的感知观察力、形象记忆力、想象力和思维力，以及设计、构思能力和布局能力，培养了他们工作的目的性、计划性和创造性。因此，人们也常把结构玩具称为智力玩具。

3. 有利于促进幼儿认知的发展

结构游戏以幼儿的知识、经验为基础，反映幼儿对生活的认识。另外，幼儿可以通过结构活动感知结构材料的性质、用途，理解物质结构特征、各部分比例关系和空间方位等概念，并掌握简单的数理和造型知识；同时，幼儿还可以通过自由建造各种物体获取组合、堆积、排列各种形体材料的经验。

4. 有利于促进幼儿社会性的发展

结构游戏对幼儿的吸引力在于建构具体的物体和建构的过程中充满了快乐和成功的体验。这就要求幼儿有一定的目的性、坚持性。需要幼儿的拥有耐心和恒心，有助于培养幼儿勇于克服困难、失败不气馁、坚持到底的良好个性品质。同时，结构游戏还为幼儿提供

了更多合作机会，让他们与其他幼儿互动。幼儿在使用游戏材料时必须互相配合，只有这样，才能玩好游戏，有助于养成团结友爱的良好习惯。

5. 有利于提高幼儿审美能力的发展

结构游戏是一种艺术造型活动，是幼儿在掌握结构技能的基础上运用结构材料进行创作的过程，是幼儿感受美、欣赏美、表现美的过程，也是幼儿艺术感受力、表现力不断提高的过程。

6. 有利于培养幼儿生活的情趣和热爱

结构游戏是幼儿反映现实生活的游戏活动，反映了他们在日常生活中常见的各种典型的事物和情境。幼儿在结构游戏中对周围的生活十分关注，这培养他们对周围事物的兴趣。

学习支持二　组织与指导结构游戏

情境导入

　　孙老师组织了一次主题结构游戏活动。在活动过程中，她给小朋友们分组并分发了不同的游戏材料，如积木、积塑、拼棒、一次性水杯、牙膏盒等。孙老师讲解完活动要求后，让孩子们动手操作。在孙老师巡视的过程中，小丽说："我不喜欢搭建积塑。"孙老师说："那你换个地方跟他们去玩拼棒吧。"小丽想了想说："还是算了吧。"

　　思考：该如何有效组织幼儿进行结构游戏呢？

　　分析：结构游戏的组织与指导说到底是要解决"构造什么""怎样构造""用什么来构造"，帮助幼儿解决结构游戏的"主题""技巧""材料"的问题。按照结构游戏活动的进展情况，教师应提供游戏开始前、进行中和结束时的学习支持。

一、组织与指导结构游戏的基本任务

1. 激发幼儿参与结构游戏的兴趣

兴趣是人们从事任何活动强有力的动力之一。幼儿参与结构游戏往往是从对结构物和结构活动感兴趣开始的，因此，教师应该注意利用多种方法激发幼儿的好奇心，激发幼儿对构活动的浓厚兴趣和创作欲望。为此，教师可以用构造物品吸引幼儿兴趣，事先制作出各种结构造型给幼儿展示，让他们感受和欣赏这些作品，了解结构材料和构造技能的丰富多样性，体验造型的艺术美。

2. 引导幼儿对物体进行观察

结构游戏通过造型反映物体的外形特征，这就要求幼儿对周围生活环境中的物体和建筑物有细致的了解和深刻印象，这也是幼儿开展结构游戏的基础。为了丰富和加深幼儿对物体和建筑物的印象，教师可以带幼儿到大自然中实地观察，也可以让幼儿观察各种影像和图片资料；且在指导幼儿观察实物和图片中的结构物时，教师应教会他们掌握结构分析法；对于同类事物，教师要引导幼儿进行对比观察，比较它们的异同。

3. 提供必要的物质条件

（1）提供时间、场地。

教师必须合理安排幼儿的一日生活，即在时间上给予保证，且除了固定的桌面外，还要尽量为大型结构游戏的开展提供较固定、宽敞的场地。

（2）提供结构材料。

结构材料是结构游戏开展的物质基础。幼儿是否对构造活动感兴趣，是否能够顺利开展游戏活动，在很大程度上依赖的是结构材料。在投放结构材料时，教师应注意符合幼儿的年龄特点和游戏需要。结构游戏的主材料和辅材料见表4-2-1。

表4-2-1　结构游戏的主材料和辅材料

主材料	搭建类	积木：单元积木、空心积木、塑料积木、泡沫积木等
		生活用品：纸杯、纸碟、纸筒、纸碗
		废旧物品：纸箱、纸盒、奶粉罐、牙膏盒、薯片筒、瓶盖、冰棍棒
		自然材料（泥沙、竹筒、石头、树枝、芦苇秆）
		特色材料：竹筒等当地特色材料、芦苇秆等自然材料
	拼插类	乐高系列、插塑系列（如雪花片、齿轮积塑、多孔插塑、管状插塑）
	拼图类	平面拼图、立体拼图
	工程类	工程积木、机械积木、电路积木、螺丝等
辅材料	模型	人物、动物、汽车模型、各种街道、建筑物标志等
	图例	建筑彩图作品示意图；立体造型物平面图
	规则图	幼儿进入区域标识（卡，印章）

4. 帮助幼儿掌握建构的基本知识和技能

结构游戏是在掌握建构的基本知识和基本技能的基础上进行的。幼儿建构的水平往往影响游戏内容的扩展和游戏水平的提高。当幼儿对结构游戏产生兴趣时，会同时产生学习建构技能的愿望；而建构技能发展得越好，幼儿参与结构游戏的兴趣也就越高。

结构游戏的各种技能

幼儿结构游戏的基本知识和技能主要包括以下四方面。

1）识别与使用材料的技能

引导幼儿认识结构玩具，识别结构元件的形状、颜色、大小等特征，能认识各种结构材料（如木质的、塑料的、金属的），懂得它们的作用和性能。会选用结构元件构造物体，会灵活使用材料。

2）结构操作技能

引导幼儿学会积木的排列组合（平铺、延长、对称、加宽加长、加高、围合、盖顶、搭台阶等），积塑的插接、镶嵌（整体连接、交叉连接、端点连接、围合连接等）等技能。会灵活运用结构原件和辅助材料表现物体的基本特征，如会用两个三角积砖，用小纸做成彩旗布置轮船等；会根据实物和平面图进行结构游戏。这是幼儿构造物体的基础。

3）设计构思的能力

能设计结构方案，按计划有目的、有步骤地组织建构活动，并能在实践中修改和补充方案。会用积塑插孔雀，要用什么形状与何种颜色的材料，怎样组合等。让幼儿学会看平面图纸，能把平面结构变为立体结构，会评议结构物。

4）分工合作的能力

能在集体建构活动中分工合作，建构较复杂的建筑物。

5. 引导和鼓励幼儿创造性地建构

识别与使用材料的技能

创造性高低是幼儿结构游戏水平强弱的一个重要标志。教师应重视培养幼儿的创新意识，引导和鼓励幼儿在结构游戏中充分发挥创造性，提高游戏水平，可以使用以下方法。

（1）局部改变创造法。对幼儿来说，改变某一物体的局部就是创造，如幼儿学会搭亭子、桥、房子等最基本的式样，并初步学会布置公园后，只要改变其中一个建筑物的造型，就可以将其变成了一个公园。同样，只要改变公园中某一部分的颜色、形状或布局，也可以建成新的公园。

（2）列项改变创造法。列出可以改变的项目，为幼儿提供创造的思路。结构活动可以改变的项目有七个方面：变换颜色、变换体积、变换形状、变换材料、增减某一属性、中心组合原有属性、重新设计。在建造房子时，教师可以启发幼儿讨论"你用什么方法造出与别人不同的房子？"有的幼儿会改变颜色，使用不同形状的材料；有的幼儿在房子的大小、宽窄、高矮上做文章；有的幼儿则想出将门窗、屋顶建成不同的造型。于是，造型各异的房子就这样被幼儿们建造出来了。

建造飞机

"娃娃家"的"爸爸"——俊俊兴致勃勃地想带一家人乘飞机去海南旅游，可飞机在哪里呢？"娃娃家"的成员们在活动室里转来转去，他们期盼着："这里要是有一架飞机该多好啊！"在这天的交流分享活动中，俊俊说出了他的遗憾，而赵老师则有意追问："一定要建造飞机吗？用汽车、火车能解决问题吗？"孩子们通过讨论。确定了以下信息：如果到很远的地方去，飞机是最合适的交通工具，因为飞机能飞到汽车、火车到不了的地方。

这次交流激发了孩子们的积极性，看来在活动室里造一架飞机已成为大家的共同希望。当我听到孩子们在分享过程中相互交流着关于飞机的经验时，我决定支持孩子们的想法。

在接下来的几天里，围绕着"飞机是什么样子的"这一问题，幼儿们开始了他们的"大行动"。"有翅膀""有机舱""有飞机头"……他们各抒己见。几位男孩子还和爸爸妈妈一起收集各种飞机照片作为参考。之后，他们认定飞机是由机头、机舱、机尾、机翼组成的。随后，他们和赵老师一起在幼儿园里寻找建造飞机的材料。最后，我们找来了大纸箱。

> **分析**：其实，观察、参与幼儿建造飞机的过程是非常考验教师耐心的。很多次，当赵老师看着那些孩子满头大汗却事倍功半时，面临的是插手替代还是继续等待的艰难抉择。幸亏的是，赵老师选择了后者，而且终于等到了"柳暗花明"的那一刻。

6. 培养幼儿良好的行为习惯

结构材料是构成游戏的基础，教师不仅要提供适宜充分的结构材料，也要教育幼儿爱护结构材料。因此，在游戏开始前，教师应告知幼儿游戏规则，并教育幼儿轻拿轻放，以及按照顺序收拾材料，将它们整齐地摆放在指定区域，以此来逐步培养幼儿独立收拾结构材料的习惯。

二、各年龄阶段幼儿结构游戏的特点与指导要点

处于不同年龄阶段的幼儿，由于身心发展水平和生活经验的丰富程度不同，其结构游

戏的目的性、技巧性和建构作品的形象性、创造性也就不同。因此，教师在对幼儿的结构游戏进行指导时，除了要充分发挥幼儿的主观能动性与结合结构游戏的特点外，还必须遵循幼儿的年龄特征及其游戏水平发展的规律，这是科学指导结构游戏的重要保证。

1. 小班

1）小班幼儿（3～4岁）结构游戏的年龄特点、游戏水平

小班结构游戏指导要点

（1）处于独自游戏和平行游戏阶段，幼儿之间不发生或较少发生交往过程，几乎不存在交流与沟通。

（2）对结构游戏感兴趣，但是缺乏目的性和计划性，常漫无目的的摆弄结构元件。当有人问幼儿搭的是什么时，他们才会注意自己的结构物，思考这是什么并根据想象告诉提问的人。虽然处于小班后期，幼儿的建构活动也逐渐有了一定的主题，但还不够稳定，易受外界的影响而改变。

（3）游戏水平较低。平铺、垒高、倚靠、延伸等是小班幼儿常用的建构手段。在成人的指导下初步完成作品，但拼插的作品牢固性差、缺乏美感。他们只是喜欢先把游戏材料垒高，然后推倒，如此不断重复，从中感受乐趣。

（4）小班幼儿的游戏专注力较差，且易受外界干扰而中断游戏。一般来说，小班幼儿在结构游戏中的注意力集中时间仅为5～10分钟，常常会中断游戏去注意其他的人或事。

教学目标：小班幼儿应学会认识结构材料，能叫出其名称，如积木、积塑等，并能认识结构材料的大小、形状、颜色，学习铺平、延长、围合、盖顶、加宽、加高等建构技能，识别上下、中间、旁边等方向，会用材料建构简单的物体，并能将物体的主要特征表现出来。

2）小班幼儿结构游戏的指导要点

面对小班幼儿，教师可以多采用游戏的口吻，以"情境讲述"法激发他们的兴趣，如"小鸭子没有地方住了，我们快来帮它搭个房子吧！"逐步培养幼儿自主、自立开展结构游戏的意识。

（1）有意识地引导幼儿多与同伴共享游戏材料和一起游戏，促进游戏中幼儿之间的交往的发展。

（2）有意识地搭建简单的物体给幼儿看。也可以带幼儿参观大、中班幼儿的结构游戏，激发小班幼儿对结构活动产生兴趣。

（3）引导幼儿明确建构活动的目的，如经常有意识地询问幼儿其所搭建物体的名称等，使结构主题逐步稳定。

（4）帮助幼儿学习建构知识，掌握建构技能，提高游戏水平。比如，教幼儿认识各种结构材料，感知材料的特性。再如，让幼儿学习平铺、延长、垒高、包围、拼插等建构技能提高他们的造型水平等。

（5）为幼儿安排建构场地和准备足够数量的游戏材料，并设置一定的规则，使幼儿能够彼此互不妨碍地开展游戏活动，从而避免发生争抢玩具等现象。

（6）教会幼儿整理和保管玩具的简单方法，培养其爱护玩具的意识。

 **案例2**

积木宝宝

针对小班幼儿结构游戏的特点，李老师为每块积木都起了名字，如长方形宝宝等。结果，幼儿很快便记住了积木的名称，并非常喜欢与积木做朋友。在培养轻拿轻放、不乱扔积木的习惯时，李老师说："小朋友，当心点，别弄疼了积木宝宝，积木宝宝要睡觉了。"渐渐地，小朋友们都养成了轻拿轻放的习惯。在讲评中指出幼儿的错误时，李老师也用游戏的口吻说："小鸡，你不是喜欢这幢房子吗？为什么要皱眉头啊？哦，原来是房子没搭平啊！快请小朋友都帮帮忙吧！"于是，幼儿就知道应该把积木房子搭平了。

> **分析：**小班幼儿对结构材料可能还不熟悉，在案例中，教师为了能让幼儿记住材料的名称，采用了为积木起名字的方法，使幼儿快速记住了它们；同时，也能让幼儿更加爱护这些积木宝宝。此外，使搭建作品具有的稳定性是幼儿在活动中需要发展的能力之一。

2. 中班

1）中班幼儿（4～5岁）结构游戏的年龄特点、游戏水平

中班结构游戏指导要点

（1）以联合游戏为主，并出现合作游戏的萌芽。

（2）对结构游戏有浓厚的兴趣，游戏目的也比小班幼儿更加明确。能够做出简单的建构计划，并按照设计的主题稳定开展建构活动，对游戏成果较为关心。

（3）游戏水平有所提高。中班幼儿会按照主题选择相应的游戏材料开展建构活动，内容也十分丰富，并可以注重色彩搭配、结构对称等。

（4）在游戏结束之后，具备分类整理游戏材料的意识。

教学目标：中班幼儿应能认识高低、宽窄、厚薄、轻重、长短、前后等，会选择和利用结构材料，能较正确地建构物体，会看平面图，能与同伴合作共建一组主体建筑，会评议结构游戏成果。

2）中班幼儿结构游戏的指导要点

面对中班幼儿，教师仍可以采用示范与讲解相结合的方法推动结构游戏的发展，还可以用建议与启发的口吻多鼓励幼儿独立开有创造性的建构活动。

（1）多组织小集体结构活动（3～4人），引导幼儿一起讨论、制定建构方案，从而推动游戏的合作化进程。

（2）引导幼儿自主设计建构方案，逐步增强其建构活动的目的性。

（3）继续丰富幼儿的建构知识，加强建构技能，提高游戏水平，如教会幼儿看简单的平面结构图，注重建构物体的细节等。

（4）培养幼儿拥有分享、爱惜玩具等良好的游戏行为习惯，以及不怕失败、耐心等优良品质。

（5）组织幼儿评议结构作品，肯定幼儿的发明创造，并鼓励他们独立、主动地发表意见，从而提高的语言表达能力和创造性思维能力。

结构游戏的收拾和整理

 案例3

快乐的积木

琦琦来到自己喜欢的建构区时，看到苗苗正在拿桶装的积木，便走过去说："我跟你一起搭房子吧。"于是他们搬来了一桶积木，倒出桶里的积木后，面对面坐在垫子上，开始造房子，两人都很专注。很快，两栋房子也快成型了，一桶积木就剩下几块了。这时，我走了过去，称赞他们的房子很漂亮，像别墅一样，他们乐了。接着，王老师指着剩下的积木说："咦！积木快没了，怎么办呀？"琦琦说："我等下把它们拆掉，重新搭。"苗苗说："那边还有积木。"王老师让他们两个再商量一下。

过了一会儿，王老师看到他们那里只剩下一座房子了，原来琦琦的房子已经拆掉了，两个人正在搭围墙。看来他们用自己的方式来继续合作建造房子了。

当活动结束后，王老师请他们与其他孩子分享今天的游戏经验，又请其他孩子谈一谈，两个人一起合作搭积木可以怎样做？在进行最后的小结时，王老师鼓励孩子多与小朋友商量。先商量今天我们搭什么及怎样搭，然后行动。

分析： 案例中的两位幼儿都有较好的搭建水平，因此，他们能各自快速地搭建好一栋房子，也有一定的合作意识。比如，选择材料时，琦琦提出跟苗苗一起造房子。又如，在王老师发现积木快没有了时，两位幼儿也商量出较好的解决方法，将一栋房子拆掉，然后共同修建房子周围的建筑。

中班幼儿的合作意识和技巧看，存在着较明显的差异，这与很多因素有关，如性格、当时的环境、家庭教育等。中班幼儿可以在日常活动中渗透合作要求，因此，教师首先要创设机会，然后多传授幼儿良好的合作技巧和方法，为他们进入大班后开展合作活动打好基础。

3. 大班

1）大班幼儿（5～6岁）结构游戏的年龄特点、游戏水平

（1）处于合作游戏阶段。大班幼儿在结构游戏中交往频繁，能够有意识地组成小团队，和团队成员一起搭建较为复杂的作品。

（2）对结构游戏很感兴趣，其游戏的目的性、计划性和持久性也显著增强。

（3）游戏水平上升到更为高级的阶段。大班幼儿结构游戏的内容更加丰富，使用的材料种类也逐渐增多。他们不再简单地堆砌游戏材料，而是能够运用排列、组合、连接、拼插和镶嵌等复杂的建构技能有意识地创造作品。

（4）能够对自己和他人的结构作品进行客观和全面的评价。

教学目标：在建构技能上，应要求大班幼儿建造的物体比小班和中班幼儿的更加精细、整齐、匀称，物体的结构也更加复杂和富有创造性，还会使用辅助材料装饰建造物，能集体合作制作作品，并进行分析和评价。

2）大班幼儿结构游戏的指导要点

面对大班幼儿时，教师应采用语言提示的方法教给他们各种必需的建构知识与技能，并鼓励幼儿有计划地、创造性地再现物体。

（1）引导幼儿开展大型的集体建构活动，学会制定计划（协商、确定主题、商量建构步骤及方法、分工合作、确定建构规则）使他们有创造性地共同建构一个复杂的物体，从而继续培养幼儿的合作意识。

（2）保证结构游戏的主题和内容不断发展。丰富幼儿的结构造型知识和生活印象，引导幼儿为结构活动收集材料，让他们学习更高级的建构技能，从而搭建更复杂的建构作品。

（3）进一步培养幼儿的观察力、注意力、想象力、创造力和空间感知力；培养幼儿的造型艺术力、审美情趣；培养幼儿专心致志、有始有终、不怕困难的优良品质。

（4）教导幼儿爱护结构材料和游戏成果，让他们在完成游戏后有条理地收拾场地。

（5）教育幼儿重视建构成果，尊重和欣赏他人的作品，经常开展各种游戏活动，提高幼儿对建构成果意义的认识水平并提高他们分析与评价作品的能力。

我们的小区

有一次，李老师在带孩子们进行拼插"我们的小区"这个大型的游戏活动时，为他们提供了很多材料。由于都是第一次拼插这种大型的建筑物，孩子们对材料的选择仅局限于他们以前曾用过的大型雪花片和积木，他们觉得用这些材料足以拼出"我们的小区了"。拼的时候，孩子们只拿雪花片和积木，对其他材料甚至连看都不看一眼。

看到这个现象，李老师就带孩子观察并认识材料，然后讨论这些材料的用处。当李老师拿出牙膏盒时就问孩子们："你们在小区里看到了什么？你们觉得牙膏盒可以拼插'我们的小区'里的什么东西呢？"于是，孩子们就七嘴八舌地回答："牙膏盒可以当砖头砌墙、牙膏盒可以做小区里的小桥。"老师的这一声问话就激起了孩子们一连串的联想，他们开始利用这些材料进行拼插了。经过一段时间的引导，孩子们终于用提供的材料拼出了大型的作品。当作品展现在眼前的时候，他们都非常兴奋。

拼插区为何如此冷清？

分析：《幼儿园教育指导纲要（试行）》中明确指出："指导幼儿利用身边的物品或废旧材料制作玩具、手工艺品等来美化自己的生活或开展其他活动。"如何巧妙地将废旧材料与幼儿的建构游戏相结合，就需要教师和幼儿一起收集废旧材料，创设丰富的建构游戏环境，通过启发幼儿认识废旧材料、收集废旧材料、利用废旧材料进行创造活动，让幼儿明白废旧物品的可利用性，是很有必要的。让幼儿自由利用废旧材料创作，使他们感受到建构的快乐。

✎ 知识链接

我国的古建筑文化在世界建筑文化中独具一格，而木结构建筑是中国古代建筑的主流，也是与西方建筑最大的区别。中国传统古建筑种类繁多，皆凝聚了各代匠人们的心血，可谓是对工匠精神的最佳诠释，即使经历了几千年的风雨，在当下看来仍然闪烁着光辉。传统古建筑文化是我国优秀传统文化中的重要组成部分。古建筑作为承载了中国文化的载体，蕴含着超高的艺术成就和科学价值。在现代化进程中，古建筑文物是朝代更替留下的珍贵遗迹，也是历史的标志；同时，其也为幼儿在结构游戏中的搭建活动提供了参考，小朋友们可以在拼搭的同时感受一下其结构之妙，为传统文化的传承和发展贡献力量。

学习支持三 结构游戏的观察与评价

情境导入

亮亮组装了一个机器人，想拿给老师看看。没想到，机器人的胳膊忽然散了架，他气得将手里的机器人摔在地上。假如你是亮亮的老师，此时你该怎么办？

分析：幼儿由于年龄和生活阅历的限制，在结构游戏活动过程中难免会遇到各种各样的问题，而研究这些带有普遍性的问题并将它们归类，有助于幼儿和教师深入了解握结构游戏的本质，有助于教师顺利地组织和指导幼儿进行结构游戏。

一、结构游戏的观察

　　在结构游戏中，幼儿的建构活动往往是"尝试性"而非表征性的，他们常为了发现材料的用途而使用它，也会通过和材料的相互作用不断改变自己的建构意图。这对教师的观察提出了很高的要求，教师要理解幼儿的行为，还要对幼儿的已有经验进行评价，确定幼儿所需要的帮助，制定下一步行动计划。

　　因此，教师必须根据每位幼儿的具体表现进行观察和指导，提高自身对问题的敏感性以及对幼儿行为的分析能力，以便更好地帮助幼儿实现建构意图。

　　各年龄段幼儿的观察范围如下：

　　（1）小班幼儿：教师重点观察幼儿的兴趣、技能等。

　　（2）中班幼儿：教师重点观察幼儿的独立性、想象创造能力，以及结构技能与行为习惯等。

　　（3）大班幼儿：教师重点观察幼儿的想象创造能力、合作能力与坚持能力等。

　　在仔细观察游戏过程的同时，教师还需要进行思考，判断哪些情形需要教师立即介入点拨，哪些需要教师暂缓介入、用什么方式介入等。这样便能满足幼儿游戏过程中的真正需求，使教师的指导没有牵强之意。

1. 需要教师立即介入的情况

　　当幼儿出现负面行为时；当环境中因人群拥挤或使用材料、工具而产生不安全因素时等。

2. 需要教师暂缓介入的情况

　　当幼儿发生技能困难时（不知道怎样将天桥的楼梯与梯面连接起来）；当幼儿游离于游戏情形时（大家都在拼插，他不知道自己该做什么，以及怎样做，先给他时间，观望他接下来的行动）。

3. 当幼儿在延伸或扩展游戏内容有困难时

　　教师应善于观察幼儿的表征行为，培养幼儿思维的变通性和灵活性；观察幼儿的建构行为，增强行为的目的性，培养想象力和创造力；观察幼儿的合作行为，培养他们交往时的主动性。

二、结构游戏的评价

在结构游戏完成后，教师应组织幼儿进行活动评价，这可以使活动具有完整性。另外，正确，客观活动的的评价可以为幼儿提供思考和判断的机会。

1. 评价的内容

（1）要给幼儿分享创新成果及成功体验，鼓励幼儿的创新思维，注重幼儿发现问题的能力培养。要勤于观察，耐心、细致地观察每位幼儿的活动情境，将他们的发展情况记录下来，这是收集到的评价信息材料之一。由于幼儿的探索思维不同，在建构过程中就会积累很多成功经验。在评价中，把这些经验展示出来并进行共享，使幼儿在展示中巩固了自己的知识，其他幼儿可通过学习感知经验，在以后的实践操作中可以反馈出来，成为已有经验。分享成果使每个幼儿在不同程度上获得了满足，提高了自己的能力，并获得了情感体验。

（2）将存在的问题（特别是矛盾的焦点，提供给幼儿讨论）鼓励幼儿以自己的方式解决问题，注重培养幼儿解决问题能力。比如，在建构房屋时，幼儿对房屋的要求从直观到抽象，在门窗的建构过程中产生不同的个人观点。其中，有的幼儿主张在房屋上开洞当作门窗，有的幼儿想要将门窗设计成可以用摇动的方式开关的。教师要把问题抛回去，让他们自己解决。幼儿在讨论中了解建构门窗的方法、必要性，可以找到很好的方法，而他们把这种方法变成经验后，又可以在以后的建构中融入。

2. 评价的要求

（1）幼儿既是游戏的主人，也是评价的主人。当建构完物品时，幼儿可以讲述自己的发现和在活动中的体验，从而在讲述中体验到成功的经验、分享遇到的困难及解决的方法。让他们自己问"为什么"并回答"怎么办"，而不是由教师一招一式地教。

案例5

能通风的积木

一天，杨杨小朋友在玩积木。他将积木们间隔着放，给每块积木之间都留了一些空。张老师看到后，询问他为什么要这样放。他说："这样可以让风吹过去。"听到他这么说，张老师为他的想象力感到惊奇。在评价时，她让杨杨小朋友把这一亮点介绍给大家，让其他幼儿以他非凡的想象力为参考。

分析：幼儿在建构过程中可能会有自己的想法与发现，因此，教师要善于观察幼儿的发现，并让他们将经验分享给其他幼儿。

（2）重过程，轻结果。幼儿建构的作品没有好与坏之分，要允许幼儿都能在自己已有的经验基础之上用自己的方式来完成。由于幼儿年龄小，应淡化实现目标的功利意识，不要求过于注重结果，更不要求追求统一的结果，以求达到一种寓教于乐的境界。我们之所以要重过程，轻结果，是因为了避免过于严肃的教学，在建构活动中，关键是看幼儿在过程中是怎么发展的，而不是看他们最后的成果、作品如何，有进步有创新就要肯定。

（3）要有重点，不要面面俱到。当教师的讲评内容多，时间太长，幼儿就会失去兴趣并觉得乏味，因此教师在讲评时不可能每个方面都讲到，而应细心观察幼儿的游戏过程，对个别地方进行重点讲评。讲评的内容可以是对于幼儿在游戏中的行为表现，如游戏兴趣、操作、认知、想象力与创造力、情感、社会性、坚持性、独立性、自主性等某一个方面或几个方面的重点评价。

对幼儿结构游戏进行正确的评价能使幼儿从游戏中获得帮助，增长知识经验，发挥幼儿的主动性。教师也不要急功近利，要把幼儿的目标内化为幼儿的需要。如果教师把握好了结构游戏的评价，就可以让幼儿体会到游戏的乐趣。

提炼概括

观察幼儿结构游戏的状况并填写幼儿园结构游戏水平评价（表4-3-1）。

表4-3-1 幼儿结构游戏水平评价

项目	评价标准	评分
材料的运用	（1）只拿着玩，不会搭； （2）对积木形、色有选择，意识不强； （3）有意识选用材料，反复尝试； （4）迅速选定材料，并能综合使用材料	
建构形式	（1）简单地排列、堆高、铺平； （2）能架空搭门； （3）能围封建构； （4）造型比较复杂，能命名但形象不逼真； （5）可以按特定形象建构，水平较高	
主题目的性	（1）无目的、无主题； （2）目的不明确，容易附和他人； （3）能确定建构主题，但会出现变化； （4）主题明确，能坚持并深入开挖掘	
情绪专注力	（1）注意力水平低，目光呆滞； （2）一般情绪状态，注意力易分散； （3）情绪良好，注意力集中； （4）情绪积极、专注，且持续时间长	

续表

项目	评价标准	评分
社会性水平	（1）独自搭建； （2）平行搭建； （3）联合搭建； （4）合作搭建	
常规	（1）遵守规则； （2）爱护玩具； （3）能收放整理且动作迅速	
创造表现力	建构主题与建构方式富有创造性	

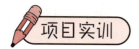

项目实训

玩转雪花片

一、活动目的

（1）了解常见交通工具并用雪花片将自己设计的交通工具建构出来。

（2）在游戏中遇到问题时知道求助。

（3）体会与同伴交流、分享的快乐。

二、活动场地

实训室或者教室。

三、活动材料

形态各异、色彩丰富的雪花片；若干交通工具真实照片；数量充足的画笔和纸。

四、活动过程

1.情境导入

教师带领幼儿做手指谣并与幼儿谈话，如问他们："来幼儿园时乘坐的是什么交通工具？"以此来引出活动主题。

2.活动展开

（1）教师出示交通工具照片，引导幼儿初步了解各种交通工具的特征。

①重点掌握校车、消防车和警车的区别。

②教师分发雪花片，引导幼儿感知雪花片的材料特征，探索雪花片拼插技法。

雪花片上有缝隙卡槽，不同的雪花片之间可以互相连接，从而构建出不同的造型。基本技法有"一字插""十字插""花型插"等，幼儿可以将"花型插"和"一字插"相结合做出"车轱辘"和"车轮"。

（2）教师带领幼儿共同探索搭建方法，让幼儿用笔简单描绘出建构"设计图"。

①可以用红色雪花片拼出"十字"，插在"救护车"顶端。

②可以用雪花片拼插出长长的"消防梯"放在"消防车"的上面。

③可以用红色和蓝色的雪花片拼插出"警车"上的"应急灯"。

④利用雪花片"围合"出一个独立的空间，在里面添加"座椅""方向盘""刹车"等，将车身的轮廓和车中的细节表现出来。

⑤教师分发绘画材料，幼儿简单画出想象中的交通工具。

（3）教师讲解游戏注意事项、为幼儿提供活动支持，如安慰情绪、解决纠纷、更换游戏材料等。

在完成基本任务后，教师应鼓励幼儿建构新的交通工具。

（4）展示作品；教师提供评价支持；整理游戏材料。

引导幼儿分享自己的作品和经验，然后教师进行总结，并表扬能够在活动中给予同伴帮助的幼儿，鼓励幼儿发挥想象力，进行大胆创造。

（5）活动延伸——角色游戏。

教师引导幼儿到角色表演区活动，让他们用自己制作交通工具作为道具来表演。

一、选择题

（1）（　　）是幼儿利用各种不同的结构材料，经过双手的创造来反映周围现实生活的游戏。

A.结构游戏 　　　　　　　　B.角色游戏

C."娃娃家"游戏 　　　　　　D."白雪公主"游戏

（2）与角色游戏不同的是，结构游戏需要借助（　　）建构各种物，并以此体来反映现实生活。

A.游戏场地 　　B.游戏材料 　　C.游戏角色 　　D.游戏伙伴

（3）下列选项中说法正确的是（　　）。

A.结构游戏是幼儿摆弄游戏材料的活动，与生活毫无关系

B.若没有游戏材料，结构游戏就无法进行

C.对于小班幼儿，教师要多询问其所搭建物体的名称，以帮助幼儿明确游戏主题

D.中班幼儿已经能够较为熟练地开展有合作性质的结构游戏了

二、简答题

（1）什么是结构游戏？它具有哪些特点？

（2）简述中班幼儿结构游戏的特点。

（3）教师在结构游戏过程中要做好哪些方面的工作？

（4）教师在结构游戏的结束环节中要做好哪些工作？

三、拓展与练习

假如你是某幼儿园中班的主班教师，请设计一个结构游戏活动，主题是"我们一起来搭建街景"；同时，还要帮助畅畅小朋友解决他认为"自己被孤立"的问题。

项目五

幼儿的创意舞台

——表演游戏

表演游戏是幼儿的一种戏剧艺术及创造性活动，是根据故事或童话的内容扮演其中的角色，并运用语言、动作和表情等表演形式再现作品内容的一种游戏形式。在表演游戏中，幼儿以表演为乐趣，要求表演过程生动、活泼、自然，但不苛求效果。幼儿在游戏的过程中满足了表达自己思想感情的需要，加深了对文学作品的理解程度，提高了言语的表现力。对学前教育专业的学生来说，掌握幼儿表演游戏的相关知识和技能，有助于提高学生的游戏课程设计能力、组织能力等。

本项目主要介绍表演游戏的概念、类型、特征，以及组织表演游戏的方法与策略，并在教学活动中引导学生通过观察发现表演游戏中的教育价值，并巧妙地运用教育策略指导游戏，然后根据幼儿的年龄特点设计表演游戏的活动方案，从而养成正确的游戏观。

思维导图

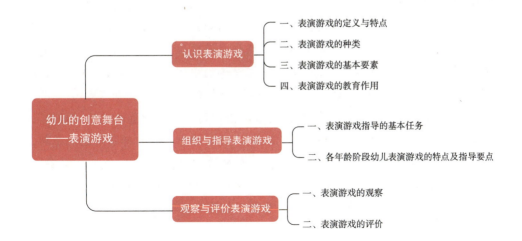

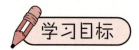

（1）了解表演游戏的概念及特征。

（2）理解表演游戏对幼儿发展的教育作用。

（3）掌握不同年龄阶段幼儿表演游戏的特点与组织指导方法。

（1）能在表演游戏中正确观察、分析与评价幼儿的行为。

（2）能根据各年龄班幼儿表演游戏的特点对其进行基本指导。

具有设计、组织、指导和评价幼儿表演游戏活动的基本能力，在指导游戏的过程中有传承文化的意识。

学习支持一　认识表演游戏

情境导入

【例1】亮亮班小舞台的公告板上贴出了"三只蝴蝶"的小海报，开始正式宣布招募演员来表演故事剧。由于故事耳熟能详，报名的幼儿众多，李老师决定分批让幼儿尝试扮演故事中的角色。舞台上贴着带有蝴蝶标志的装饰，一群小朋友中间坐着一位大朋友，她就是亮亮班的李老师。只见她坐在孩子们中间，在一旁翻着图画书，给幼儿们提示故事情节，于是小舞台剧的表演就这样开演了。

【例2】在星星班的"娃娃家"里，大家总会看到一大早忙着做饭的"妈妈"，招呼客人的"爸爸"，还有抱着洋娃娃的"宝宝"。他们脖子上挂着标明角色的吊牌，分别是小丸子的妈妈、爸爸，还有小丸子。他们明白自己的角色，分工很明确，"妈妈"负责做饭，"爸爸"负责打扫屋子、招待朋友，而"宝宝"负责照顾家里的"弟弟""妹妹"。见小朋友们玩得那么投入，李老师也忍不住想加入了。

【思考】以上哪个例子属于表演游戏？

一、表演游戏的定义与特点

1. 表演游戏的定义

表演游戏也称为戏剧游戏，是指幼儿根据故事或童话等文学作品的内容和情节，通过角色扮演的方法，运用语言、动作和表情扮演角色，再现文艺作品或生活内容的一种创造性意愿游戏，如图5-1-1所示。表演游戏与角色游戏、结构游戏同属于创造性游戏。

表演游戏通过独特的表达方式实现与自身的对话、与作品的对话、与观众对话。因此，表演游戏不是幼儿毫无逻辑的、随意的嬉戏活动，它具有一定的结构性。这种结构性既来自所要表演的"故事"为游戏者提供的叙事框架，也来自教师的指导。这里所谓的"故事"，不仅是指童话、儿歌、歌曲、漫画、动画等文艺作品，也可以是幼儿自己创编的故事，以及他们经历过的事情。

图 5-1-1　表演游戏

2. 表演游戏的特点

表演游戏的特点可以通过，它与角色游戏和文艺表演的区别来说明，具体分为以下两点。

1）表演游戏是以文学作品为依据的表演

表演游戏和角色游戏很相似，都是幼儿通过模仿和想象扮演角色，都是以对角色的表演活动为目的。而两者的区别在于：角色游戏是幼儿按照自己所熟悉的经验，以周围真实的生活为游戏内容的来源；而表演游戏则是以虚构的童话或故事作为内容的来源，且幼儿在表演游戏过程中，要按某一文学作品的人物来确定表演的角色，按文学作品中情节的发展顺序、结构去组织表演游戏。

在表演游戏中，幼儿的表演不是那种随心所欲的即兴表演，而是"源于生活而高于生活"的、较为夸张的表演，因为任何文学艺术作品中都有真实生活的元素，但又不再是真实的生活故事，这决定了表演游戏比角色游戏更具为夸张的戏剧成分。在表演游戏中，幼儿需要运用一定的表演技能，且表演游戏的主题、角色、情节、道具和服装均有着鲜明的戏剧成分。因此，表演游戏是幼儿的一种艺术表演活动。在积累了一定的知识经验以后，幼儿还能自编自演或进行即兴表演，这些表演更富有个性化的戏剧色彩。

2）表演游戏是幼儿创造性的自娱活动

表演游戏和文艺表演也很相似，都是以童话故事等文学作品为依据，均含有对话、动作和表情等表现形式。但与表演游戏不同的是，文艺表演是在教师的组织下，严格按照故事、童话的情节、语言进行的表演。而表演游戏则是幼儿主动自发的创造性活动。其中的创造性表现在幼儿可以根据自己对作品中的角色、情节的体验，在语言、动作表现上有所增添或改动，即对作品进行再创造方面。例如，表演"狼和小羊"时，有的幼儿扮演一匹凶恶的狼，有的幼儿扮演成一匹狡猾的狼，而孩子们的表演往往使艺术作品具有新的亮点。

幼儿对作品的再创造与成人演戏时对艺术作品的再创造也有很大区别。幼儿的再创造具有游戏性，因为幼儿的表演不是在成人的指导下进行的，完全是一种自主的独立活动。他们根据自己对作品的理解扮演角色，反映作品内容，即使对于同一个作品，表演出来的角色也可能是不一样的。有时，幼儿会只反映作品的某个侧面，渲染自己认为有兴趣、有意义的情节，甚至会增加自己喜欢的角色、情节、对话，或删改某些情节和对话，以表现自己对作品的理解。

表演游戏的道具一般由幼儿自制或根据需要自己提供，材料多用废旧物品来替代，比文艺表演更为灵活和随意。如果文艺表演是以演给他人看为目的的活动，表演游戏则是幼儿的一种自娱活动。由于游戏不是以表演给他人看为目的，即使没有人看，幼儿也喜欢表演，于是表演游戏也就有了更多的自主性和随意性。

二、表演游戏的种类

根据角色扮演形式，表演游戏主要分为桌面表演、木偶戏、影子戏表演和舞台表演四种表现形式。

1. 桌面表演

桌面表演，是指幼儿运用各种游戏材料代替文学作品中的角色，通过口头独白、对白和操作玩具角色的动作再现作品的内容，如图5-1-2所示。

桌面表演对幼儿讲故事时的语言声调有一定的要求，即要求他们在理解故事情节和体会角色情感的基础上用不同的声调来表现角色的性格特征和情节的发展变化。

图 5-1-2　桌面表演

2. 木偶戏

木偶本意是指用木头制作的玩偶，而在现在的幼儿园中，用各种材料（木、布、纸等）制成的有人物、动物及植物造型的玩偶都称作木偶。通过木偶表演来再现文艺作品的内容，称为木偶戏。幼儿园常见的木偶有布袋木偶、手指木偶、提线木偶和杖头木偶，如图5-1-3所示。

木偶形象夸张，造型优美、生动有趣，既是可供欣赏的艺术品，又是幼儿们喜爱的玩具，他们不仅喜欢看木偶表演，更喜欢自己操纵木偶，自编自演。

幼儿游戏用的木偶比较简单，一般以布袋木偶和手指木偶为主，布袋木偶主要通过幼儿的手指、手掌活动来操作，可以由一个或几个幼儿表演，又称"掌中戏"。手指木偶是在幼儿的手指上套上一个简单头饰或直接画上一个头饰进行表演。对于布袋木偶和手指木偶幼儿都可以自己动手制作，表演时只需要拉一块幕布挡住操纵者即可，非常简便。

（a）　　　　　（b）　　　　　（c）　　　　　（d）　　　　　（e）

图 5-1-3　幼儿园常见的木偶

（a）布袋木偶；（b）手指木偶（一）；（c）手指木偶（二）；

（d）提线木偶；（e）杖头木偶

3. 影子戏表演

影子戏表演根据光学原理设计而成，并通过光的作用，利用物体的阴影表演，一般分为人影和手影，即以人身体的侧身造型和手的动作造型所形成的影子进行表演；幼儿玩的影子戏（图5-1-4）有头影戏、手影戏和皮影戏等，其中以手影游戏居多，而皮影戏则具有鲜明的地方特色。

手影戏是令无数孩子着迷的游戏。一双手做出各种变化的手势，在光线的照耀下，在墙上呈现出活灵活现的黑影，勾勒出一幅幅神奇变幻的动画。皮影戏是让观众通过白色幕布观看演员操纵的平面偶人表演的灯影来达到艺术效果的一种影子戏剧形式。

皮影偶人一般为平面侧影，具有小巧玲珑、夸张生动的特点，其包含美术、音乐、戏剧、剪纸、故事和游戏等综合因素。

（a）　　　　　　　　　（b）

图 5-1-5　影子戏

（a）皮影戏；（b）手影戏

皮影戏

皮影戏是我国出现最早的戏曲剧种之一。皮影戏中的平面偶人和场面道具景物通常是民间艺人用手工雕刻、彩绘而成的皮制品，故称为皮影。它的演出装备轻便，唱腔丰富、优美，表演精彩动人。皮影戏不仅深受广大群众的喜爱，还对国内外文化艺术的发展起到一定的推动作用。有不少新的地方戏曲剧种，就是从各路皮影戏唱腔中派生出来的。中国皮影戏所用的幕影演出原理，以及皮影戏的表演艺术手段，对近代电影的发明和现代电影美术片的发展也都起过先导作用。

幼儿皮影戏不必像传统的专业皮影戏那样用皮革精雕细琢，可以就地取材，选用硬纸片、透明胶片、马粪纸等作为替代物，用剪纸和刻花的方法制作影人、布景和道具，如图5-1-5所示。演出用的影窗可以用一块白纱布平绷在倒置的桌腿上，再把灯光调整到适当的位置，然后一边操纵皮影偶人，一边配词拟声，就能进行简单的表演了。

图 5-1-5 制作皮影戏

4. 舞台表演

"小舞台"属于常见的游戏区域，供舞台表演（图5-1-6）使用。如今，幼儿园里的很多班级中都设有表演区，即所谓的"舞台"，它通常是一块占地面积为几平方米的场地，其中还配备了一些装饰材料（丝巾、头饰、服装等）。幼儿在这个游戏中既可以随着音乐翩翩起舞，也可以演绎他们喜爱的童话故事。

图 5-1-6 舞台表演

三、表演游戏的基本要素

尽管表演游戏的题材来源丰富，表现手法多种多样，但不管是什么形式的表演游戏，都会涉及三个基本要素：表演游戏的角色、表演游戏的情节和表演游戏的材料。

1. 表演游戏的角色

表演游戏的角色是指幼儿在游戏时扮演的对象，如"公主""王子""小红帽""大灰狼"等。通过扮演一定的角色，幼儿可以将文学作品中的人物以生动的语言、丰富的表情、夸张的动作表达出来，从而加深对文学作品的理解。

不同的表演游戏中有不用的角色，同一表演游戏中也有不同的角色。由于对不同角色有着不同的喜好与判断，幼儿在分配角色的过程中便会出现分歧，角色分配方式的也呈现出多样性的特点。小班幼儿可由教师指定角色，但随着幼儿年龄的增长，教师的主导地位逐渐改变。中版和大班幼儿应在教师的引导下，通过相互协商、角色轮流、公平竞争的方式，按照其意愿来进行角色的选择分配。教师不可以强迫任何年龄阶段的幼儿去担任他不愿扮演的角色。

表演游戏角色分配的策略如下。

（1）抽签。在小班表演游戏《拔萝卜》中，角色之间的对话与动作相似，对扮演者能力的要求区别不大，幼儿对扮演哪个角色不会太在意。在这种情况下，可以采用抽签的方式进行角色分配与选择。教师可以将角色制作成小卡片，幼儿抽到老爷爷就演老爷爷，抽到老奶奶就演老奶奶。

（2）竞争。在中班表演游戏《过猴山》中，只有一人能扮演老汉，其余的人只能扮演小猴，幼儿就会争着扮演老汉。在争执不下的情况下，教师可以采用公平竞争的方式，让想演老汉的幼儿挨个表演，再选出表演得最好的扮演老汉。

（3）轮流。在大班表演游戏《花木兰》中，幼儿在选择角色时出现"一边倒"的现象，即都是扮演"花木兰"。教师引导幼儿轮流扮演两种角色。教师引导幼儿讨论如果没有人愿意演"匈奴士兵"，表演游戏该如何进行。体会到"没法演""演得没意思"后，幼儿就会轮流扮演各种角色，并在扮演正反两种角色的过程中感受到角色间的差异，从而表现别样的意趣。

2. 表演游戏的情节

表演游戏的游戏情节基本来源于文艺作品，既可以照搬原有作品的发生、发展过程，也可以在原有作品的基础上进行续编或改编，还可以由幼儿自己进行"原创"。

表演游戏的过程不仅是简单再现作品内容，教师要抓住幼儿感兴趣的点，鼓励幼儿以作品为线索，引导幼儿进行积极的讨论和交流，发展出更生动开放的情节，在提升幼儿表达能力的同时，也要让发挥出自主性与创造性，从而创作出他们想表演的、会表演的、乐于表演的情节。

 **案例1**

幼儿参与故事情节的改编

在表演游戏《美羊羊的生日会》时，小灰灰（《喜羊羊与灰太狼》中的一个角色）

也要参加生日会。教师抓住契机，及时引导幼儿思考问题，如"小灰灰想参加生日会，红灰狼和灰太狼会去吗？""羊村的小羊们会同意灰太狼一家人参加吗？""他们之间会有怎样的约定呢？"结果，幼儿们编出了小灰灰劝说爸爸妈妈一天不吃羊，灰太狼和红太郎为了小灰灰而妥协，戴上口罩捂着大嘴，戴上手套、裹住爪子参加生日会的情节。

在大班表演游戏《滥竽充数》中，由于皇帝的出现，幼儿对古代宫廷礼仪产生了极大的兴趣，如女孩子们对宫女的舞蹈特别偏爱，而男孩子们则想要表演士兵的武术操练，于是除了成语故事中固有的情节外，他们还加入了侍从们的对话，宫女们的舞蹈，以及卫兵们操练等情节，使在表演游戏玩得更加尽兴。

> **评价：** 在游戏情节创作的过程中，幼儿的想法可以得到充分尊重，于是他们解决问题的能力提高了，想法更合理了，创造出来的情节也更富有情趣了。

3. 表演游戏的材料

表演游戏的材料主要包括舞台和布景、服装和道具，这些材料应具有象征性、典型性和代表性。

布景、服装、道具应简洁形象，不求繁杂，更不能妨碍表演。只需要一块幕布、几把小椅子就可以把小观众和小演员区别开来，从而产生舞台效果。布景的造型可适当夸张，色彩也鲜明，教师和幼儿可以结合美工活动由一起制作完成。服装和道具要能象征性地表现角色所具有的显著特征，应选择便捷、易于操作的材料来制作，不一定要购买成套的高级材料或者特别逼真的面具，使用简单的材料也能达到良好的效果。教师要引导幼儿能根据作品的角色要求，适当进行角色造型和化妆指导。

幼儿参与布景的制作

表演游戏《小熊醒来了》中需要用美丽的草地和山洞作为布景，于是，教师和幼儿共同设计和制作。教师将废旧纸板切割成错落有致的草丛，涂成深浅不同的绿色，幼儿用油画棒和水彩笔画出五颜六色的花，剪贴在草丛中，围合后，就成了美丽的草地。而对于小熊居住的山洞，他们是在帐篷上铺贴了揉皱的报纸，再涂成咖啡色，并拉上塑料叶子作为装饰，形象、生动且操作简便。

四、表演游戏的教育作用

幼儿的游戏是丰富多彩的，而表演游戏丰富了幼儿游戏的形式，让幼儿获得了与其他游戏完全不同的表演体验，促进了幼儿的全面发展。

1. 表演游戏能加深幼儿对文学作品的理解

表演游戏是幼儿对文学作品的一种学习过程。在游戏过程中，各种语言信息伴随着具体的动作信息和情境信息一起进入大脑，与幼儿已存在的表象融为一体，使这些信息更容易被幼儿理解和记忆。在表演中，幼儿通过对角色的种种揣摩来表现角色，呈现角色的思想、情感、对话和动作，能够在不知不觉中烙下角色的各种印记。借助表演游戏，幼儿能更好地掌握文学作品的主题思想、内容和情节，事件的逻辑和先后顺序，情节的发展和因果关系，以及人物的性格特征和人物之间的关系，从而明白人物的思想感情，加深对文学作品的理解。

2. 表演游戏对幼儿语言的发展有着突出作用

语言优美而生动的童话或寓言故事特别能吸引幼儿模仿和表演。通过这些表演活动，能幼儿可以有效掌握相关语言内容、语言形式和语言运用的经验。

幼儿语言内容的发展取决于幼儿已有的知识及其生活内容。表演游戏的内容来源于文学作品，有着语言、社会、认知等多方面的丰富信息。通过表演游戏，幼儿能获取广泛的知识内容，其语言内容方面的经验会越来越丰富，谈论的话题自然就会越来越多。

文学作品中的语言优美生动、句式丰富多变，对幼儿学习和掌握多种语言形式具有特别的意义。在故事表演中，幼儿要学说各种不同的词汇和句式，经过日积月累，就能自然地获得有关语言形式的经验，加深对各种词汇的理解，潜移默化地掌握各种不同的词汇和句式，从而发展语言的连贯性并提高表达思想感情的能力。

故事表演中生动的多样化情境也为幼儿积累丰富的语言运用经验提供了可能。幼儿在表演游戏中不仅要用与童话、寓言故事中角色对应的语言来说话，还得注意倾听别人说的话，理解他们说话的意图，考虑怎样应对，从而逐步提高在不同语境中运用语言的能力。

3. 表演游戏能促进幼儿想象力的发展

表演游戏的过程实际上是幼儿想象活动的过程。幼儿所扮演的角色是假的，但情感是真的；他们手中的道具是假的，却当真物对待。这种以假当真，正是依靠想象活动进行的。

在表演游戏中，幼儿还可以凭着自己对作品的理解和态度对作品中的一些内容、情节和对话进行修改，刻画出角色的性格，这一切都需要幼儿充分发挥想象力和创造力。幼儿丰富的想象力使表演游戏呈现出多样性，幼儿想象力发挥得越充分、越丰富，表演得也就越逼真、越生动有趣，如在表演"小兔乖乖"时，有的幼儿把"小兔"的形象表现为一只娇气的兔子，依偎在妈妈身边；有的则把"小兔"表现为一只聪明的兔子，不停地转动眼珠。在这个生动的表演过程中，幼儿的想象力、创造力和表演才能都得到了发展。

表演游戏常常需要使用一些道具和装饰品，而准备这些材料的过程，也是一项有创造性的活动。教师可以引导幼儿自己动手制作这些物品，如用胶粒制作信号灯、冲锋枪；用纸箱制作木偶戏台；用厚纸制作大树；用瓶子、乒乓球制作指偶等，还可以发动幼儿寻找替代物，这也促进了幼儿想象力和创造能力的发展。

4. 表演游戏有助于培养幼儿良好的个性

童话或故事以文艺形式反映典型生活，对幼儿具有很大的感染力。幼儿在角色扮演中反复体验作品中人物的思想感情能加深对人物生活的认识，明白什么是正确的行为和优良的品德，这将对幼儿的品德和行为产生良好的影响。

表演游戏是一种集体游戏，在游戏中，大家都扮演各自的角色，通过想象来说话、行动，而角色间又要互相配合。这就要求参加表演的幼儿将各自的体验表达出来，游戏既要有独立性，又要保持合作。幼儿参加表演是有勇气和有信心的表现，为了扮演角色，他们需要克服怕羞、胆怯的心理并调整自己的心态，这有助于培养出勇敢、大胆和不怯懦等优良的个性品质。

5. 表演游戏能有效地让幼儿受到艺术熏陶

表演游戏是幼儿接受表演艺术熏陶的一种有效途径。在进行表演游戏的过程中，幼儿会主动注意自身的形象，试着调整、改变自己的仪表、言行等。这对幼儿在形象、仪表、言行、体态、艺术素质等方面均起到综合培养的作用。

表演游戏本身是一种艺术活动。通过表演，幼儿会在激情张扬的过程中得到美的启发。同时，表演游戏还有利于发展幼儿的表演才能，使他们能从感受语言美、艺术美逐步过渡到通过语言、动作表现美、创造美的极致，提高审美水平，陶冶艺术情操。

此外，幼儿的表演游戏还具有课程整合和生成的功能。一方面，表演游戏可以在主题活动中生成，起到巩固拓展主题的作用；另一方面，表演游戏可以渗入语言、艺术、健康、科学、社会五大领域，使它们成为整合的游戏。例如，在《两颗花籽找新家》的表演游戏中，幼儿根据自己的经验，创编出各种各样"种子"的造型。另外，如果幼儿对各种植物的种子产生了浓厚的兴趣，教师则应适时顺应幼儿的兴趣，安排讲解关于种子的课程。

学习支持二　组织与指导表演游戏

在某幼儿园中，大班幼儿正兴致勃勃地玩表演游戏"喜羊羊与灰太狼"。"李老师，今天我想扮演喜羊羊！""我要扮演懒羊羊！""今天我想扮演美羊羊！""我要扮演沸羊羊！""我扮演暖羊羊！"……教师："你们都要扮演羊，谁来扮演灰太狼和红太狼呢？"孩子们沉默了一下……"李路扮演灰太狼，吴佳扮演红太狼！"有的孩子开口了。"为什么要我扮演坏蛋呢？"吴佳开始反击，"我才不演呢！"……李路："上次也是我扮演灰太狼，为什么这次还是我？""因为你演得好呗！"……"那你来试试？""唐筱伟，上！""我不行！"……孩子们又争论了起来。

> **问题：** 作为未来的幼儿园教师，面对孩子们在表演游戏中出现的这些现象，你会怎么办呢？应该怎样组织和指导幼儿进行表演游戏呢？

一、表演游戏指导的基本任务

表演游戏指导的基本任务包括协助幼儿选择表演游戏的主题，为表演游戏提供物质条件，指导幼儿选择角色，指导幼儿的表演技能，以及促进幼儿提高表演游戏水平。

1. 协助幼儿选择表演游戏的主题

幼儿表演游戏的题材主要来自教师所讲的童话、寓言、故事等文学作品和所教的歌歌曲等，还有的来自图书、电影和电视剧，以及来自孩子的生活经验。近年来，绘本作品大量出现并深受幼儿的喜爱，很多绘本故事都可以成为幼儿表演游戏的主题。

知识链接

绘　本

绘本并不是一般意义上写给孩子的带插图的书，而是用图画与文字共同描述故事，表达特定情感、主题的读本，也是通过交互使用图画和文字两种媒介来讲故事的一种艺术形式。在绘本中，图画不再是点缀，而是图书的命脉。例如《大卫，不可以》就以图画为主，仅用极简练的语言点出图画的中心思想。绘本非常强调情绪和主题的连续性，在短短的几十页之内就形成了一组连续的视觉影像。绘本的编者和绘者相当于电影导演，必须在有限的篇幅里，把故事讲得既精彩，又清晰。一本优秀的绘本，可以让不识字的孩子"读"出其中的意思。此外，绘本中的图都比较唯美，版式精致、独特，它们共同构成了一个近乎完美的整体。

为表演游戏选用的童话、故事应符合下列要求。

1）健康活泼的思想内容

作品首先要具有健康活泼的思想内容，情节曲折、紧凑，角色的性格鲜明并被幼儿所喜爱。作品的内容要符合幼儿的生活经验，这才有助于他们能在表演中发挥出创造性。教师要与幼儿一起了解作品的内容并准确把握角色性格。

2）具有表演性

童话、寓言故事要易于为幼儿掌握和表演，有一定的戏剧成分和适当的表演动作，还要有集中的场景且易于布置。道具要简单，可以利用现成的桌椅、积木、胶粒拼图及实物等。例如，《小兔乖乖》中表演的动作明显，场景中的房子可用桌椅与积木搭成，而扮演大灰狼、兔妈妈和小白兔的小朋友戴上相应的头饰即可。

3）起伏的情节

表演游戏的主线情节要简单、明确，以便幼儿理解和记忆。但故事情节要有起伏，情节发展的节奏要快，变化要明显，重点要突出，脉络要清晰，这样才能吸引幼儿。例如，在《小兔乖乖》中，兔妈妈去拔萝卜，大灰狼来骗小白兔，后来兔妈妈回来了，把大灰狼赶跑了就满足这些条件。因此，其对幼儿有很大的吸引力。那些情节发展缓慢、言语陈述过多的作品则不适合幼儿表演。

4）角色的对话易于用动作来表演

作品中要有较多的对话，对话要简明并能与动作相配合，以便幼儿在表演中边说边做动作，以增加表演的情趣，如在《小兔乖乖》中，兔妈妈对小白兔的交代，以及大灰狼和小兔的对话都生动有趣，容易用动作表演出来。小班和中班幼儿宜选择简单的、有重复动作的作品，如在《拔萝卜》中，角色出场时的动作虽然不同，但拔萝卜的动作是相似重复的，便于小班和中班幼儿掌握。为大班幼儿选择作品时也要注意可表演性。

符合上述要求，易于做表演游戏的童话、寓言故事很多，如《拔萝卜》《萝卜回来了》《三只羊》《在火车上》《送大娘回家》等。不要专门让幼儿背诵童话或故事，因为优美的语言、起伏的情节都有助于幼儿迅速记住童话或寓言故事。只要教师用富有表现力的生动语言，带着表情和动作反复地向幼儿讲述童话、寓言故事，幼儿就能很好地记住童话、寓言故事，并产生表演的欲望。

教师本人对表演游戏的兴趣以及在朗读或讲述童话、寓言故事时利用表情等艺术表现手段的能力，对于幼儿准确把握人物形象的性格特点，以及把这些特点用语言、手势、表情、声调反映在角色中具有很大的意义。正确的韵律、各种语调、停顿及某些手势都能使角色的形象栩栩如生，让幼儿感到兴奋。

2. 为表演游戏提供物质条件

教师可根据幼儿平时所喜爱的故事中的角色，吸引幼儿一起来准备各种材料，并把它们摆放出来，为幼儿创设游戏环境，以激发和调动幼儿参加表演游戏的和积极性。表演游戏一般需要以下材料。

（1）简易的舞台和布景。

日常的表演游戏可以在平地上或活动室内进行，或用小椅子、小桌子或大的积木围起来设置一个小舞台，或用标记分出"台上"和"台下"，或创设一个较固定的表演区（如活动室的一角）。用于木偶表演的木偶台可以用一块幕布将操纵者遮住即可，有条件时，可以给孩子们制作木偶、皮影的小舞台，这样更能增加表演游戏的情趣。

表演用的布景宜简单、方便，避免过大、过重、过繁，更不能妨碍表演，只要能起到烘托情境、渲染气氛的作用就可以了。布景的造型宜夸张，色彩要鲜明，可以结合美工活动，让幼儿一起来设计和制造。例如，可用大型积木搭建布景棕金色的小房子，在积木上挂上或贴上金色的纸屋顶和门窗。又如，由于木偶戏布景较小，幼儿平时的绘画、纸工和泥工作品都可以用于其中。

当然，对于环境创设，可以以教师和幼儿共同商议的形式，按照游戏的需要摆放场景，使幼儿成为环境创设的主导者。例如，在布置表演游戏《小铃铛》的环境时，教师提出了"小花猫可能在哪儿遇到小狗、小羊、小兔？"的问题，马上引发幼儿的讨论，有的说在树林里，有的说在草地上，有的说在公园里，还有的说在房子外面……教师请各组幼儿确定一个设想来创设不同的游戏场景。于是，活动室里出现了树林里、草地上、公园里、房子外等不同的游戏场景。

（2）服装与道具。

表演游戏的角色造型、服饰和道具很重要，它们不仅能激起幼儿进行表演游戏的愿望，还直接影响游戏的趣味性、戏剧性和象征性。

幼儿表演游戏用的服装与道具，可以象征性地表现角色所具有的显著特征，如各种动物、人物角色，只需戴上一个头饰即可。少数民族的角色，除头饰外，还可以有一些突出民族特征的服装，如新疆地区的马甲背心、西藏地区的彩条围裙等。教师应为幼儿提供各种人物（如爷爷、奶奶、爸爸、妈妈、小孩、工人等）的服装和道具；还要准备各种动物（如兔、羊、猫、狼、狗、老虎、狐狸等）的头饰和道具；以及一些童话故事、神话、故事中的人物（如白雪公主、七个小矮人、孙悟空、猪八戒等）的服装和道具。这些可以成套配制，也可以只提供各种素材，如胡子、眼镜、各种帽子、围裙、腰带、头饰、玩具刀枪、碗筷等，让幼儿根据角色的需要选配。

为了更好地表现角色的外形特征和个性特点，教师还要引导幼儿根据角色要求进行适当的角色造型和化妆。例如，幼儿在进行《小兔乖乖》表演游戏前，商议怎样化妆，就是在给角色造型和进行服饰准备，最后的结果可能是按故事中的五个角色中最突出特征来进行。幼儿会各自按角色特点挑选头饰，教师要想办法支持幼儿开展游戏，可以帮他们在服饰上做简要的点缀性装饰，如为"兔妈妈"腰上扎一条围裙，给"大灰狼"的臀部安上一条毛茸茸的大尾巴等。在道具上，给"兔妈妈"准备一个小篮子，两把小椅子并排一起就算是兔子家的大门。这种简单的造型与服饰对幼儿参加表演游戏的激励作用很大，能使游戏顺利开展。

虽然服装和道具是表演游戏中十分必要的物质条件，但幼儿的表演游戏应体现自由性和灵活性，可随时随地表演，不受道具的限制，若对道具要求过高或过于真实，反而会限制幼儿表演的积极性。当道具不足时，教师还可以引导幼儿以象征性的动作去表示，如"过河""爬山"均可用动作加语言表示。这样，幼儿便会感到十分满足，因为他们更在意的是自己能否以角色的身份说话和做动作。

总之，服装和道具应当力求简便，不一定要专门购买材料制作，可以用幼儿平时玩的各种主题玩具代替，或者与平时的美工活动相结合，让幼儿自己制作。服装和道具的设计与制作应当是幼儿表演游戏的组成部分，教师不要完全包办，要组织幼儿在表演游戏时，制作布景、道具和选配服装。

3. 指导幼儿选择角色

多数幼儿有强烈的主人翁意识，往往愿意扮演主角。这时，教师就要引导幼儿认识到：表演每个故事时，都需要各个角色的协调配合，主角、配角，正面角色、反面角色都是表演中不可缺少的，使幼儿能满腔热情地对待自己所扮演的角色。教师应鼓励幼儿自主选择和谁一起表演。进行分组表演时，幼儿可以自主组合。自主组合而成的游戏小组成员之间容易达成共识，合作起来也比较默契。为了避免能力强的幼儿都组合在一起，教师可在幼儿组合前适当提一些要求，用激励、榜样等方法使能力相对差的幼儿自然、合理地分配到各小组中。

表演游戏过程中的常见问题

鼓励幼儿自主选择角色。分完小组后，幼儿在组内可以自主选择想要表演的角色，但应了解轮换担当角色的必要性。能力强的幼儿担任主角是可以的，特别是对于那些新的游戏，先让能力强的幼儿担任主角能使游戏顺利进行。但也应鼓励和帮助能力弱一些的幼儿勇于扮演主角，特别是当这些幼儿表达了这种要求时，应给予支持。

4. 指导幼儿的表演技能

1）教师示范表演

教师经常把童话、寓言故事、诗歌等作品以戏剧、歌舞、木偶、皮影戏等形式向幼儿做示范性表演，这不仅可以激发幼儿的表演欲望，还可以帮助他们积累丰富的表演经验，掌握各种表演技巧。因此，教师的示范表演是对幼儿的重要指导，可以在全园的娱乐活动、节日活动中进行，也可以在日常游戏活动中进行。这种表演有时需要几个人合作，于是可以请几个班的教师合演。

2）指导幼儿的表演游戏

教师应常常参加幼儿的表演游戏，在游戏中担任某一角色，和幼儿一起演出。教师和幼儿一起表演有两个作用：一是带有示范性，给幼儿以启示，让他们模仿，特别是不会表演的小班幼儿；二是便于及时用提问、建议的方法，启发和帮助幼儿理解作品的内容，让他们用自己创造出来的、生动形象的语言和动作来表现作品内容。在小班幼儿刚开始表演游戏时，教师要做具体的示范表演，也可以请大班幼儿进行示范表演，然后让小班幼儿跟着学习。也可以让幼儿在教师指导下，从试着表演逐步过渡到自主表演，而教师只给予适当的指点和帮助。对中班和大班幼儿的指导应以充分发挥幼儿的主动性为主，鼓励幼儿按照自己的意愿表演。表演时，若幼儿出现遗忘某些情节和对话，以及动作表情与内容或角色特征不符等情况，教师可悄悄地用语言或模仿动作给予提示，不能在表演过程中对幼儿的表演横加干涉，随意打断或不停地指挥，使幼儿的表演完全处于被动的状态，从而失去了游戏本来的意义。

3）对幼儿进行表演技能训练

表演技能，是指表演中必须运用的语言表达、歌唱表演、形体与表情动作及木偶和皮影的操作技能等。幼儿在表演过程中虽然可以从全身心的投入中获得满足，不在乎有没有观众来欣赏，但这并不是说幼儿的表演技能就不重要，因为文艺作品中的内容和情节需要借助一定的表演技能才能再现。

幼儿在表演游戏中最基本的表演技能有以下几种。

（1）引导幼儿运用丰富的声音表情。

幼儿表演游戏中大部分角色的形象主要是通过语言来表现的，要让幼儿理解不同的声音表情可以表达不同的意思，初步了解正确运用声音表情的重要性，如用较高的音高、较快的语速及向上的语调表达欢乐、欣喜的情绪；用较低的音高、较慢的语速及向下的语调表达沮丧、失望的情绪。

接着，让幼儿学习运用不同的音色，来表现不同的角色形象。例如，《没有牙齿的大老虎》故事中的大老虎声音洪亮、语速稍慢，应用胸腔共鸣来发音，吐字清晰、沉稳，表现老虎作为兽王的威严。而狐狸则用稍慢的语速并紧束、挤压喉管发出声量，表现出狡猾、奸诈的特色。

（2）启发幼儿运用丰富的面部表情。

生动的面部表情能为故事表演增添色彩，可以进一步增强幼儿对文学作品的了解程度。教师可以让幼儿面对镜子"挤眉弄眼"，观察并学会典型表情的表现方法：笑——眉开眼弯，嘴上翘；悲——眉呈八字，嘴下垂；怒——双眼睁大，眉倒竖；惊——嘴巴张大，眉头抬；愁——嘴角收拢，眉头皱。另外，教师也可以专门为此组织一次表情游戏，让幼儿了解更多的表情，如赌气、惊讶、高傲、嘲笑等，也可以用多媒体课件展示的方式来丰富幼儿对面部表情的认识。

（3）鼓励幼儿大胆运用体态语言。

在故事表演中，自然、合适的体态语言能帮助幼儿进一步理解文学作品，增强表演游戏的效果。教师可以利用生活经验帮助幼儿理解肢体语言的含义。例如，两手一摊，表示无可奈何；两手放到眉骨处"搭凉棚"，表示要仔细观察；双手叉腰，表示神气高傲或蓄势待发；捶胸顿足，表示生气；手心向外一推，表示拒绝等。在指导过程中，教师应注意鼓励幼儿用夸张的、不同于日常生活的步态、手势和动作等肢体语言表演。

当然，在表演游戏中，每个角色都各有其不同的角色特点，这就要求幼儿在表演游戏中能恰当而准确地把握不同角色的角色特点。例如《下雨的时候》中有三个角色，即"小白兔"上场用"兔跳"，"小鸡"上场用"点头踏点步"，"小猫"上场用"交替步"和双手"捋胡子"的动作。教师在指导幼儿表演时，可以要求他们把动作幅度做得稍大些，并夸张一些，以充分表现出各自的角色特点。

4. 促进幼儿提高表演游戏水平

1）引导幼儿观察、表现和交流

幼儿由于缺乏丰富的感性经验，在表演中常常不能很好地表现人物的主要特征。对此，教师要积极引导幼儿进行观察、表现和交流。例如，在表演"三只蝴蝶"的过程中，扮演蝴蝶的幼儿落在花儿上后就放下翅膀不动了，教师发现后没有简单地说明正确的动作，而是带着幼儿来到花园观察蝴蝶落下时翅膀的姿态。幼儿通过观察发现，原来蝴蝶停下来时翅膀是合拢的，此时扮演蝴蝶的幼儿还将两条胳膊背在身后做出了相应的动作。在后来的表演中，幼儿们扮演的蝴蝶角色都很出色。

2）启发幼儿进行有创造性的表演

幼儿表演创造性的发挥往往建立在对作品理解的基础上。只有充分理解作品后，幼儿才有可能表现和创造。我们不要让幼儿有完成老师布置的游任务的心理，按部就班地为"游戏"而游戏。当幼儿对表现原故事情节丧失兴趣时，教师也可以引导幼儿在原有故事情节的基础上创编新的故事情节并表演出来，给表演游戏注入活力，让幼儿的自主性和创新能力得到发展。在表演游戏中，幼儿的主体性和创造性的充分发挥需要教师的调动。

 **案例1**

狐狸的不同结局

在表演游戏《小熊请客》中，幼儿们都不愿意饰演又懒又馋、遭骂还挨打的狐狸。于是，教师请幼儿们讨论，怎样才能让狐狸有一个好结局。通过讨论，幼儿们选择以下三种方式改变狐狸的命运。第一种：小动物们在要求狐狸为森林做一件好事后，就原谅了它，请它到小熊家里做客；第二种：狐狸"呜呜"哭了起来，小动物听到哭声就原谅了它，并要求它改正错误；第三种：狐狸知道小动物们最喜欢吃森林里的红苹果，就提着篮子摘了很多红苹果送给它们，于是小动物就原谅了它。

3）用多种形式拓展游戏，提高游戏水平

表演游戏和角色游戏一样具有角色扮演的共同特点。利用这一共同点，教师可以采用表演游戏与角色游戏相结合的办法来拓展游戏。通过与角色游戏进行有机结合，表演游戏的剧情得到了发展和延伸，而幼儿的想象力和创造力也得到了充分的发挥，此举既丰富了游戏的内容，也深入挖掘了游戏的内涵，还进一步培养了幼儿的创造性。

 **案例2**

小兔乖乖

在表演游戏《小兔乖乖》中，"兔宝宝"不想再吃萝卜了，而是要吃点心，"兔妈妈"很为难地向老师求助："没有商店，我到哪儿去买饼干呢？"

游戏结束后，教师组织幼儿们展开讨论。最后，大家一致决定在游戏区中设立一家"小商店"。这样一来，竟得了意想不到的效果："兔妈妈"为了给"兔宝宝"增加营养，到"小商店"里买了许多食品；为了骗过"小兔子"，一只大灰狼专程来到商店买了些能改变声音的药；另一只"大灰狼到"商店里买来了假发、花衣服等打扮成"兔妈妈"的样子到"小兔子"家行骗；机警的"小兔子"趁大灰狼不注意，溜出来到商店用公用电话给妈妈打电话，让妈妈赶快回家。

利用表演形式多样化的特点，我们还可采用操纵形象玩具来扮演角色的表演形式，如桌面表演、木偶剧或皮影戏等。这些表演游戏形式不仅占地面积小，深受幼儿喜爱，而且不需要使用过多的体态语，可以让幼儿将精力集中在语言的表现力上，对幼儿语言能力的发展是大有益处的。

此外，还可以让大班幼儿进行双簧表演。双簧表演是指每个角色都由两个人共同扮

演，其中一名演员只管在台前表演，嘴不出声，而另一名演员则只需要在后台为角色配音。在各司其职的基础上，两名演员必须步调一致，共同完成对角色的塑造。双簧表演能培养幼儿的集体观念，发展幼儿间互相协作的能力。双簧表演适用于角色少、动作少而对话较多的文艺作品，如寓言故事《乌鸦与狐狸》等。

二、各年龄阶段幼儿表演游戏的特点及指导要点

在不同的年龄阶段，幼儿身心发展既呈现出一定的阶段性和稳定性，又表现出发展的连续性和可变性。不同年龄班幼儿的表演游戏有着各自的特点，其表演水平也表现出显著的差异，教师对不同年龄班幼儿的表演游戏应有不同的指导要点。

1. 小班

1）小班幼儿（3~4岁）的年龄特点、游戏水平

（1）幼儿对游戏目的尚不明确，往往只注意某一角色的动作、语言、表情等。

（2）幼儿的表演游戏水平较低，只能是简单、重复地模仿某一个动作、做某一个表情、说某一段话等，而不能自主地延伸表演内容。

（3）幼儿一般不会自主开展游戏活动，只能被动地听从老师的安排，而且表演时并不注重语言、动作、表情等表演的质量。

2）小班幼儿表演游戏的指导要点

教师对小班幼儿表演游戏的指导重点在于热情地鼓励和支持幼儿开展表演游戏，并给予适当的引导，帮助幼儿认清游戏目的，提高游戏水平。

（1）激发幼儿玩表演游戏的兴趣，使幼儿感受表演的乐趣。

（2）引导幼儿自主选择并扮演角色，初步培养幼儿自主开展表演游戏的意识。

（3）在游戏前做足准备工作，帮助幼儿学习和理解文学作品的主题，厘清人物关系和故事情节，提高他们的游戏水平和表演质量。

（4）指导幼儿遵守简单的游戏规则。

（5）在游戏中教导幼儿多倾听他人的谈话，并鼓励他们大胆地进行自我表达。

2. 中班

1）中班幼儿（4~5岁）的年龄特点、游戏水平

（1）幼儿对表演游戏的目的仍然不明确，常常会因为准备道具、服装等游戏材料而忘记了游戏，需要成人予以一定的提示。

（2）幼儿的游戏水平有所提升，能够独立完成角色分配任务，但是进入游戏状态的速度较慢，要先经过一段无所事事或者嬉笑打闹的时间，才能逐渐接受游戏规划。

（3）中班幼儿的角色更换意识不强，还不能很好地分清自我与角色的区别。另外，中班幼儿语言表达能力也还不成熟，这些都限制了他们表演能力的提高。

（4）在表演形式上，中班幼儿多以动作为主要表现手法。之所以如此的原因是受幼儿语言表达能力的制约，且该年龄段的幼儿对动作更有兴趣。

2）中班幼儿表演游戏的指导要点

教师对中班幼儿表演游戏的指导重点在于要给予幼儿更多的耐心，不要过多干预游戏，也不要给予很多提醒，而是要让幼儿在自由与自主中提高能力。

（1）进一步激发幼儿对表演游戏的兴趣。

（2）为幼儿提供简单且容易制作的游戏材料，减少幼儿花在准备道具、服装、饰品上的时间，以便让幼儿尽早明确游戏目的，快速进入表演状态。为中班幼儿提供的材料要简单易操作，一般以2~4种为宜。

（3）帮助幼儿学习文学作品，加深其对作品中人物角色的理解，使其能够较好地分辨自我与角色的区别，促进表演能力的发展。

（4）帮助幼儿发展语言表达能力，使其不再单纯依靠动作进行表演，从而提高表演质量。

（5）引导幼儿并遵守建立游戏规则。

（6）使幼儿养成爱护游戏材料的习惯，并形成游戏后主动收拾和整理表演场地的习惯。

（7）培养幼儿的合作能力，使之能够与同伴一起规划、协商和探讨表演活动，并轮流扮演角色、分享游戏材料。教师在收集、筛选表演故事前，可以组织幼儿讨论，以明确相应的要求。

（8）鼓励幼儿根据文学作品大胆想象、创作并开展具有创造性的表演活动，使自己真正成为游戏活动的主人。

案例3

让游戏规则看得见

小舞台的游戏开始了，陶陶、雪儿等一行五人来到了"小兔乖乖"剧场，每人拿了一个兔子手偶，这些手偶是他们在美工区自制的。陶陶说："我要当兔妈妈。"雪儿说："我要当长耳朵。"茜茜说："我要当短尾巴。"晨晨说："我要当红眼睛。"文文说："那我当大灰狼吧。"角色选定后，几个小朋友就开始按故事情节的顺序展开表演。当他们演到大灰狼学着兔子妈妈的声音唱到"小兔子乖乖，把门开开……"时，表演角来了两位小观众，一位是"娃娃家"的然然"妈妈"带着她的"宝宝"来看表演，另一位是"理发店"的嘉嘉发型师，她说要休息一下，想来看看表演。表演角的几位小朋友很高兴，演得更带劲了。突然，然然提出她分不清他们谁是谁。雪儿、茜茜、晨晨争着说，"我是长耳朵""我是红眼睛""我是短尾巴"。然然捂着耳朵喊道："别吵了，我都听不清了，你们一个一个说！"结果他们三人又轮流自我介绍了一番，然然这才弄明白，于是表演继续进行，直至结束。在对游戏的讲评中，老师把然然的疑问抛给了全班幼儿，并组织了一场关于分配角色的讨论会。

师："今天在我们的表演角出现了一个问题，小观众无法分清谁是"红眼睛"谁是"长耳朵"谁是"短尾巴"，谁能想出办法把他们区分开来呢？"

幼："让他们在表演的时候先介绍一下自己。"

幼："谁演红眼睛就给他的头饰贴一双红眼睛""给短尾巴屁股上做装个小尾巴。"

幼："给长耳朵做长长的耳朵。"

幼："我想给他们做头饰，手偶总是掉下来，也不好做动作。"

孩子们纷纷发表了自己的意见。老师对孩子们的回答表示了肯定，并带领他们用材料制作各种饰品，以便于分清角色。

> **分析**：表演角的道具手偶是小朋友在美工区自制的，由于当时并没有考虑到角色与角色之间的区别，所以大家制作出来的手偶几乎是一样的，当这些手偶被用于表演时，就无法给角色的分配带来帮助了。表演角的孩子们也没有意识到道具所带来的不便，他们只是口头进行了分工，虽然这种口头分工并没有对他们的表演造成影响，可对于表演角以外的小朋友来说，是无法一下子分清各种角色的，这样一来，就为观看表演带来了困难。从孩子们在游戏中的表现来看，他们此时需要的是共同探讨角色分配问题，并让角色易于辨别。
>
> 中班幼儿对游戏规则的建立缺乏自主性，执行时也缺乏稳定性，使用一样的手偶会给他们的表演造成混乱，使他们无法分清各自的角色，也会给观众带来辨别上的困难。针对此种情况，最有效的方法就是教师站在孩子的角度和他们一起商讨解决方法，使角色特征在头饰、服装或道具上明显地体现出来，并充分发挥道具本身的暗示作用，使角色更易辨认，只有这样，才能让幼儿成为规则建立的小主人，使他们更好地遵守游戏规则。
>
> 总之，游戏的规则制定不能由成人来包办，而应该充分发挥幼儿的自主性、创造性，让幼儿获得充分的自由和尊重，培养他们发现问题和解决问题的能力。另外，由幼儿自己制定出的游戏规则才更容易被他们所理解，从而让游戏真正成为幼儿生活和发展不可缺少的部分。

3. 大班

1）大班幼儿（5~6岁）的年龄特点、游戏水平

（1）能独立完成角色分配任务，并迅速形成角色认同，大幅减少了嬉戏打闹的时间，可以快速进入游戏状态。

（2）角色扮演意识增强，能够自觉地等待自己上场时间的到来，而且在表演时能注意到角色的语言、动作、表情等与自身的区别。

（3）能灵活运用多种表现手法，不再局限于动作和语言。而且在表演时，能够相互小声地提醒或告知同伴下一步的表演内容。

（4）表演能力显著提高，已经不再是简单地、机械地重复文学作品，而是能够根据实际情况灵活地、创造性地重新塑造角色，以及调整对白和动作等。但是由于受到年龄的限制，即使是大班幼儿，在没有教师的帮助下，也不能实现从一般性表演向生动性表演的飞跃，其表演水平仍有待提高。

2）大班幼儿表演游戏的指导要点

对于大班幼儿来说，教师的指导重点应放在及时提供反馈上，通过反馈，帮助幼儿更好地塑造角色，进而提高表现水平。

（1）鼓励幼儿积极参与表演游戏，认真扮演角色，仔细体会文学作品的思想感情。

（2）在充分理解文学作品的基础上，引导幼儿大胆想象，富有创造性地表现角色的性格特征，指导幼儿注意运用语气、语调、夸张的动作、生动的表情来塑造角色，提高表演能力。

（3）随着游戏的展开，教师应该及时给幼儿提供反馈，提高幼儿表现故事、塑造角色的能力。对大班幼儿来说，反馈的侧重点应在如何塑造角色上。

（4）引导幼儿与同伴融洽相处、合作游戏，正确地处理游戏中的纠纷。

（5）放手让幼儿自主布置游戏场地、制作游戏材料、分配表演角色以及开展游戏过程，做到尽可能少地干预幼儿，使幼儿的自主创造性得到充分发挥。

（6）继续培养幼儿爱护游戏材料的习惯，能够做到在游戏后自觉收拾和整理游戏场地。

案例4

如此"战胜"大灰狼

在开展大班主题活动"三只小猪"时，孩子们因为对这个故事非常感兴趣，主动提出要开展表演活动。面对孩子的兴趣和需求，我准备借机鼓励孩子大胆创编或拓展故事情节。我先抛给孩子们一个问题："虽然三只小猪赶走了大灰狼，但大灰狼以后可能还会来。到时候三只小猪该想什么办法继续战胜他呢？你们来帮小猪想想办法吧。"面对这个问题，孩子们非常热烈地讨论开了，有的说："在小猪家附近挖一个陷阱，里面铺满钉子，大灰狼再来的时候就会掉下去，被钉死。"有的说："让老三在河边装死，等大灰狼靠近他想要吃他时，大家把他推到河里，淹死他。"还有的说："挖一个坑，埋上地雷，在上面放一只假猪，大灰狼看到后会以为是真的，就会扑上去，结果会被炸死。"孩子们乐此不疲地讨论着，我一边帮助孩子们记录想法，一边感到不安。孩子们的设想是否极端了？他们设想的方法是否过于狡猾和残忍了？我于是困惑起来：尽管孩子们讨论的是童话世界而非真实的生活世界，但对于如此"战胜"大灰狼，作为教师，我应该尊重、肯定他们的想法，还是应该给予他们正面的引导呢？教师究竟该如何鼓励和引导幼儿进行创编活动呢？

分析：大灰狼在幼儿心中是一个典型的反面角色。上述案例中，幼儿全心全意地要帮助小猪，反映了他们天真善良的本性。所以，幼儿的表现是正常的，问题出在教师的引导上。《三只小猪》的故事主要是启发幼儿做事情要动脑筋，不能懒惰、图一时省力，更多的是鼓励幼儿不怕辛苦，努力建造最牢固的房子保护自己，而不仅仅是反映小猪和大灰狼之间的输赢较量。大灰狼被打败也不是因为三只小猪的暴力抗争，而是因为房子足够牢固，所以教师指导幼儿创编时，要紧扣童话故事的主题，不要天马行空。如果教师的引导能够紧扣主题，而不是强调对立和斗争，相信幼儿的创编不会如此离题。

学习支持三　观察与评价表演游戏

 情境导入

绿叶船缆

在组织小班幼儿的表演游戏"绿叶船"活动中，孩子们用自己的方式表演"如果你要过河，发现河岸边没有船时怎么表现出来"，有的幼儿拍着自己的腿说："不好，不好，没有船，我可怎么过河呀？"还有幼儿一边挠着头，一边原地来回走，一副很着急的样子说："怎么办？怎么办？这下可怎么过河呢？"……在老师表扬、鼓励下，孩子们表演得更起劲了，小朋友们用自己的语言、自己的动作，开始完全融入故事情境之中了。

你认为，教师在表演游戏中应该着重观察哪些方面呢？

一、表演游戏的观察

教师在游戏中应当扮演观察者的身份，加深对幼儿的了解，并在此基础上根据观察的目的和内容来选择、编制观察工具。表演游戏的观察要点如图5-3-1所示。

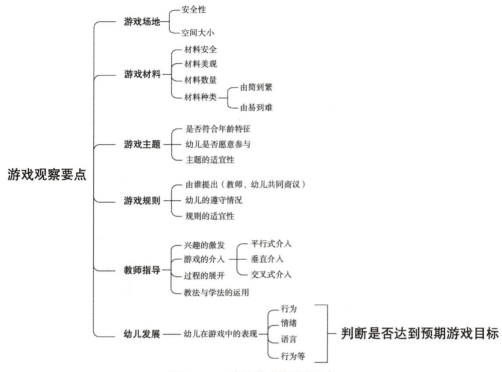

图 5-3-1　表演游戏的观察要点

二、表演游戏的评价

游戏评价作为表演游戏的一个重要环节，可以使幼儿在评价的过程中获得大量的反馈信息，也能推动表演游戏的内容和情节的发展。有效的游戏评价是推进幼儿发展、游戏深入的催化剂。因此，在表演游戏中，教师对幼儿在游戏中的表现进行评价是必不可少的。

要全面评价表演游戏，可以从表演游戏的主题、表演游戏的环境、教师在表演游戏中的表现等方面进行评价。

1. 对表演游戏主题的评价

要判断表演游戏的故事主题是否科学合理，可以从以下三个方面考虑：首先，表演游戏的故事必须要遵从所教幼儿的身心特点和年龄特征；其次，教师所选择的故事应该是幼儿感兴趣的故事；最后，故事内容的选择上要兼顾最强幼儿所需以及最弱幼儿所需，即内容选择要面对整体，要适合于班上所有的孩子。

2. 对表演游戏环境的评价

表演游戏要想顺利开展，需要教师在组织幼儿开展表演游戏之前为幼儿准备好开展表演游戏所需的场地、道具和服装，这是表演游戏顺利开展的物质保障。可以从表演游戏场地的空间大小是否适宜，表演舞台背景是否与故事场景契合，表演游戏所需的各种道具是否形象逼真、为幼儿所喜爱，与幼儿经验水平、发展能力相适应，表演游戏的服装是否有助于幼儿塑造游戏中的角色等方面进行评价。通过对表演游戏环境的评价可以促使教师进一步改进表演游戏的舞台背景、制作适宜的游戏道具和服装。

3. 对教师观察与指导的评价

一个表演游戏开展的好不好，与教师的观察和指导是密切相关的。教师在幼儿玩表演游戏过程中是否会仔细观察幼儿的表现，幼儿遇到困难时教师是否会及时提醒或给予帮助，教师一般采用什么样的方式来指导幼儿的表演，游戏结束后教师是否会对幼儿的表现进行讲评等，我们可以从以上这些方面评价教师在表演游戏中的观察和指导行为。

4. 对幼儿在游戏中的表现的评价

很多幼儿教师对幼儿在表演游戏中的表现进行评价时，较多关注的是幼儿的表演技能，也就是幼儿演得像不像，而对于幼儿在表演游戏过程中的其他方面表现得不够重视。教师评价幼儿时，不能简单地用成人的标准来判断幼儿演得好与不好，而应该更多地站在幼儿的角度，关注幼儿在游戏活动中表演水平的发展，幼儿在表演游戏中的积极性、主动性、持久性、愉悦性以及社会交往能力的发展，解决问题的能力以及想象力、创造力的发挥等。

实训1：表演故事《小蝌蚪找妈妈》

一、活动目的

能记住故事的名称、角色、语言等，对故事有完整的印象，能用动作、语调等的变化进行表演，加深对表演游戏的认识，会玩表演游戏。

故事《小蝌蚪找妈妈》

二、活动场地

实训室或者教室。

三、活动准备

每组根据故事内容自备表演道具。

四、活动形式

6人分组进行。

五、活动时间

2课时（第1课时自行阅读，熟悉故事内容，分配角色，制作道具；第2课时分组汇报展示，互相点评）。

六、实训过程

（1）根据学号分组，围成圆形而坐，熟悉故事内容。

（2）自行分配角色，熟悉剧本故事与台词，根据故事情节自制道具。

（3）共同设计一个完整的表演游戏，可对情节做适当改编，必要时可制作PPT辅助表演。（教师巡回指导）

（4）以组为单位，表演故事《小蝌蚪找妈妈》，要求内容完整，表情生动，有动作语调等变化，配合旁白。

（5）大家互评，教师点评，整理游戏材料。

实训2：制定表演游戏活动方案

一、活动要求

请选择一个年龄段的幼儿，设计一个符合该年龄段幼儿特点的表演游戏，并对自己的设计做出评价。

二、活动目的

能够针对所选内容，针对不同年龄班幼儿的特点设计表演游戏方案；能够对方案进行组织与实施。

表演游戏活动方案

三、活动场地

实训室或者教室。

四、活动准备

纸、笔，必要时可准备电脑。

五、活动形式

4~6人分组进行。

六、活动时间

2课时（第1课时用15分钟复习表演游戏的设计组织要点，30分钟设计完整的幼儿表演游戏方案，并制作PPT；第2课时分组汇报，互相点评）。

七、实训过程

（1）根据学号分组，围成圆形而坐，复习表演游戏的设计组织要点。

（2）分工合作，共同设计一个完整的表演游戏，并写出相关的游戏活动设计。

（3）请组长将设计好的表演游戏以PPT的形式展示出来，向教师汇报自己组设计的表演游戏，教师对学生设计的表演游戏进行点评。

（4）大家互评，教师点评，修改方案，在互评时分析以下问题。

①表演游戏的目标是否准确、合适？

②表演游戏中的表演材料是否科学合理？

③表演游戏的过程是否清晰、有条理并循序渐进？

④表演游戏是否设有评价环节，评价环节的设计是否合适？

⑤表演游戏是否具有可操作性，是否能在具体的幼儿园实施。

【师生共活动】

请用表格列出角色游戏与表演游戏的异同？

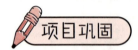
项目巩固

一、选择题（可多选）

（1）表演游戏的特点是（　　　）。

   A.以文学作品为游戏依据　　　　　B.反映现实生活

   C.幼儿自娱自乐的活动　　　　　　D.创造性活动

（2）表演游戏的基本要素有（　　　）。

   A.游戏角色　　　B.游戏情节　　　C.游戏内容　　　D.游戏布景

（3）下列说法正确的是（　　　）。

   A.中班幼儿已经非常清楚表演游戏的目的，并能够积极主动地开展表演活动

   B.幼儿在表演游戏中的创造性要略低于角色游戏和结构游戏

   C.大班幼儿的表演游戏已经实现从一般性表演向生动性表演的飞跃

   D.对于表演内容，幼儿不能随意更改，必须尊重原作

（4）为表演游戏选用的童话、故事应符合下列要求中的（　　　）。

   A.健康活泼的思想内容

   B.具有表演性

   C.角色的对话易于用动作来表演

   D.起伏的情节

二、填空题

（1）表演游戏和角色游戏中都属于＿＿＿＿＿＿＿，二者均是幼儿通过模仿与想象来扮演的游戏活动。

（2）＿＿＿＿＿＿主要是通过幼儿的手指、手掌活动来进行操作表演，可以由一个或几个幼儿表演，故称为"掌中戏"。

（3）对待中班幼儿的表演游戏，教师的指导重点在于＿＿＿＿＿＿。

（4）对于大班幼儿来说，通过＿＿＿＿＿＿，可以帮助幼儿更好地塑造角色，进而提高表演水平。

三、案例分析

小班的幼儿表演游戏"拔萝卜"进入了第4课时，孩子们已经能基本掌握角色的出场顺序及对话，完整地表演故事了。瞧，一组幼儿正在表演区有序地表演着，突然，欢欢大声喊起来："小姑娘，小姑娘哪里去了，该你了。"游戏中断了，小演员们都四处找"小姑娘"，戴着"小姑娘"头饰的慧慧匆匆忙忙地从美工区走了出来，手里还拿着捏了一半的泥土，欢欢一把抓住她的手说："你去哪里了？轮到你了，快点呀！"慧慧不好意思地笑笑，看了一眼"拔萝卜"的队伍，上前拽住"老奶奶"的衣服说道："哎哟，哎哟，拔不动⋯⋯"

案例中造成慧慧游离于游戏之外的原因可能有哪些？对于小班幼儿来说，老师需要怎样实施具体的指导？

项目六

幼儿聪明和才智的孵化器

——智力游戏

　　智力游戏是根据一定的智育任务设计的，以智力活动为基础的一种有规则的游戏。又称为益智游戏，它以生动、新颖、有趣的游戏形式，使幼儿在轻松愉快的活动中完成增进知识、发展智力任务，是帮助幼儿认识事物、巩固知识、发展智力的一种十分有效的手段。对学前教育专业的学生来说，掌握幼儿智力游戏的相关知识和技能，有助于提高学生的游戏课程设计能力、规划能力、组织能力、分析问题的能力、诊断能力等，有助于加深学生对传统文化以及传统玩具的认同，从而让学生培养出应有的职业信念与核心素养。

　　本项目主要介绍智力游戏的概念、类型、组织和指导结构游戏的策略、研究与发现结构游戏活动过程中常见的问题以及培养学生的结构游戏素养的实训活动，意在通过教、学、做、研等教学活动引导学生全面、深入地认识智力游戏并获得组织与指导幼儿进行智力游戏的专业技能，以及养成正确的游戏观。

 思维导图

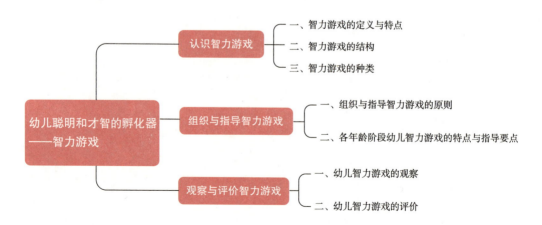

知识目标

（1）了解幼儿智力游戏的概念、特点、结构。

（2）掌握不同年龄阶段幼儿智力游戏的特点与组织指导方法。

（3）掌握幼儿智力游戏活动的评价内容与原则。

技能目标

（1）能够根据幼儿身心发展特点设计、组织幼儿智力游戏。

（2）具有正确观察、指导与评价幼儿智力游戏活动的技能。

素养目标

（1）对幼儿智力游戏有正确的认识，喜欢幼儿智力游戏并乐于参与幼儿智力游戏的教育教学实践活动。

（2）具有设计、组织、指导和评价幼儿智力游戏活动的基本素质，感受智力游戏的乐趣以及设计游戏过程中的成就感。

学习支持一　认识智力游戏

 情境导入

拍电报

　　教师将幼儿分成2~3组，每组2~10人。教师小声地将电报数字号码告诉每组的第一个幼儿，但是不能让其他的幼儿知道，然后听信号拍电报。第一个幼儿将右手手指在第二个幼儿左手心按老师说的数目点几下（例如，电报数字是5就用手指轻轻点5下），依次往下进行。由最后一个幼儿报出电报的数字号码，看看哪组的电报拍得快、拍得准确。

　　游戏规则： 当老师发出口令后，各组幼儿按传递的指令，开始拍电报。最后一个幼儿得到电报数字号码后要举手，并把数字写在纸条上。

　　分析： 这是一个益智小游戏，它既训练了幼儿注意力、记忆力，巩固幼儿对数字的敏感度以及锻炼了幼儿的反应能力，又能调动幼儿的积极性。

一、智力游戏的定义与特点

1. 智力游戏的定义

智力游戏（图6-1-1~图6-1-4）又称为益智游戏，是根据一定的智育任务设计的，以生动有趣的游戏形式使幼儿在自愿、愉快的活动中增进知识，发展智力的一种有规则的游戏。在智力游戏中，幼儿的观察力、注意力、记忆力、想象力、创造力以及思维能力都能得到很好的发展。同时，幼儿智力游戏要求幼儿控制自己的行为，善于与别人合作，诚实地遵守游戏规则，坚持完成游戏任务，这对幼儿意志品质、社会性方面的培养有良好的作用。

图 6-1-1　智力游戏（1）　　图 6-1-2　智力游戏（2）　　图 6-1-3　智力游戏（3）

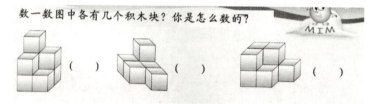

图 6-1-4　智力游戏（4）

2. 幼儿智力游戏的特点

幼儿智力游戏属于游戏中的一种，因此也有着自身独特的特点。

1）趣味性与益智性

趣味性与益智性是幼儿智力游戏的两个主要特点。游戏的设置一定要有趣味性，要新颖、生动、活泼，这样才能引起幼儿的好奇、注意，让幼儿有玩下去的欲望，保持游戏的吸引力。同时，幼儿智力游戏顾名思义是发展幼儿智力的游戏，因此要有益智性，要让幼儿通过智力游戏持续健康地发展智力，这也是幼儿智力游戏的最终目的。

2）规则性与任务性

幼儿智力游戏是根据一定的智育任务设计的，以智力活动为基础的一种有规则的游戏。规则指的是幼儿游戏过程中所要遵守的原则，指导或禁止幼儿游戏中的行为、动作的具体要求。游戏的任务也是游戏的目的，游戏者最终需要达到的目标。

3）竞争性与挑战性

智力游戏具有一定的竞争性与挑战性，能够激励幼儿在完成任务后继续游戏的愿望和兴趣。有时候，针对同一类游戏要根据玩的对象不同，根据幼儿的身心发展特点设计出不同的游戏要求和任务。比如，棋类游戏种类很多，有五子棋、象棋、围棋、动物棋、跳棋等，智力水平相对较低的小中班幼儿就可以玩一些玩法比较简单，规则容易理解的游戏，如五子棋，动物棋等；智力水平高、能力强的大班幼儿就可以玩更高一层次的游戏，比如象棋。

【想一想】怎样看待游戏中的竞争性和游戏中的输赢问题？

二、智力游戏的结构

智力游戏主要由游戏的目的、玩法、规则以及结果四个部分构成。

1. 游戏的目的

游戏的目的是指游戏者最终要达到的目标，它是根据一定的智力任务提出来的，也叫游戏的任务，包含增长知识和发展智力的具体任务。例如"听听谁在叫"的游戏，是让幼儿通过听觉来辨别各种物体的音响，其教育任务是训练听觉的准确性，能够分辨出不同物体的音响；而智力游戏"走迷宫"，则是训练幼儿的注意力和分析综合的思维能力。教师可以按照《幼儿园教育指导纲要（试行）》与《3~6岁儿童学习与发展指南》的规定与建议，利用智力游戏，向幼儿传授新的知识和技能，也可以对已获得的知识、技能进行巩固，以此达到开发智力的目的。

2. 游戏的玩法

游戏的玩法是指游戏的具体操作方法。它是根据游戏任务和特点设计的，由多种多样的与智力活动有关的动作组成，如看、听、摸、找、想、猜等。游戏的玩法包括如何开始游戏、游戏的中间过程以及游戏的结束环节。

3. 游戏的规则

游戏的规则是指确定和评定幼儿的游戏动作和活动是否合乎标准，是游戏者在游戏中需要遵循的准则，在游戏中起指导、组织、调整幼儿行为的作用。为保证游戏目的的实现，每个智力游戏的事先拟定都有一定的规则，要根据任务要求和幼儿年龄特征分类，在一个游戏中不同任务的参加者，遵守的规则也不同。

4. 游戏的结果

游戏的结果是指幼儿在游戏中要努力达到的目的，是判断游戏任务完成与否的标志。良好的游戏结果，可使儿童获得满足和愉快，并能激发他们继续游戏和再次游戏的愿望。游戏的结果是教师判断幼儿知识的掌握程度和幼儿智力发展的重要依据，对于游戏结果的重视与正确分析，对未来游戏的进行有重要意义。

智力游戏的以上四个要素相互依存、相互作用。首先，四个要素缺一不可，缺少其中任何一个要素，游戏都是不完整、不能进行的。

三、智力游戏的种类

1. 根据幼儿智力游戏所使用的材料进行划分

（1）利用专门的玩具、教具、自然材料、日用品进行的幼儿智力游戏，如积木、积塑、套碗等。

（2）利用图片进行的幼儿智力游戏，如棋类、纸牌、拼图等。

（3）利用语言进行的幼儿智力游戏，游戏中不接触图片、实物，主要通过语言来完成游戏，如猜谜语。

（4）利用身体运动和一些器材进行的幼儿智力游戏，主要通过活动完成各项任务。

2. 根据幼儿智力游戏的目的进行划分

1）训练感官的智力游戏

训练感官的智力游戏主要是训练幼儿的感知觉，具体包括听觉、视觉、嗅觉、触觉和味觉等多个感官的训练。例如"请你猜猜我是谁"是以听觉为线索的智力游戏，伪装自己的声音既要求游戏者能够在心理上"自我中心"，也要求游戏者具有相应的"变音"技能。例如，找一找：找相同、摸一摸：摸形状、听一听：听声音、闻一闻：闻气味等，如图6-1-5和图6-1-6所示的游戏主要是训练幼儿的视觉。

图6-1-5　找找是谁的影子

图6-1-6　隐藏的五角星

案例1

发音的盒子

1.适用年龄：4~6岁

游戏准备：火柴盒或药瓶子、易拉罐4~8个，米、豆子、石子、火柴、沙子等细碎物品若干。

2.游戏方法

（1）在相同的盒子里，装上一些不同的东西，使其两两成对。请幼儿摇动盒子，根据发出声音的异同找出成对的盒子。

（2）在相同的盒子里装相同的物品，但数量要有区别。请幼儿根据声音排出所装物品多少的顺序。

（3）在相同的盒子中装相同的物品，数量不同且两两成对。请幼儿根据声音找出成对的盒子。

分析：这是一个训练幼儿觉的游戏，能够培养幼儿听觉的灵敏性。

2）发展注意力和记忆力的智力游戏

注意力游戏主要是训练幼儿注意的稳定性，扩大注意的范围，促进幼儿从无意注意向有意的发展，提高注意的分配和注意的转移能力。记忆力游戏是指对实物、图片、数字、词汇等内容识记后，进行再认与再现的过程。例如，找不同、记忆涂色、图形再现等。

设计思路："看""是谁打的电话"，如图6-1-7所示。这个游戏要求幼儿用眼睛来"接通"这些电话，即找出是谁打出的电话。游戏时，幼儿必须把注意力高度集中在对线的注视上，稍一分神，连线便中断了。因而能提高幼儿视觉注意的稳定性。

发展幼儿记忆力的游戏可以通过幼儿的即时记忆回忆出所给的实物、图形、词语等的游戏。例如，如图6-1-8所示是边长为5个单位的正方形，其中A图有些地方是黑色的。请在30 s内观察并记住图形的特征，然后遮住A图在B图中的相应位置涂上黑色，这就是一个即时记忆的再现游戏。

图6-1-7 是谁打的电话

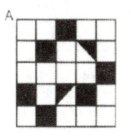 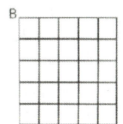

图6-1-8 记忆再现

3）发展想象力和创造力的智力游戏

发展想象力和创造力的智力游戏，包括想象再造游戏和想象创造游戏。想象再造游戏是在原有想象的基础上，进行再造想象的游戏活动。例如，添补游戏"它们缺了啥"，是将一些图形的某些部分隐去，要求幼儿根据自己已有的生活经验，利用再造想象将图形添补完整。想象创造游戏，是创造出新形象的游戏活动，游戏的特点是没有固定答案，鼓励幼儿进行思维的求异创新。

（1）猜谜游戏。

猜谜游戏是一项发展想象力和思维能力的传统游戏。猜谜语是猜谜游戏的主要形式。谜语一般都是些集趣味性、疑难性、知识性和文学性为一体的短谣、韵语或字句，对幼儿具有很大的吸引力。在游戏中，幼儿要善于通过谜面的暗示，展开想象、分析、推理和判断，才能找出隐藏着的这一事物或现象究竟是什么。

案例2

（1）年龄不大，胡子一把，喜吃青草，爱叫妈妈。

（2）一个白胡子老头，带了一袋黑豆，一面走，一面漏。

（3）长着两只角，翻穿大皮袄，吃的绿草草，拉的黑枣枣。

（4）身披一件大皮袄，山坡上面吃青草，为了别人穿得暖，甘心脱下自己毛。

分析：以上这四个谜语的谜底都是羊。这些谜语从不同的角度描述了羊的特征，既有知识，又有趣味，大大丰富了幼儿的想象。幼儿经过自己的努力揭开谜底，会产生一种满足感，从而激励他们更有兴致地观察、想象、思考。

（2）补缺游戏。

这种游戏是将一些图形的某些部分隐去，要求幼儿根据平时的感性经验，利用再造想象把图形的残缺部分补全，如图6-1-9中有一个重要的部分漏画了，请幼儿补上。

图 6-1-9　给蜻蜓画上身体

又如，给幼儿几幅空白五官的娃娃脸形，告诉他们这些分别是娃娃笑着、哭着和生气时的模样，请他们补全娃娃表情。然后看看谁画的娃娃表情最像。

（3）拼图游戏。

拼图游戏是一种智力性很强的结构游戏。虽然拼图玩具大多是一些简单无意义的几何形体，但在反复的想象和拼摆中，这些几何物便生出了灵气，在想象的指引下呈现出千姿百态的形象来。这无疑对启迪幼儿的思维，丰富他们的想象力，发挥创造力都大有裨益。

4）发展思维和操作能力的智力游戏

发展思维能力的智力游戏，主要是培养幼儿的概念理解能力，发展幼儿比较、分类、排序以及一定的逻辑判断和推理能力，如推理游戏、比较游戏、分类游戏、归类游戏、排序游戏等，如图6-1-10中的"该选哪一个"为"类比推理游戏"这类游戏主要训练幼儿初步的抽象概括和类比推理能力。游戏给出一组关系图和一组问题图，要求幼儿根据其关系在后面的选择项中选一个，与问题图配成一对。

图6-1-10 该选哪一个

幼儿时期是动作技能发展的最佳形成期。良好的教育训练，必能培养幼儿出色的操作能力。下面介绍的火柴棒游戏、一笔画游戏、图形剪拼和迷宫游戏，不仅能提高幼儿的手眼协调和操作能力，而且还能提高幼儿对敏锐的观察、注意、丰富的想象和推理判断等的综合运用能力。

（1）一笔画游戏。

这种游戏要求幼儿从图形中某一点起笔，然后笔不离纸连着画下来，而且任何一段线都不能重复，一笔画游戏的图形可以自己设计，如图6-1-11所示。

图6-1-11 一笔画游戏图形

知识链接

一笔画问题

一笔画其实是一个数学问题，是大数学家欧拉在1736年研究解决的。他的理论中有这样几条原理：图中有偶数条线相交的点均为"偶数点"，有奇数条线相交的各点叫"奇数点"。如果图中各交点都是偶数点，这种图形都能一笔画下来。而且不论从哪一点起笔都可以。图中交点有奇数点，如果出现一对（两个）奇数点，这种图形也能一笔画成，但是必须从某一奇数点起笔，在另一个奇数点收笔。如果奇数点并非仅有一对，这种图形就不能一笔画出来。

（2）火柴棒游戏（图6-1-12）。

这种游戏是用火柴棒拼成一定的图形，然后请幼儿根据要求增减、移动其中的几根，使之变成规定的图形。

图6-1-12（a）中有8根火柴排成了金鱼的样子。现在，要求幼儿移动3根火柴，让鱼儿转向相反的方向。图6-1-12（b）中是用8根火柴摆成的燕子。春天来了，天暖和了，燕子要从南方飞到北方去。小朋友们，谁能移动3根火柴，帮助燕子飞回北方去？

（a）　　　　　　　　　　　　　　（b）

图6-1-12　火柴棒游戏

（a）金鱼；（b）燕子

知识链接

中国是一个伟大的文明古国，它为世界数学的发展做出过巨大的贡献。中国古老的智力游戏和古典数学玩具，如九连环、七巧板、华容道、鲁班锁、四喜人等把数学和游戏玩具结合起来，对于提高玩具品位、开发思维智力具有独特的功能。西方有时将它们统称为"中国的难题"。这些难题涉及了数学中的几何学、拓扑学、图论、运筹学等多门学科。

在"洋玩具"充斥市场的今天，推广祖国传统智力玩具和游戏，意义尤为重要。作为珍贵的民族文化遗产，传统智力玩具经历了历史长河被人们传承下来的传统工艺，具有极强的生命力和影响力，在幼儿智力游戏中运用传统玩具既符合幼儿的年龄特点，也符合幼儿的心理特点和认知特点，是幼儿园具有代表性的教学资源。

作为幼儿园教师需要科学有效地运用传统智力玩具，开发智力玩具，让传统智力玩具成为培养幼儿各种能力和素养的重要方式，从而丰富幼儿教育的途径，使幼儿得到全面健康的发展。

学习支持二　组织与指导智力游戏

小 侦 探

全体幼儿自由地站立在或坐在场地上（图6-2-1）。教师先选出一名幼儿扮演侦探，观察大家的服饰后，暂时离开集体，再让一名幼儿脱下外衣随意地给另一位幼儿穿，再请侦探回来，继续观察大家的服饰后，说出谁的外衣不见了，谁穿的不是自己的外衣。这个游戏有助于锻炼幼儿哪些方面的能力？还有其他方法吗？

指导建议：游戏中除让幼儿互换外衣外，也可以调换鞋子，冬天可调换帽子、围巾、手套等用品。

点评：该游戏有助于发展幼儿的注意力、观察力与记忆力。

图6-2-1　小侦探

一、组织与指导智力游戏的原则

幼儿智力游戏对幼儿的发展来说，重要的不是具体的玩法，而是游戏过程中幼儿的认知能力和智力的发展。幼儿智力游戏的价值只有在教师正确的组织和指导下才能显现出来。因此，其更加强调幼儿教师在游戏中的角色作用，教师应当充当观察者、参与者、引导者来正确组织与指导幼儿的智力游戏，从而促进幼儿的发展。

 **案例1**

鞠躬和立正

全体幼儿在场地上自由站立，面向教师并遵照教师的口令做动作。教师站在场地中心，发出口令"鞠躬"或"立正"，幼儿的动作要与口令相符。未根据口令做动作或动作做错的幼儿立即退出游戏。坚持到最后者为胜，在下一轮游戏中代替教师喊口令。

指导建议：1. 可根据口令做相反动作。

2. 口令可进行不同的变化，并有执行性。

分析：该游戏有助于发展幼儿的注意力和反应能力。

1. 循序渐进的原则

幼儿的智力发展有一定的规律性，组织指导时应遵循其生长发展规律和知识本身的顺序性，根据幼儿的身心发展特点及智育任务选择合适的幼儿智力游戏类型，同时，还应考虑到自己班上幼儿的实际情况，对幼儿智力游戏进行一定的修改和重新设计，幼儿智力游戏的选择应遵循由易到难、由简单到复杂、由浅入深的原则，不能操之过急，否则会妨碍幼儿的智力发展。

2. 因材施教的原则

由于遗传、环境和教育等诸多因素的影响，幼儿的发展水平存在着不同的差异。幼儿都是有潜能的，教师应常常针对不同能力的幼儿进行不同层次的指导，不能用统一标准来要求幼儿。对有一定能力基础和对游戏有一定理解能力的幼儿，教师只需为他们创设学习的环境，他们就可以通过操作，自然而然地以自己的理解进行游戏。对有学习探索的愿望，但能力有限的幼儿，教师可以通过激发他们的兴趣，间接地指导，提高他们的理解能力、探究能力。对智力活动不感兴趣的幼儿，教师可以请能力强的幼儿带领其游戏或与其合作游戏，激发他们的好奇心、羡慕心态，让其他幼儿带动他们的积极性，体验成功的快乐。

3. 幼儿主体、教师主导的原则

每个幼儿智力游戏都有一定的教育任务，教师应事先教会幼儿游戏的相关玩法、规则和基本技能，在游戏中，随时指导和检查幼儿的游戏情况。教师可以以一个朋友的身份参与到活动中，尽量让幼儿自己探索、发现、思考。参与中的指导也是间接的，有时用语言，有时用行为，这样为教师的指导提供了较大的空间。例如，在了解小蝌蚪成长是先长后腿还是先长前腿的问题，幼儿的意见始终不能达成一致，他们让教师来评判，教师用了引导的方式问："你为什么觉得自己的意见是对的？"幼儿都提出了自己的理由。"有谁能证明自己的理由？"最后讨论的结果是买些小蝌蚪放在自然角，过了一段时间，答案自然就揭晓了，教师和幼儿一起做总结。

二、各年龄阶段幼儿智力游戏的特点与指导要点

1. 小班

1）小班智力游戏的特点

智力游戏应符合3~4岁幼儿身心发展的特点。游戏任务易于理解、完成；方法明确、具体；游戏规则一般只有一个；游戏的趣味性大于实际操作性；注重对幼儿参与意识的培养。

2）指导要点

首先，游戏所涉及的知识应与小班幼儿的接受能力相吻合。

其次，游戏的选择要突出规则简单、趣味性强、玩起来比较新奇等特点。

最后，在组织游戏之前，教师首先要熟悉智力游戏的目的、难点、重点、规则及游戏中的相关知识，这样有助于智力游戏的顺利展开。

小班幼儿的智力游戏多是利用玩具材料进行的。教师先要考虑的是选用什么样的玩具、教具，用什么样的方式来激发幼儿的游戏兴趣。游戏中的玩具和材料应该颜色鲜明，品种简单，形象生动。在游戏时，教师的讲解力求生动、简明和形象。讲解时间不要过长，过多的解释将会冲淡幼儿的注意力，使他们失去游戏的兴趣。有些游戏的讲解可与示范动作相结合，如在"百宝箱"游戏中，教师应先示范给幼儿看，边摸边讲解。同时，在游戏过程中，教师还需要提醒幼儿遵守规则。

2. 中班

1）中班智力游戏的特点

中班智力游戏应符合4~5岁幼儿身心发展特点，较小班游戏难度有所增加。注重趣味性及幼儿实际操作能力的培养；游戏方法复杂多样；游戏规则带有更多控制性，要求相对提高，注重幼儿任务意识、规则意识的形成。

2）指导要点

首先，游戏所涉及的知识应与中班幼儿的接受能力相吻合，过难、过易都不容易调动幼儿的兴趣。

其次，要善于激发幼儿参与游戏的积极性，使幼儿在智力游戏中产生愉快的情绪；引导幼儿保持游戏过程中思维的灵活性和敏捷性及面对困难的坚持性；培养幼儿在游戏过程中勤于动手动脑的好习惯。

中班幼儿仍然需要教师对智力游戏的玩法和规则进行讲解和示范。在游戏中，教师应注意检查他们对游戏玩法的掌握与执行规则的情况。对遵守规则的幼儿应给予鼓励，使幼儿明确只有严格遵守游戏规则，游戏才有趣味。要鼓励幼儿关心并努力争取好的游戏结果。一般说来，中班幼儿应能独立地玩熟悉的游戏，教师只需在必要时给予指导。

小羊请客

1. 游戏准备

小羊图片一张；不同数量动物的卡片（一只猫、两只狗等）；不同数量食物的卡片（一条鱼、两根骨头等）。

2. 游戏方法

（1）今天小羊请客，教师分别出示小动物卡片，请幼儿观察请了什么小动物，有几个？

（2）请幼儿说说小羊应该准备一些什么吃的来招待小动物？

（3）请幼儿根据小羊请的小动物数量分别在餐盘里放上相对应的、同等数量的食物如：一只小猫一条鱼，两只小狗两根肉骨头。

3. 指导建议

（1）每次请客的动物数量可不同。

（2）多次活动之后，可直接让幼儿摆放食物，然后检查食物的品种和数量是否提供正确。

> **分析**：该游戏能够让幼儿尝试初步的分类、排序，初步进行相应卡片的匹配并一一对应，以促进幼儿思维的敏捷性、灵活性的发展。

3. 大班

1）大班智力游戏的特点

大班智力游戏应符合5~6岁幼儿身心发展特点，游戏整体的综合性提高，创造性增强，知识性大于娱乐性；游戏任务较为复杂，有时，一则游戏中有多项任务；游戏方法灵活多样，幼儿可以在相互的协商中制定新的规则。

2）指导要点

大班幼儿智力游戏所涉及的知识应与大班幼儿的能力吻合，注重游戏本身的趣味性和吸引力、激起幼儿愿意参与的愿望，智力游戏要有一定的难度，让幼儿通过一系列的心智活动才能完成目标，在游戏过程中教师的引导应多于指导，以培养幼儿独立思考的能力。

大班幼儿对活动强度高的智力游戏（比如各种棋类游戏）更有兴趣，也喜欢参加带有竞赛性的智力游戏。教师一般只需用语言讲解游戏，求幼儿独立地进行游戏，严格遵守游戏规则，争取最好的游戏结果，并能对游戏的结果适当地进行评价。

学习支持三 观察与评价智力游戏

 情境导入

一次智力游戏"海陆空"中，教师让幼儿根据图片进行分类，但是活动中，教师发现幼儿似乎不感兴趣，一问才知道，原来因为教具不是真的，幼儿觉得玩起来没意思，假如你是老师，你该怎么办？

分析： 在智力游戏活动中，观察性指导尤为重要，幼儿在智力游戏中需要哪些帮助，有什么兴趣，需要补充什么知识，都要通过观察来实现。针对案例中出现的问题，教师可以鼓励幼儿收集、自带许多不同的飞机、交通工具、轮船等模型进行游戏，可以操作的具体的模型不仅能够调动幼儿的积极性，还能够按照性质和功能等不同维度进行分类。

一、幼儿智力游戏的观察

观察是一种有目的、有计划的、持久的知觉活动。通过认真、细致地观察幼儿的行为，教师能有效地把握幼儿的已有经验、了解幼儿的基本发展状况，如兴趣需要、认知水平、个性特点、能力差异等，并在此基础上设计出科学合理的活动，及时满足幼儿的需要，拓展幼儿的生活经验，更好地促进幼儿的发展。

1. 智力游戏的观察

首先，观察幼儿在游戏中的兴趣，适当调整难度，在智力游戏中，教师根据游戏的教育任务、不断地向幼儿提出新的课题，启发幼儿开动脑筋进行思考，寻求解决问题的方法。

其次，注意游戏中玩具和材料的投放位置和时机是否恰当。一定的玩具和材料是智力游戏必要的物质保障。教师应重视每个幼儿参加游戏或锻炼的机会，尽量设法使所有幼儿都有游戏材料。可以根据内容集体收集，不够用时轮流使用或共同游戏。教师要教会幼儿新教具的玩法，然后让幼儿自己玩。

再次，幼儿和教师利用废旧物品进行手工制作，让幼儿从家里带商品废旧包装或者零食中赠送的玩具，可以充分挖掘智力游戏材料，而且教师也可以利用废旧材料制作的游戏和玩教具。

最后，教师检查游戏的效果，进行恰当评价。

案例5

幼儿园中班的一名教师自制了跳跳棋游戏，如图6-3-1和图6-3-2所示。结合成人棋类游戏的元素，在考虑年龄特点上设计并组织了该活动。所谓的跳跳棋，并不是真正意义上的黑白棋，它是教师自己用纸壳做的道具，跳跳棋在每一步都会遇到困难，因此幼儿需要选择走哪条路，最后回到原点，是一种类似于迷宫的智力游戏活动。

图6-3-1　自制跳跳棋（1）　　图6-3-2　自制跳跳棋（2）

分析：这个案例中教师自制的玩教具和设计游戏在一定程度上具有创造性，能引起幼儿的兴趣，达到了玩与学的统一。

2. 不同年龄段幼儿智力游戏的观察要点

从幼儿的能力发展来看，各年龄阶段幼儿在智力游戏方面的表现是不同的。因此，在观察时也要各有重点。

1）小班幼儿智力游戏的观察要点

小班幼儿主要处于平行游戏阶段，幼儿之间的交流和合作较少，因此，社会性发展不是小班幼儿智力游戏观察的重点；小班幼儿满足于操纵、摆弄物品等活动，在操作摆弄中观察、记忆、学习、解决问题，因此，教师在观察小班幼儿智力游戏的重点在于，观察幼儿如何利用玩具，如何通过操作与摆弄物体创造性地解决问题等。

2）中班幼儿智力游戏的观察要点

中班幼儿的游戏水平有了极大提高，不断拓展游戏空间，他们不但爱玩，而且会玩。因此，我们可以从以下几方面对幼儿在进行智力游戏时观察。首先，观察幼儿能否自己选择和规定游戏的主题，寻找不同的玩法，以及他们的游戏能力和游戏积极性如何。其次，中班幼儿的游戏开始进入近似成人的世界，在游戏的观察上，要注意幼儿在游戏中表现的社会性水平，即游戏中幼儿的情况与生活中的实际情况的相似性，关注其在游戏中的表现。最后，智力游戏与其他游戏比较而言，其对智力发展的促进作用更为明显，观察智力游戏，要观察幼儿的思维状况，即他们对游戏工具和材料的选择和运用，遇到问题时的思考和解决办法等。

 案例6

　　幼儿的自制游戏棋终于完成了，看着自己设计的游戏棋，他们迫不及待地想与同伴对弈一番。童童的游戏棋是班里幼儿公认的最想玩的，因为童童的棋排版清晰，棋路完整，"奖励"和"惩罚"让人一目了然。于是我让童童尝试用自己的语言介绍棋盘的结构、内容、棋路、玩法、规则等，再让幼儿相互分享交流介绍自己制作的棋谱。

> **分析**：幼儿对自己自制的棋谱都特别珍惜，在游戏时，他们既兴奋又跃跃欲试。在商量好游戏规则后，幼儿纷纷投入游戏中。此时此刻，他们都是游戏的参与者，因为是自制的游戏棋，更有亲切感，不仅体验了成功的满足感，而且锻炼了幼儿动手动脑的探究能力。

3）大班幼儿智力游戏的观察要点

　　首先，观察大班幼儿的合作意识，他们是否会选择自己喜欢的玩伴，与小朋友一起开展合作性游戏。其次，观察幼儿是否明白公平的原则和需要服从集体约定的意见，能否向其他伙伴介绍、解释游戏规则。最后，观察大班幼儿在智力游戏中，分类、推理、判断等思维能力以及敏捷性、灵活性、独创性等思维品质的发展与表现如何。

二、幼儿智力游戏的评价

　　在开展智力游戏活动中，常常出现这样的倾向：重视智力游戏材料的投放及智力游戏结果的呈现，而对智力游戏过程的指导及智力游戏的整体评价形式单一，甚至评价不到位。而全方位的评价对智力游戏的开展有重要的指导作用，一次高质量的智力游戏评价，对于幼儿智力的发展起着重要作用，在幼儿智力游戏中，评价要随时随地进行。关于智力游戏的评价主要通过以下两个方面进行。

　　（1）对游戏能力的评价（如是否完成游戏任务，是否遵守游戏规则，运用游戏策略的情况等）；可以针对智力游戏中存在的问题进行评价，如在智力游戏中经常出现幼儿就某些智力游戏的图片、玩具、材料等的使用发生纠纷从而引发幼儿讨论，就问题的争端、解决办法、幼儿的反馈进行评价。

（2）幼儿非智力因素的评价（比如幼儿的认知参与程度和情感体验等）。就幼儿的自主性和创造性进行评价，如幼儿在类比推理、逻辑推理及牌类、棋类游戏中时当出现"忘我状态"，按自己的意识进行游戏，这时教师如何评价幼儿？如果时机掌握不好，评价就成了干扰，而且容易使幼儿养成不善于倾听的习惯，破坏幼儿继续探究的欲望。

教师可以就幼儿出现难以解决的问题、各类智力小游戏进行过程中出现的问题及时发现情况并召集幼儿到现场，组织讨论、分析原因、进行评议，寻找解决问题方法的现场评价法。评价场所不限于固定地方。

总之，教师对幼儿智力游戏的评价要全面、具体，要让幼儿参与评价的全过程，自主评价和他人评价、评价他人相结合，注意规则的遵守和总结好的方法。

提炼概括

观看幼儿园智力游戏实录，填写幼儿园智力游戏观察记录表（表6-3-1）。

表6-3-1　幼儿园智力游戏观察记录表

游戏名称＿＿＿＿＿＿＿＿　　班级＿＿＿＿＿＿＿＿　　指导教师＿＿＿＿＿＿＿＿

观察者＿＿＿＿＿＿＿＿　　观察日期＿＿＿＿＿＿＿　　观察时间＿＿＿＿＿＿＿＿

观察线索提示		观察记录内容
幼儿表现	主体的确定	
	材料的运用	
	游戏技能	
	新颖性与创造性	
	游戏常规的执行	
	社会参与水平，与伙伴合作和交往行为	
	游戏持续时间	
	独立自主性（自定主题，自选伙伴，主动交流，协调关系等）	
教师指导	游戏材料的提供，游戏后材料的收拾整理	
	教师的指导或影响导向	
游戏评析		

知识链接

作为一名专业的幼儿园教师，具备敏锐准确的观察力是一项必备的基本功。我国现代学前教育之父陈鹤琴通过对其子一鸣长达808天的连续观察，写下了传世名作《幼儿心理学研究》，观察是了解幼儿的前提，我们的职业对象是一个个存在个体差异的幼儿，观察不是所谓的"看幼儿游戏的热闹"，而是要看"幼儿游戏行为背后的门道"，所以作为幼儿教师，要了解观察幼儿游戏的重要性，树立观察、评价、指导幼儿游戏的正确观念，提升自身的职业素养。

项目实训

七巧板的制作与游戏指导技能

一、活动目的

（1）培养学生的想象力和动手操作能力。

（2）培养学生对幼儿的七巧板游戏进行指导的能力。

二、活动要求

（1）以边长为8cm的规格，按规范的方法，制作一套七巧板。

（2）用自制的七巧板摆出各种图形，分别标出逐步提示的关键线。

三、活动内容

1. 七巧板的分图法

七巧板的原型是正方形。作图的辅助线是由连接各边的等分点形成的，如图6-3-3所示，七块散块中共有五块三角形：两块大，一块中，两块小，还有一块正方形和一块平行四边形。

图6-3-3 七巧板分图

2. 七巧板的玩法

（1）根据已有的拼排图谱照样拼摆，适合小班幼儿。

（2）根据已有的图形轮廓寻求拼摆方法，适合大班幼儿。

（3）根据游戏者的自我想象模拟客观事物的形态，拼摆出各种图案。对创造性的要求较高。

3. 七巧板游戏的规则

（1）拼摆任何图形都必须把七块组件全部用上。

（2）各组件拼摆时不能重叠放置。

（3）七巧板的拼图技巧。

① 先确定出两个大三角形的位置。

② 熟悉梯形的几种组合。

4. 幼儿七巧板游戏的指导方法

（1）根据幼儿的智力发展情况选择难易不同的图形。

（2）对所拼图进行提示和针对性指导。

① 关键线逐步提示法，即逐步提示关键线以帮助幼儿确定大三角的位置，如图6-3-4所示。

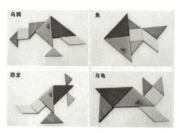   

图6-3-4　七巧板拼图规则和技巧

② 面向对象提示法，即根据幼儿的具体情况进行针对性的提示和指导，如选择难度适宜的图案，做成等大的轮廓提示图卡，给幼儿以最适宜的拼图难度。

（3）通过拼故事比赛等形式增加拼图的趣味性，如图6-3-5和图6-3-6所示。

图6-3-5　守株待兔

图6-3-6　曹冲称象

四、活动作业

利用自制七巧板进行组合拼图。

项目巩固

一、选择题

（1）幼儿园的"走迷宫"游戏属于（　　　）。

　A．结构游戏　　B．表演游戏　　C．角色游戏　　D．智力游戏

（2）智力游戏对于幼儿（　　　）是一种十分有效的手段。

　A．发展智力　　B．大肌肉发展　　C．平衡能力　　D．身体发展

（3）（　　　）游戏可以发展幼儿的注意力，提高注意的分配和转移的能力。

　A．补缺游戏　　B．找不同游戏　　C．猜谜游戏　　D．触摸游戏

（4）（　　　）游戏是一项发展想象力和思维能力的传统游戏。

　A．听觉游戏　　B．猜谜游戏　　C．角色游戏　　D．记忆游戏

（5）（　　　）游戏是将一些图形的某些部分隐去，要求幼儿根据平时的感性经验，利用再造想象把图形的残缺部分补全。

　A．拼图游戏　　B．补缺游戏　　C．角色游戏　　D．空间想象游戏

二、填空题

（1）＿＿＿＿＿＿＿是根据一定的智育任务设计的，一智力活动为基础的一种有规则的游戏。

（2）智力游戏由游戏目的、构思、＿＿＿＿＿＿＿＿和结果各部分组成。

（3）观察游戏一般以"寻找""发现""＿＿＿＿＿＿"等为主要玩法。

（4）听觉游戏有两方面的训练任务，一是＿＿＿＿＿＿，二是判定声源、声向。

（5）触摸造型游戏的重点是分辨各种造型的特征，发展幼儿的＿＿＿＿＿＿＿＿。

三、案例分析

智力游戏操作"七巧板"活动接近尾声时，李老师请一名幼儿在全班幼儿面前讲述自己的操作过程和结果，提醒其他幼儿暂时停止操作并注意聆听。但李老师的提示似乎不起作用，有的幼儿趁教师不注意继续操作自己的材料；有的幼儿在向同组小伙伴展示自己的作品，津津有味地介绍；还有的幼儿已经收拾好材料准备结束活动出去玩。此时，在讲台讲述的幼儿觉得很没有成就感，声音越来越小，李老师也觉得自己没有管理好幼儿。

（1）为什么李老师的提示不起作用？

（2）李老师该怎样做才能引起幼儿的注意？

项目七

幼儿精力的散发处

——体育游戏

《幼儿园教育指导纲要（试行）》中明确指出"幼儿园必须把保护幼儿的生命和促进幼儿的健康放在工作的首位"。幼儿园要"开展丰富多彩的户外游戏和体育活动，培养幼儿参加体育活动的兴趣和习惯，增强体质，提高对环境适应的能力"。因此组织幼儿进行户外体育活动是幼儿园一日生活的重要环节之一。体育游戏除了锻炼之外，还兼具趣味性和竞技性。因此，体育游戏比一般体育活动更能全面发展幼儿的身心，也更能带动幼儿对体育活动的兴趣，使幼儿在愉悦的游戏氛围中获得全方位的健康体验。

本项目在帮助学生理解体育游戏的概念、特点，了解体育游戏的分类和把握体育游戏的结构的基础上，探究体育游戏的指导策略。意在通过教、学、做、研等教学方式引导学生全面深入地了解幼儿体育游戏，并掌握组织体育游戏的技能与策略。

思维导图

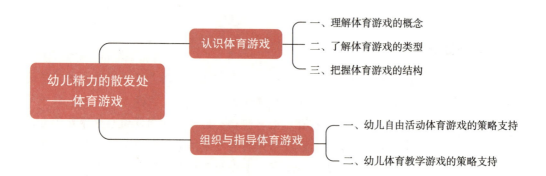

学习目标

（1）认识并理解体育游戏的概念和分类。

（2）掌握幼儿体育游戏的指导要点。

能够根据幼儿的教育需要和身心发展特点，尝试组织和指导幼儿体育游戏。

（1）拥有扎实的教育教学基本功，有积极的创新开拓意识。

（2）具备敏锐的观察能力和全面的组织协调能力。

学习支持一　认识体育游戏

情境导入

　　在户外活动时间，某幼儿园的大班幼儿来到操场选择自己喜爱的游戏材料专注地探索起来。不一会儿，林老师看到幼儿果果和甜甜分别把自己玩的滚筒和平衡板放在了一起（滚筒在下，平衡板搭在滚筒上方），两位小朋友先是站在平衡板的两边，以滚筒为支点，用手压动平衡板，你上我下、我下你上地玩了起来，像是在玩跷跷板游戏。玩了一会儿，果果提议，坐在平衡板上玩"跷跷板"，两人一拍即合，跃跃欲试。但跷跷板游戏好像出了点问题：当一个人坐上一端后，另外一端的平衡板就被翘得高高的，幼儿根本没办法坐上去，果果和甜甜试了好多次也没能成功，这时两个孩子渐渐失去了耐心……如果你是幼儿园的林老师，你会怎么做？果果和甜甜在玩的是什么游戏？这类游戏有什么特点吗？

一、理解体育游戏的概念

1. 体育游戏的定义

体育游戏，又称运动游戏，是以走、跑、跳、平衡、钻爬、攀登、投掷等身体基本动作为主要内容，以不同的角色、丰富的情节和固定的规则为展开形式，以培养幼儿体育活动兴趣、增强幼儿身体素质、帮助幼儿愉悦身心为主要目的的体育锻炼活动。

2. 体育游戏的特征

体育游戏，既可以归类为游戏，也可以从属于体育活动。在双重活动形式的影响下，有着不同于其他游戏的典型特征。

1）身心双重愉悦性

体育游戏是游戏的重要组成部分，游戏本身是一种非功利性的、可自由选择的、非真实性的、使人身心愉快的活动。那么体育游戏也相应地具备这样的特征。体育游戏不同于竞技性体育活动，参与体育游戏最终的目的是满足游戏者的身心发展需要，在精神和身体上获得愉悦与享受，并非获取物质上的利益。

为了吸引幼儿的参与，体育游戏往往是在特定的场景、有趣的情节下开展的，在体育游戏中幼儿被赋予某种身份，在角色的驱动下幼儿更能够直观形象地沉浸在游戏中，体验游戏的乐趣。同时，为了照顾个体差异，提升幼儿的游戏幸福感，幼儿教师一般会在体育游戏中设置难度不同的关卡，供幼儿根据自己的能力选择。当然，教师也会鼓励幼儿挑战自我。体育游戏环节的层次性和挑战性让幼儿在游戏中自信的玩、自在的玩，也在"玩"中提升了内心的满足感。

案例1

游戏名称：大班体育游戏《过桥》

1. 游戏情节设置

教师采用情境教学法：亲爱的小动物们，秋天是丰收的季节，河对岸成片的果子成熟了，让我们一起走过独木桥，摘一些好吃的果子，为过冬做好准备吧！

2. 游戏场地的布局安排

教师设置三组不同难度的游戏挑战：第一组摆放高矮不一的平衡木；第二组摆放坡度不同的平衡木；第三组先摆放高矮不一的平衡木，再在中间放置有一定间隔的梅花桩，最后摆上坡度不同的平衡木。

分析：案例中将平衡木想象成独木桥，把过平衡木障碍变成小动物们去河对岸摘果子，以此弱化"挑战平衡木"的直接目的性，转而以幼儿能够接受的、有趣的方式开展体育游戏，充分体现了身心双重愉悦性。

2）身体发展适宜性

体育游戏以发展幼儿身体基本动作为主要内容，幼儿在游戏中以规范的运动姿势和动作要领完成走、跑、跳、平衡、钻爬、攀登、投掷等基本动作，符合《3~6岁儿童学习与发展指南》提出的教育建议："利用多种活动发展身体平衡和协调能力，开展丰富多样、适合幼儿年龄特点的各种身体活动。"既符合幼儿在游戏中获取直接经验的学习特点，激发了幼儿参与体育活动的兴趣，又帮助幼儿掌握了各项身体基本动作的技能技巧，促进了幼儿以体能为主的身体各方面的协调发展。

彩虹伞

体育游戏将基本动作技能的锻炼寓于趣味性很强的活动之中，幼儿在游戏中完成走、跑、追捉、躲避、跳跃、投掷、滚、爬、吊、拉、推、平衡等基本动作。对于幼儿来说，游戏活动本身就是一种有效的基本动作教育。因而体育游戏对于激发幼儿的体育活动兴趣，促进其以体能为主的各方面的发展具有独特的作用。

案例2

游戏名称：中班体育游戏《有趣的大绳》

游戏目标

（1）知识目标：掌握仰面握绳爬和助跑跨跳的基本动作要领。

（2）能力目标：能够综合运用爬、跳、跑等基本动作突破游戏挑战。

（3）情感目标：体验充分发挥个人身体能力的快乐。

从上述游戏目标中可以看出，开展体育游戏《有趣的大绳》是帮助中班幼儿掌握仰面握绳爬和助跑跨跳的基本动作要领而开展的游戏，充分考虑了中班幼儿基本动作的发展特点，和对中班幼儿在身体素质方面的培养要求。

分析：《3~6岁儿童学习与发展指南》，要求中班幼儿在爬、跑、跳的身体发展基本动作上要掌握仰面握绳爬和助跑跨跳，这符合中班幼儿的身体发展要求。

二、了解体育游戏的类型

1. 按照体育游戏的组织形式分类

1）自主活动游戏

自主活动游戏是指以幼儿为主体的具有高度自主性的，由幼儿自主决定游戏形式、自主选择体育游戏材料、自由组合游戏伙伴的体育游戏形式。自主活动游戏通常在幼儿园一日生活活动中的"户外游戏活动"时间进行，通常安排在早上刚入园或者下午吃完点心后。在这个时间段幼儿有大概1小时的自主活动游戏时间，在此期间幼儿可以充分享受自由支配的时光，完全按照自己的意愿选择游戏形式，或追逐跑或玩滑滑梯等。

自主活动游戏赋予幼儿充分的自由选择的空间，有利于幼儿根据自己的身体体能状况、个人活动兴趣选择适合自己的体育游戏活动形式。没有教师对于游戏活动形式、游戏规则的控制，更有利于幼儿发挥创造力和想象力，开拓更多更有趣的游戏玩法。

2）体育教学游戏

体育教学游戏是指以教师为主体的带有预设性质的，为实现教学活动目标而组织的教学性游戏活动。这里的体育游戏只是教学活动展开环节的一部分，通常是在幼儿已经掌握了某个基本动作要领后，为了巩固新知、达成某个基本动作要求而设置的游戏活动。

体育教学游戏可控性高、教育性强，教师可以从宏观的角度，对整个年龄班幼儿身体的基本动作情况进行全面干预，以科学的标准为幼儿制定符合年龄特征的活动目标，又以幼儿的学习方式和特点，以游戏的形式最大限度地支持和满足幼儿通过直接感知、实际操作和亲身体验获取经验的需要，帮助幼儿科学、全面、快乐地成长。

2. 按照体育游戏的主要内容分类

体育游戏中的基本动作练习，基本上都是几个基本动作同时出现在同一游戏中的，例如，为发展幼儿的平衡能力，教师组织幼儿以平衡木为游戏材料，为幼儿创设"小马过河"的游戏情境，请幼儿通过小桥（这里的小桥指的是平衡木）。那么幼儿为了过桥，就要运用走的基本动作，若提高难度，可能是请幼儿加速跑过桥面甚至单脚跳过桥，那么这个"小马过河"的游戏就把走、跑、跳的基本动作融入其中。

接下来，我们以体育游戏的主要内容形式为分类依据，了解一下如何利用基本动作练习开展体育游戏。

1）走步游戏

走步游戏以走步为主要游戏开展形式，目的是锻炼幼儿的行走能力。幼儿教师结合不同年龄班对走的要求，为幼儿创设一定游戏情境或设置一

走步游戏案例

些游戏障碍，请幼儿完成沿直线走、沿曲线走、按（变）方向走、变速走或距离走等，以锻炼幼儿的腿部肌肉及灵活反应能力。纯粹的走步游戏多在小班进行，到了中、大班，走的活动会穿插到其他体育游戏中，转化为锻炼幼儿几个身体动作的复合型体育游戏。

2）跑步游戏

跑步游戏以跑步为主要游戏开展形式，目的是锻炼幼儿的动作灵敏性，提高幼儿的心肺功能。幼儿教师结合不同年龄班对跑的要求，为幼儿创设一定游戏情境或设置一些游戏障碍，请幼儿完成变速跑、追逐跑、接力跑、大步跑等。长时间在室内的压抑环境下，使幼儿对户外活动有着热烈的追求。在室内，由于场地有限、物品较多，为保证幼儿的生命安全，

跑步游戏案例

教师一般会限制幼儿在教室内奔跑，而到了室外，场地宽阔、空气新鲜，幼儿沐浴在阳光下可以尽情地释放自我，无拘无束地奔跑。而为了增加跑步的乐趣，在幼儿自由活动时，他们会主动开展"你追我跑"的游戏；在教师的体育教学活动中，教师会为幼儿创设游戏情境、增添游戏材料。例如，传统民间游戏"老鹰捉小鸡""贴烧饼""丢手绢"等。

3）跳跃游戏

跳跃游戏以跳跃动作作为主要游戏开展形式，目的是锻炼幼儿跳跃的能力，提高幼儿的弹跳力，强壮幼儿的腿部肌肉和骨骼。幼儿教师结合不同年龄班对跳的要求，为幼儿创设一定游戏情境或设置一些游戏障碍，请幼儿完成双脚跳、单脚跳、助跑跨跳、跳远等动作。传统的跳跃游戏有"跳房子""跳皮筋""跳竹竿""跳绳"等。小班多以开展模

跳跃游戏案例

中班跳跃游戏
《跳房子》

仿小兔、青蛙等动物行进的方式开展跳跃游戏，以实现小班幼儿学会双脚向前跳、双脚向上跳的体育活动目标。对于中大班幼儿，应逐渐提高跳跃难度，增加跳跃动作的技术性。例如，双脚同时跳过一定宽度的障碍物，双脚并拢在高度不同的木桩上跳上跳下，运用单脚跳、双脚跳及跨跳等方式跳格子等。

4）投掷游戏

投掷游戏以投、掷、抛等动作作为主要游戏开展形式，目的是锻炼幼儿投掷的能力，加强幼儿的上肢、腰部、腹部等肌肉力量，使幼儿的上肢关节、韧带得到锻炼。幼儿教师结合不同年龄班对投掷的要求，为幼儿创设一定游戏情境或设置一些游戏障碍，请幼儿完成投物、抛球、投远、投准等动作。竞技性是投掷游戏的一大特点，通常在大班的投掷游戏中幼儿之间会比较谁投得远、投得准。而在同伴的相互较量中激发了幼儿想要参与投掷游戏的愿望，更激起了幼儿的胜负欲。

案例3

大班投掷游戏的反思

在进行自由户外活动时，林老师偶然发现班里的孩子们对投掷游戏很感兴趣，几个孩子手里攥着雪比谁扔得远，但玩了一会儿，就以其中的两个小朋友投不远而失望地结束了。为了实现大班幼儿肩上挥臂投远的身体运动发展目标，教师组织幼儿围绕"我们投什么？""为什么投不远？"展开讨论，幼儿得出结论：要想投得远，投掷物不能太重也不能太轻，太重了不好托举，而太轻了投出去的惯性小，距离近。另外，投掷有投掷的动作要领，投掷的姿势正确，才能投得远。结合这两点，幼儿决定选取大小、重量合适的沙包作为投掷物，并结合正确的投掷要领：两脚前后开立—手托投掷物，放置于肩上—重心往后、后脚蹬地—转体、挥臂、甩腕，用力将投掷物投出。

在解决了有关投远、用什么投的问题后，林老师创设游戏情境、准备游戏材料、布置游戏场地，向幼儿交代游戏规则，充分做好了游戏前的准备工作，使得投掷游戏得以顺利进行。

> **分析**：从上述案例中我们得出以下结论：教师要善于观察幼儿，抓住幼儿的兴趣点，做幼儿的支架帮助幼儿解决问题。而以师生共同探讨的方式学习新知、掌握方法，充分保留了幼儿学习的自主性，更有利于幼儿学习经验的获得。

5）钻爬游戏

钻爬游戏以钻、爬动作作为主要游戏开展形式，目的是促进幼儿四肢和躯干部位的主要大肌肉群的均衡发育。通过钻爬游戏，能够促进幼儿的手臂和腿部肌肉力量、背肌力以及腹肌力量的发展，提高幼儿动作的灵敏性、柔韧性、平衡能力和协调能力；同时，还能够培养幼儿勇敢、坚强的意志品质。幼儿教师结合不同年龄班对钻爬的要求，为幼儿创设一定游戏情境或设置一些游戏障碍，请幼儿完成钻过较低障碍、手脚着地爬、钻爬等动作。

钻爬游戏案例

6）平衡游戏

平衡游戏以平衡走动作作为主要游戏开展形式，目的是锻炼幼儿的平衡能力，促进小脑的健康发育，增强幼儿身体的协调能力和应变能力。提高幼儿全身大肌肉活动的力量。幼儿教师结合不同年龄班对平衡的要求，为幼儿创设一定游戏情境或设置一些游戏障碍，请幼儿完成沿直线走、走平衡木、在斜坡上走等动作。

案例4

> 游戏名称：大班幼儿平衡游戏《一传到底》，如图 7-1-1 所示。
>
> 游戏准备：
>
> （1）物质准备：30 cm 小直径塑料圆圈。
>
> （2）空间准备：多名幼儿手牵手沿直线呈横排站立。
>
> 游戏玩法：横排首名幼儿将塑料圆圈套在脚脖上，并以此将脚脖上的塑料圆圈传递给旁边的幼儿，期间不能用手摆弄塑料圆圈，直到成功传递给最后一名幼儿。可两队或三队同时进行比拼，看哪一组传递的最快。
>
> > **分析**：单足站立是大班幼儿平衡能力的发展要求。《一传到底》游戏除了能够加强幼儿身体平衡能力与肢体灵活性外，还增强了幼儿的团队意识与相互协作能力。
>
>
>
> 图 7-1-1　大班幼儿平衡游戏

三、把握体育游戏的结构

体育游戏的结构包括游戏动作、活动方式、游戏规则、游戏情节、活动条件等成分，这些结构成分都以一定的方式相互联系和相互影响，都按照一定的规律变化。

1. 体育游戏动作

体育游戏的动作是身体训练的主要手段，它是决定游戏性质和功能的主要成分。幼儿体育游戏的动作主要有五类，分别是：发展基础运动能力的动作，包括走、跑、跳、投掷、钻爬等基本动作和提高身体素质的动作；简单的运动动作，如球类、体操等运动项目的基本动作；体育动作本身所特有的动作，如夹包、踢毽、跳皮筋等游戏中的动作；模拟动作和简单的舞蹈动作；生活动作，如穿衣、背物等动作。

2. 体育游戏活动方式

活动方式是指游戏的组织活动和练习方法。它是实现游戏教育任务的途径，也是体育游戏的主要结构成分之一。

1）组织活动

体育游戏的组织活动包括游戏队形、分队和分配角色、起动和结束活动。游戏队形是游戏者在游戏时形成的队形，如站成一个圆圈。它是根据游戏动作、练习方法、角色分配活动、游戏人数、场地、器械条件、指导工作需要等因素设定的。分组、分队和分配角色由分配人、决定分配人的方法和分配角色（或游戏人）的方式等因素构成。起动活动由发出信号人、起动信号、接收信号人等成分构成。其中起动信号可以是视觉信号、听觉信号、触觉信号、综合信号，也可以是语言文字信号等。结束活动则由结束信号和游戏人结束活动构成。

2）练习方法

游戏练习方法由重复做规定动作的活动和有一定教育目的的附加措施构成，是决定游戏效果的重要因素。幼儿体育游戏中常用的练习方法有模拟法、竞赛法、条件练习法、综合练习法等。在练习的顺序上可采用同时练习或相继练习（包括依次和随机两种）。

3. 游戏情节

体育游戏的情节与角色游戏和表演游戏的情节不同。在角色游戏和表演游戏中，情节是根据游戏主题构思的，是表现游戏主题不可缺少的成分；而体育游戏的情节一般是从调动游戏者的活动积极性和开展教育出发，根据游戏的动作和活动方式的特点而构思的，在游戏中起着增加游戏趣味性的作用，如图7-1-2所示。

图7-1-2 幼儿正在进行小兔跳

体育游戏的情节构思主要以游戏动作和活动方式的特点为依据，是体育游戏结构中较活跃的组成部分。同一个游戏可以采用多种情节，由某一动作或活动方式所构成的游戏也可以采用多种情节。

4. 游戏规则

游戏规则是指开展游戏的方式方法。它是使游戏能顺利进行的必要保障，也是评定游戏胜负的重要依据。

大班游戏《串珠成链》

5. 活动条件

活动条件是指体育游戏赖以进行的物质条件，包括玩具、场地、器械等。玩具在体育游戏中具有双重性质，它既是物质条件，也是动作对象。游戏场地是游戏活动的必要条件，它对锻炼身体的效果、动作性质和活动方式都有直接影响。

小班游戏《面对面捡球》

学习支持二　组织与指导体育游戏

幼儿园大班的幼儿正在进行一场激烈的足球比赛，正在比赛焦灼之际，幼儿洋洋为了尽快进球，用手将球投入球门，这引起了对方球员的不满，有人认为踢足球不可以用手，只能用脚，有人却觉得用手、用脚都可以，如果你是这个班的幼儿教师，你会怎么做？

一、幼儿自由活动体育游戏的策略支持

幼儿正处在生长发育的时期，他们的机体对外界环境的适应能力不强，身体各器官各系统发育尚未成熟完善，容易因各种自然因素的变化而影响健康。因此适合于幼儿生理特点的户外体育活动，可以提高幼儿身体的适应能力，抗病能力，增强幼儿体质，促进身体健康发展。一般日托幼儿园要保证每天有两个小时的户外活动时间，同时在户外体育活动时间里也有专供幼儿自主游戏的时间，幼儿自主游戏时，教师的观察和指导同样也是必不可少的。

1. 提供丰富、安全的体育活动材料

滑梯、摇椅、荡船、跷跷板、吊桥等都是幼儿喜爱的大型体育活动材料。教师应注意经常检查这些体育活动材料的安全性，避免发生安全事故。除这些固定器械外，教师还应投放一些小型、但具有挑战性的体育运动器械，如平衡木、套环、沙包等，这些体育活动材料应根据幼儿现有的运动能力来选择，使幼儿在操作材料时既能收获成功驾驭的喜悦又有直面挑战的勇气。

针对幼儿的游戏需求，教师可以制作一些简单又安全的手头玩具以满足幼儿的游戏需要。也可以让幼儿参与进来，共同制作体育运动材料，以增加幼儿对操作体育运动材料的兴趣。

幼儿们从家里带来的大小各异的易拉罐，结实又好看，有的幼儿想到用它们做梅花桩，有的幼儿尝试把它们变成高跷，有的幼儿认为可以把它们改造成"手提滚轮"，如图7-2-1所示。还有的幼儿提出，直接用他们进行趣味接力赛跑道上的障碍物……

分析：教师支持幼儿的创意，帮助他们实现愿望，幼儿游戏的兴致就会更高。这样既增强了游戏的趣味性，又满足了不同幼儿园游戏的需要，还锻炼了幼儿的想象力和动手能力。

图 7-2-1　幼儿正在操作自己亲手制作的"手提滚轮"

另外，教师还需要注意，材料的投放应具有层次性，以满足不同能力幼儿的需求。例如，在投掷区的投篮活动中，篮筐应设置为高低、大小不同的规格，呈现出不同的难易层次。在平衡区搭桥过河游戏中，可以为幼儿提供高低、宽窄及坡度不同的搭桥材料，请幼儿根据自己的喜好与能力水平，自主选择材料搭桥。多样的层次材料，为能力稍弱的幼儿有了体验成功的机会，增强了自信心，而对能力较强的幼儿来讲，他们获得了挑战自我的机会，维持了对体育游戏活动的兴趣，并在原有体能的基础上得以进一步发展。

2. 帮助幼儿建立规则意识，鼓励幼儿自主建构规则

规则是游戏顺利进行的保证，自主活动体育游戏也需要有规则，教师不应对幼儿的自主活动游戏作过多的限制，但要帮助幼儿树立规则意识，并在游戏中自觉遵守规则。

大班游戏《我做你学》　小班游戏《掷骰子》

 案例6

　　幼儿在大型组合运动器械区开展体育游戏活动前，教师应首先强调游戏规则。以滑滑梯游戏为例，第一，若多人玩滑滑梯，一方面应按秩序轮流进行，待上一位幼儿滑下后，下一位幼儿再准备滑下，避免发生肢体碰撞；另一方面当幼儿自己从滑梯上滑下后，也应当立即起身离开滑梯，为后面的幼儿腾出空位。第二，幼儿在滑滑梯时，应将腿平放在滑滑梯上，双脚自然放松，上半身保持竖直，教师一定提醒幼儿不要头朝下滑或者肚子朝下横着滑下来。第三，幼儿在上滑梯时，应从既定的楼梯一步一步走上台阶，同时手扶栏杆，直至到达滑梯顶部。注意不要从滑梯底部倒爬上去。

　　分析：游戏规则的建立是幼儿安全开展体育游戏的前提，教师一定注重游戏规则的强调，避免幼儿发生意外。

大多数幼儿在游戏中都非常投入，这时他们往往会把握不住游戏的分寸，行追逐游戏时常常容易出现动作过大，不小心弄伤个别幼儿的问题。这时，教师应鼓励幼儿在游戏中自己建构规则，在不影响幼儿自主游戏的前提下，选择恰当的时机以游戏参与者的身份介入幼儿的活动，适时提出问题，激活幼儿的思维，促使幼儿自己去分析和解决问题，提高自我决策的能力和解决问题的能力。

案例《夺宝奇兵》

3. 观察幼儿体育游戏，适时介入指导

观察体育游戏的目的是了解幼儿的运动能力以及幼儿在游戏中遇到的问题。在观察中，教师应明确哪些是幼儿共有的问题，哪些是个别问题。在观察的基础上，体现幼儿主体性的前提下，提供适时的帮助和指导。

教师介入指导应把握适当的时机。如幼儿不玩体育游戏材料四处观望，这可能是幼儿没有找到玩伴，或是没有玩到自己感兴趣的游戏材料，这时候教师要及时介入，给予指导。再如幼儿游戏时不专注且在各个游戏中频繁转换或幼儿在游戏中遇到困难时，教师也要及时介入，进行指导。

二、幼儿体育教学游戏的策略支持

体育教学游戏的组织指导工作包括游戏的选择、游戏前的准备、游戏的组织和教学、游戏中的指导以及游戏结束后的总结五个环节。

1. 游戏的选择

游戏的选择要注意循序渐进，坚持由浅入深、由易到难、由简到繁的原则。幼儿年龄越小，选择的体育游戏的内容、动作、规则应越简单，游戏时间越短，运动量越小。随着幼儿年龄的增长，选择的内容、动作、规则应逐渐复杂，游戏时间也随之增加，运动量相应增大。一个游戏往往有好几种不同的进行方法，有的比较容易，有的比较难。选用时应根据幼儿的实际水平，先选用一些易学易做的和运动量小的简单玩法，再选用较难做的、运动量较大、较复杂的玩法。安排体育游戏时，前一个游戏应是后一个游戏的基础，后一个游戏又是前一个游戏的发展和提高，他们之间应有联系。坚持循序渐进的原则，才能收到良好的教育效果。

选择体育游戏应重视幼儿身体的全面发展。因为体育游戏的内容不同，动作不同，每个游戏所起的作用也不一样。幼儿正处在身心迅速生长发育的阶段，全面地进行锻炼，能使幼儿身体各个器官和系统的机能及活动能力得到均衡发展。人体是一个有机统一的整体，任何部位的落后，都会影响其他部位的发展，影响人体机能水平的提高。而任何局部器官功能的改善和提高，又必然促进其他器官功能的发展。因此，选择时一定要注意安排不同效果的游戏，使幼儿的身体得到全面锻炼。

选择和安排体育游戏时，还要注意将新授内容和复习内容进行交替。冬季体育游戏可选择运动量较大的，而夏季则应选择活动量小的。在一个时间段和一天的活动中，均应有不同的活动量和活动内容，以保证幼儿劳逸结合，全面发展。

2. 游戏前的准备

游戏前，教师要在了解全班幼儿体质、能力、性格、品德等情况的基础上熟悉游戏的内容，领会游戏的教育作用，掌握游戏动作，明确游戏规则，考虑怎样组织和教会幼儿游戏，提出什么要求，注意哪些问题等。

1）经验准备

经验准备是指和本次体育教学游戏相关的幼儿已有经验的准备。教师需提前了解幼儿的身体发展水平，为幼儿后续开展体育教学游戏安排适宜的活动内容。

2）物质准备

教师在游戏前应准备好所需的教具、体育运动器械或玩具等，并检查体育运动器械是否清洁、牢固，数量是否充足，以及场地是否平整、干净。为了有效地激发幼儿的兴趣、吸引他们的注意，保证游戏效果，可以做一些相关头饰或其他标志，戴在他们的头上或披在肩上，还可以让幼儿参与游戏道具的制作。此外，教师还应注意查看一下幼儿的服装是否合乎进行体育游戏的要求，如衣服不要过长，腰带不宜过紧，鞋带是否系好，身上是否带有不安全物品等。

3）空间准备

这里的空间准备多指体育教学游戏场地的布局安排，即体育游戏材料的摆放位置、场地的选择等。

4）导入准备

在游戏开始前，教师可提前告知幼儿要玩一种什么游戏，使他们在思想上有所准备。此外，教师还要重视游戏前的热身活动，使幼儿的身体由相对平静的状态逐渐过渡到活动状态。尤其是在冬季，应先使关节、韧带、肌肉活动开来，然后进行激烈的游戏，以防发生扭伤现象。

案例7

开展大班体育教学游戏《过桥》（平衡）时，教师组织幼儿手拉手围成一个大圆圈，带领幼儿边说边做动作。

师：小朋友们，马上要下雨了，让我们一起去躲雨吧！天空飘来一片乌云，下小雨了，快，把手举起来放在头顶，小脚动起来，快走快走。

不好，乌云越来越多，大雨来啦，哗啦哗啦地下——小朋友们，小臂摆起来，快跑！

风伯伯也来凑热闹，刮风了，啊！风吹得我们站不稳，快把腰叉好、双脚分开、站站稳！不行，风太大了，（教师叉腰扭动身体，活动腰部）左边！右边！前边！后边！小朋友们加油啊，努力往前面的亭子里走！（弓步向前走）一步！两步！快到了，坚持！

啊！打雷了！快抱头蹲下！雷停了，继续前进！又打雷了，快蹲下！雷停了，孩子们快跑！啊！终于到亭子里了，快把脸上的雨水擦一擦，也帮你的同伴擦一擦（教师弯曲手臂，做擦的动作）！哇，快看，天晴了，快和美丽的小彩虹招招手！

大班体育游戏
《过桥》

我们这里的雨停了，森林里的小动物们也遭遇了大雨，而接连不断的雨让森林里多出了一条河。聪明的羊爷爷把一些树干放进河里，做成了桥，可是这些树干有长有短，小动物们要怎样过桥呢？

由此引出体育教学游戏《过桥》。

分析： 在体育教学游戏的热身环节，教师可以创设游戏情境，通过设置故事情境来激发幼儿的学习兴趣，将他们自然地带入活动。

3. 游戏的组织与教学

1）组织集合

组织幼儿游戏时，教师应使用一定的方法使幼儿集合起来，在游戏现场排成所需要的队形。常用的集合方法有以下几种：① 用铃鼓、响铃、哨声或其他信号来集合幼儿，一般需要事先对幼儿进行训练，让他们知道集合信号的意思。② 用儿歌来集合幼儿，如教师唱："一二三四五六七，我的朋友在哪里？"幼儿答："在这里，在这里，你的朋友在这里。"并在教师面前集合。这种方法适合于中班和大班幼儿，需要对他们进行较长时间的训练。③ 用过渡性游戏集合，如游戏《看谁站队站的快》就是一种集合游戏。

2）讲解和示范

新授游戏的教学活动是从教师讲解开始的。讲解主要是指教师向幼儿介绍游戏的名称、方法、动作要求、交替信号和规则等，目的是引起幼儿对游戏的注意和兴趣，帮助幼儿建立初步的游戏概念。教师讲解时的语言要生动形象、简明扼要、富有感染力，还要贴近幼儿的日常生活，能被幼儿理解和接受。

讲解一般要结合示范动作进行，以便能使幼儿一边听、一边看，知道怎样做。对于某些比较复杂的动作，教师可以做慢动作示范，并在游戏前让幼儿的练习。有的游戏由于结构复杂，教师除亲自示范外，还可以让幼儿作助手配合。有的游戏动作（如钻、爬），幼儿示范的效果比教师示范的效果更好。对于个别能力弱的幼儿，教师还可加强讲解和个别示范力度。准确的示范往往会引起幼儿羡慕和激动的情绪，他们会随着示范动作跃跃欲试，这就充分调动了幼儿参加游戏的积极性。另外，教师在讲解和示范时还要注意突出游戏的规则，使幼儿对规则有深刻的印象。

在复盘游戏时，教师只需要用更简短的语言提示游戏中的重要内容与要求，补充或说明游戏规则和具体方法即可。

3）分队（组）、分角色

完成讲解和示范后，教师在游戏开始前一般还要对幼儿进行分队（组）、分角色等。做分队（组）竞赛游戏时，各队的人数应合理，力量搭配要相当。由于幼儿运动能力的性别差异不大，故分队（组）时可不作考虑。

合理地分配角色能充分发挥幼儿的积极性和主动性，有利于游戏的顺利进行。玩新游戏时，一般多用制定法分配角色。在小班游戏中，一般由教师担任主要角色，以利于掌握游戏的时间和情节的发展，还可起到教育和示范作用。待幼儿熟悉游戏后，教师可以让能力强的幼儿担任分配角色。在中、大班，教师应根据具体情况，针对幼儿某方面的特点，有目的地分配角色，如让体质好、反应快、奔跑能力强的幼儿担当主要追逐者，可使全体幼儿积极奔跑起来。又如，适当让个别不好动的幼儿担当主要角色，给他们布置一定的任务，以使其性格活泼一些。

对于体育复习游戏，教师可灵活地采用民主法、随机法、猜拳法和轮流法来确定游戏角色，以激发幼儿的兴趣，调动其游戏的积极性。需要注意的是，不论用什么方法选择游戏角色，教师都不要只让少数能力极强的幼儿担任主要角色或游戏中的组织者。

4. 游戏中的指导

在体育游戏中，教师要注意观察体育游戏以把握适当的活动量，提醒幼儿遵守体育游戏规则保持正确的身体姿势，还要注意确保游戏的安全。

1）把握适当的活动量

活动量是指人体在体育活动中所承受的生理负荷量。若活动量太小，对健康促进作用不大，难以达到锻炼身体的目的；若活动量太大，超过了幼儿身体的承受能力，则对健康不利。教师一般根据幼儿在游戏中的情绪状态和完成动作的情况来判断活动量的大小。如果幼儿继续游戏的兴趣下降，注意力分散游戏效果变差；或幼儿过度兴奋、消沉；或幼儿面部发红、发白，满面流汗，气喘吁吁，不爱讲话，反应迟钝等，这都说明幼儿已经疲劳了。在这种情况下，教师必须发挥调节作用，或让幼儿休息或是转换其他内容。

调节游戏活动量的方法有以下几种：① 增加或减少游戏的组数和参加活动的人数；② 扩大或缩小游戏的场地范围；③ 延长或缩短游戏的时间和休息时间。因此，教师应根据幼儿游戏的具体情况来选择调节活动量的方法。需要指出的是，幼儿的疲劳现象在一定程度上是正常的，但不能过度疲劳。

2）提醒幼儿遵守游戏规则

在平时的教育教学工作中，教师要注意严格要求，认真培养幼儿自觉遵守规则的良好习惯。这既是幼儿顺利开展各种游戏活动的必要保证，也是对于幼儿意志品质的养成教育。

教师在介绍游戏的玩法时，应强调游戏的规则并将其作为评定胜负的重要条件。在游戏不熟练的情况下，教师要特别注意提醒幼儿遵守游戏规则。当发现大多数幼儿不能很好地遵守游戏规则时，应先分析成这种现象的原因。这种现象并非由幼儿的主观因素导致，而是由于规则不合理造成的，应停止游戏，修改规则；若是由于幼儿对规则没有完全理解，或是对规则不够重视造成的，则可以暂停游戏并重申规则，或在第二次游戏开始前进一步明确规则并提出要求。

案例《一组变一家》

值得注意的是，规则是为游戏服务的，是可以根据情况变通的。有时候，我们只要稍稍改变一下规则，不仅可以维护正常的秩序，保证活动的顺利进行，还可以提高学习效率，促进幼儿的自主发展。

3）注意幼儿身体姿势和动作的正确性

身体姿势直接影响骨骼的生长发育，也会影响端正体态的形成。同时，正确身体的姿势能够提高动作质量，从而达到锻炼的目的。因此不论进行什么游戏活动，幼儿都应保持正确的身体姿势。

然而，在游戏过程中，幼儿往往被情节所吸引，而忽略了正确的身体姿势，尤其是在进行竞赛性游戏时。例如，在快跑比赛中，幼儿为了跑到前面，往往不按要求摆臂，或是闭眼仰头，或是低头往前冲。这时，教师应用语言提示或中止练习，并及时纠正，使幼儿加深对正确姿势的印象。对于小班幼儿，教师可用亲切的口吻说明姿势正确的意义，引起幼儿的注意。在给参加竞赛性游戏的幼儿评定胜负时，教师也可以对他们在游戏中的身体姿势进行评价。

4）注意安全

在游戏过程中，教师应该既要让幼儿玩得尽兴，又要保证他们的安全。为此，教师要随时检查场地机械是否安全，查看幼儿使用器械的方法是否正确。活动场地要有一定的范围和路线，组织工作要严密，既要生动活泼，又有秩序。同时，教师还要在游戏中坚持量力而行的原则，让幼儿从事力所能及的活动，适时地给予安全保护，使幼儿能轻松、愉快地运动。教师应不失时机地对幼儿进行安全教育和指导，使幼儿掌握一些必要的安全知识，帮助幼儿建立起一定的规则意识，不断提高幼儿的自我保护能力。

5. 游戏结束后的总结

在游戏结束环节，教师需组织幼儿放松和整理，放松是指伴随轻柔、舒缓的音乐进行简单、轻松的身体活动（如安静游戏、自然走步、简单舞蹈、同伴互相按摩等），使幼儿的身体放松下来，情绪平静下来。整理是指若在体育教学游戏中使用到了游戏材料，教师可组织幼儿整理，以建立幼儿的自我服务意识。

知识链接

　　体育与健康密不可分，而体育游戏在体育教学活动中有着不可替代的重要作用，是发展幼儿身体健康，锻炼其反应力、创造力、观察力，提高其心肺功能的有效途径。中共中央、国务院印发的《"健康中国2030"规划纲要》中全方位绘制了"健康中国"发展蓝图、全要素激活了"健康中国"发展动能、全周期保障了"健康中国"人民的发展福祉（转自国家体育总局，中国体育报：体育在实现"健康中国"伟大构想中的作用）。在对儿童健康的关注方面，国家发展改革委员会、国家卫生健康委员会等部门接连印发《关于推进儿童友好城市建设的指导意见》《健康儿童行动提升计划（2021—2025年）》《家庭教育法》等，对促进幼儿健康成长做出了全面规划和统筹安排，并明确指出"体育是幼儿健康成长的有效途径"。因此，我们要重视幼儿体育游戏的组织与指导工作，增强幼儿的身体素质，提高幼儿的健康水平。

体育游戏的改编与指导

一、活动目的

（1）明确幼儿体育游戏的设计要点。

（2）能够根据幼儿的特点和教学活动需要自行改编体育游戏。

二、活动内容

1. 改编要求

以中班体育游戏《活动篮框》为参考依据，改编以投掷动作为主的体育游戏。

2. 原游戏方案

（1）游戏名称：中班体育游戏《活动篮筐》。

（2）游戏目的：练习投球，发展身体的灵活性和协调动作的能力。

（3）游戏准备：直径约80cm的藤圈（或竹圈、呼啦圈等）1个，小球若干。

（4）游戏方法：在参加游戏的幼儿中选出两人，让他们手拉着藤圈扮演"活动篮筐"在场地上跑动，其余幼儿持球，争取将球投入"活动篮筐"中，看谁在一定时间内投进的球最多。

（5）游戏规则："活动篮筐"可在场内任意跑动，但不躲避投球。投球者不能用球击人。

3. 改编思路

上述游戏中的"投掷活动目标"是一种不错的构思，我们可以针对中班幼儿"喜欢有情节、有角色、有追逐性游戏"的特点，加入情节因素，把投球改为投沙包。

4. 改编后的游戏方案

（1）游戏名称：中班体育游戏《老鼠过街》。

（2）游戏目的：练习投掷动作，增强幼儿的目测力并提高投掷动作的准确性。

（3）游戏准备：在场地上画一个大圆圈，在圆圈外围画上若干小圆圈。准备一个敞口纸盒，在盒内画上老鼠，并用绳子系上。准备沙包若干。

（4）游戏方法：幼儿们站在画好的小圆圈内，每人手中拿3~5个沙包。教师选一名幼儿扮演"花猫"。游戏开始后，"花猫"拖着敞口的纸盒在大圈内跑动，站在小圆圈内的幼儿手持沙包，伺机向纸盒内投掷，直到将手中的沙包投完。最后，教师让幼儿说说，都有谁投中了？投中了几次？

（5）游戏规则："花猫"只能在大圆圈内拖纸盒跑；投者不可越出小圆圈。

三、活动要求

请你以上述中班体育游戏《活动篮筐》为参考依据，改编以投掷动作为主的体育游戏，并写清楚改编思路和改编后的游戏方案。

一、单项选择题

（1）幼儿园适宜开展的体育活动是（　　　）。

A.速度跑　　　　B.长跑　　　　C.走平衡木　　　D.长时间悬吊

（2）下列选项中不属于体育游戏分类的是（　　　）。

A.律动游戏　　　B.走步游戏　　　C.体育教学游戏　　　　　D.追逐游戏

（3）下列选项中有关体育游戏的说法错误的是（　　　）。

A.若按照的组织形式，可将体育游戏分为自由活动游戏和体育教学游戏

B.钻爬游戏的目标是促进幼儿四肢和躯干部主要大肌肉群的均衡发育

C.体育游戏的组织活动包括游戏队形、分队和分配角色、起动和结束活动

D.体育游戏不用设置特定的游戏规则，但必须有游戏材料，否则游戏便无法顺利进行

（4）下列关于幼儿体育教学游戏的指导环节中说法错误的是（　　　）。

A.游戏的选择　　　　　　　　　B.游戏后的准备

C.游戏的组织　　　　　　　　　D.游戏中的指导

（5）《幼儿园教师指导纲要（试行）》中规定的幼儿园体育的重要目标是（　　　）。

A.培养运动竞技人才　　　　　　B.培养幼儿对体育活动的兴趣

C.训练高超的体育技能　　　　　D.为参与比赛做准备

二、案例分析

在晨间体育活动前，教师要求幼儿们在指定区域内玩游戏，如玩圈的和玩布制玩具的小朋友在塑料跑道上玩，跳绳的在中间。活动开始后，幼儿们根据自己的喜好选择了布条、飞盘、塑料圈和跳绳，开始玩游戏。不一会儿，教师发现他们不仅没有在规定的区域内玩，还在打闹，一会儿争抢玩具，一会儿告状："xx小朋友把我打了，xx小朋友把我撞了……"。教师一眼望去孩子们都在疯跑、打闹，乱成一团，怎么叫停都没人听。

请结合上述案例说明中为什么会出现上述情况？作为幼儿教师，你应该怎样调整游戏节奏？

项目八

幼儿灵气的散发处

——音乐游戏

在参加音乐游戏时，幼儿会随着曼妙的音乐歌唱、起舞，自由地沉浸在音乐的世界中感知美、体验美、创造美。音乐游戏以发展和提升幼儿的音乐能力为目的，使幼儿在教师构建的音乐情境中以游戏的方式并在兴趣的驱动下完成音乐知识的学习。

本项目在帮助学生理解音乐游戏的概念、特点，了解音乐游戏分类的基础上探究了音乐游戏的指导策略，意在通过教、学、做、研等教学方式引导学生全面、深入地了解幼儿音乐游戏，并掌握组织游戏的方法与策略。

思维导图

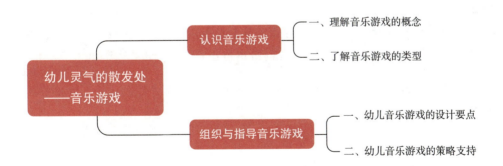

幼儿灵气的散发处——音乐游戏

- 认识音乐游戏
  - 一、理解音乐游戏的概念
  - 二、了解音乐游戏的类型
- 组织与指导音乐游戏
  - 一、幼儿音乐游戏的设计要点
  - 二、幼儿音乐游戏的策略支持

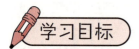

学习目标

（1）认识并理解幼儿音乐游戏的概念和分类。

（2）掌握幼儿音乐游戏的指导要点。

能够根据幼儿的教育需要和身心发展特点尝试组织和指导幼儿音乐游戏。

（1）拥有扎实的教育教学基本功，有创新意识。

（2）具备敏锐的观察能力和全面的组织协调能力。

学习支持一　认识音乐游戏

情境导入

　　林老师请全体幼儿手拉手围成一个大圆圈，在班级内选出一名猜者站在圆圈中间并将眼睛闭好，等林老师将玩具藏在另一位幼儿的手里后方可睁开眼睛。游戏开始后，林老师播放《玩具进行曲》，幼儿随着音乐节奏拍手。当猜者距离玩具越近时，拍手声音就越强；反之，拍手声音就越弱，直到猜中为止。

　　请同学们思考：案例中描述的是什么游戏？林老师为什么让幼儿听拍手声音的强弱？

一、理解音乐游戏的概念

1. 音乐游戏的定义

　　音乐游戏是指人们在音乐伴奏或歌曲伴唱的条件下，按照一定规则和要求进行各种活动的游戏。它属于有规则游戏，由成人创编，以规则为中心，是艺术领域音乐活动的游戏化体现，是为实现预设的音乐活动目标而进行的游戏活动。在音乐游戏中，音乐与游戏相辅相成，幼儿通过听、唱、演、敲、打等方式沉浸在音乐世界里，掌握音乐知识、体验音乐情感、感知音乐节奏、感受音乐的美，这种游戏生动有趣、表现力强，易于被幼儿掌握，同时，其还可以丰富幼儿的生活，是幼儿艺术启蒙教育中的一种重要手段。

2. 音乐游戏的特点

1）音乐性

音乐性是音乐游戏的最大特点，也是它区别于其他规则游戏的典型特征。音乐游戏以音乐为媒介，要求幼儿在音乐伴奏或歌曲伴唱下开展游戏，可以使幼儿在游戏中感受音乐的流动、旋律的起伏、节奏的跳跃、音色的变化和速度的统一与变化，并随着音乐的变化而做出动作反应。由于幼儿以直接感知、亲身体验、实际操作的方式获取知识经验，音乐游戏便要求幼儿倾听音乐、应用音乐，按照音乐的节奏开始、改变及停止游戏动作，这有助于让幼儿掌握旋律、节拍、节奏、速度等基本音乐要素。

 案例1

大班幼儿音乐游戏《划船歌》

教师选择《划船歌》作为音乐游戏使用的乐曲，该歌曲以长短音的结合、切分、弱起等形成节奏特色，充满生机与活力，并带有丰富的情感，歌曲中含有轻快、抒情的情绪特点。

分析：教师根据《划船歌》的乐曲特点巧妙设计角色和情节，将依据乐曲中的三种节奏型所设计出的划船动作分别对应幼儿熟悉的三种小动物（乌龟、鸭子和兔子），使幼儿在有趣的肢体动作中学习并稳固节奏。

2）游戏性

游戏性是音乐游戏的本质特点，让幼儿在玩中学、在学中玩。为了激发幼儿参与音乐游戏的兴趣，教师会为他们准备夸张有趣的音乐游戏材料，创设形象生动的音乐游戏情境、营造轻松、和谐的氛围，且在游戏玩法上灵活多变、富有新意。

 案例2

大班幼儿音乐游戏《神奇的魔法汤》

教师用装满水的塑料瓶（瓶盖分为有彩色和白色的）、魔法袋、魔法棒为音乐游戏材料，创设神秘的游戏情境："小朋友们，欢迎大家来到魔法王国，我是拥有神奇魔法的王后，来到这里的每位小朋友都能获得魔法汤（教师边说边挥舞魔法棒

大班音乐游戏《神奇的魔法汤》

依次轻点幼儿的头顶）。作为最会使用魔法的人，我最喜欢制作魔法汤，还可以帮人们实现愿望。跟随约翰·施特劳斯的《加速度圆舞曲》节选段的音乐节奏，对装满水的塑料瓶做画圈、螺旋、转圈、搅拌、轻摇、重摇等动作，以完成'魔法汤'的制作。"

> **分析**：幼儿在兴趣的触发下，自主、自愿地参与到《神奇的魔法汤》的音乐游戏活动中，在感受音乐节奏变化、随音乐节奏做不同动作的过程中获得了愉悦感和满足感。

3）生活性

幼儿是音乐游戏的主体，他们的已有生活经验是音乐游戏得以开展和游戏情节得以丰富的前提。若能将幼儿的生活融入音乐游戏情境，使幼儿在熟悉的环境中开展游戏活动，不仅能够降低幼儿把握音乐节奏、节拍、速度等音乐要素的难度，还能引起幼儿的情感共鸣，引发幼儿游戏兴趣，引出音乐游戏的内容。

 案例3

中班幼儿音乐游戏《拍蚊子》

到了夏天，幼儿们饱受蚊虫叮咬之苦。李老师将拍蚊子的生活情境与音乐乐曲相结合，通过创设游戏情境："今天天气好热，班里有一只蚊子嗡嗡地叫个不停，它马上就要叮大家了"，以此引导幼儿根据音乐的节奏做日常生活中"拍蚊子"的动作，激发幼儿听着音乐做游戏的兴趣并乐意大胆地表现出来。

> **分析**：这是一个以日常生活中"拍蚊子"这件小事演变而来的一种音乐游戏，其中的音乐活泼、有动感，使幼儿在和小伙伴一起在"拍蚊子"的过程中体验到了乐趣。

二、了解音乐游戏的类型

1. 音乐听觉游戏

音乐是听觉艺术，各种音乐活动都离不开听觉，而音乐听觉能力是幼儿提高各种音乐能力的前提条件和基础。音乐听觉能力是在听觉的基础上升华而来的，是对音乐语言中各种基本要素的反应力、记忆力和整体感知力，即辨别、感知、领会、想象、思考音乐艺术形象及其内涵的能力，包括听辨音乐的长、短、强、弱等。发展音乐听觉的游戏，就是让幼儿用耳朵充分欣赏自然产生的和人为创作的各种音响效果，从旋律、音色、节奏等方面"触摸"音乐，感受音乐之美。

音乐听觉游戏应根据不同幼儿的年龄特点开展。对于小班幼儿，可多采用直观的教具，让幼儿辨别各种人、物体和简单打击乐器发出的声音，以培养他们听、辨声音的能力。对于中班和大班幼儿，则多采用多种生动活泼的游戏形式，以进一步培养幼儿辨别音量大小、音乐强弱、乐音高低等的能力，以及建立在音乐听觉基础上的感受音乐情绪、理解音乐内容的能力，如"听听想想""谁的声音最好听"等。

 案例4

小班幼儿音乐游戏《大雨小雨》

《大雨小雨》是一首生动活泼、富有童趣的歌曲。其中的歌词模仿了大雨哗啦啦和小雨滴滴答答的声音。该歌曲旋律流畅、节奏简单。教师让幼儿跟随音乐节奏，通过拍打身体和击打乐器来表现大雨、小雨声音的强弱。

> **分析：** 下雨是日常生活中一种常见的自然现象。在下雨天，幼儿可以穿上雨衣、雨靴在雨中肆意奔跑，还可以踩水、接雨滴，尽情地接受大自然的馈赠。小班幼儿音乐游戏《大雨小雨》以幼儿已有的生活经验为音乐游戏开展的前提，引导幼儿以肢体动作、打击乐器的不同力度表现大雨小雨声音的强弱，并激发幼儿参与打击乐活动的兴趣。

2. 节奏游戏

节奏是音乐构成的要素。节奏可以脱离旋律而独自存在，而旋律则必须通过节奏才能表现。音乐家舒曼曾说过："节奏是音乐的生命，没有节奏也就没有音乐。音乐家之所以能在笔端流淌出一首首美妙的歌曲，就在于他有超越常人的节奏感。"因此，培养节奏感是幼儿音乐教育中最重要的一项内容。节奏感必须通过依靠身体高度协调的动作来感觉。培养节奏能力可以结合各种音乐形式进行，包括说、唱、律动、舞蹈、器乐等。这种游戏可以结合听觉游戏来实现。

3. 歌唱游戏

歌唱，如同鸟类的鸣叫一般，是人类发自内心和本能的一种嗓音游戏，大家常常通过歌唱来获得身心的愉悦和满足；同时，歌唱也是一门声音的艺术，不仅要求演唱者歌声动听、音调准确、节奏正确、吐字清楚，还要求他们能创造性地运用歌声来表达各种感情。歌唱游戏旨在让幼儿享受唱歌的乐趣，通过游戏培养音乐的感受力，发展其运用嗓音表现艺术的能力。

 **案例5**

小班幼儿歌唱游戏《小动物唱歌》

教师采用让幼儿模仿小鸭叫的方式帮助他们铺垫歌曲节奏。在设置完对应的教学

环节后，教师可以将"小动物音乐会"作为游戏情境，让幼儿以自己喜爱的小动物的身份依次上台表演歌曲。

附：歌曲《小动物唱歌》

|5 3|5 5 3 | 5 3|5 5 3 |

小鸭 来唱 歌，嘎嘎 嘎嘎 嘎

（备注：幼儿可改编歌词，将歌词中的"小鸭"变成小猫、小狗等自己喜爱的小动物）

> **分析**：《小动物唱歌》旋律简单，唱起来十分平缓，符合小班幼儿"说话像唱歌、唱歌像说话"的特点。这首歌曲的歌词只有两句，一句是小动物的名称；另一句是小动物的叫声，很有趣味性，同时也很规整，有利于幼儿进行歌词仿编。

4. 舞蹈游戏

舞蹈是用身体的姿态和动作进行的一种综合造型艺术，它融合了人们对音乐的感受，审美的眼光与感情的表达，是时间艺术和空间艺术的有机结合。幼儿舞蹈游戏主要满足的是为提高幼儿身体动作的协调性，发展想象力和动作表现力而存在，可以为今后形成良好的艺术气质打下基础。

韵律出自协调，只有协调能才产生美感。以身体动作为主的舞蹈游戏既要重视各个身体动作本身的协调，还要注意动作与音乐伴奏的充分配合。除了身体的基本动作和根据幼儿特点设计的模仿动作外，舞蹈游戏的动作协调训练以伴随着音乐的各种走步、碎步、踞步、跑跳步、踏点步、交替步等基本舞步为主要内容，强调的是身体动作的协调性及其与音乐的配合程度。

舞蹈是通过富有表情的韵律形体动作来表达情感的，这一点是区别于体操动作的关键所在。因此，舞蹈游戏更注重于动作能和表情相协调配合，具有想象力。为此，教师可以要求幼儿在模仿动作的基础上创造性地展开想象，通过夸张的表情和形体动作来表达情感。另外，教师还可以让幼儿通过学习和排练一些简单而完整的小型舞蹈，来掌握一些基本的面部（特别是眼睛和嘴）和肢体表情语言。

学习支持二 　组织与指导音乐游戏

情境导入

某幼儿园中班的林老师在和小朋友们一起开展音乐游戏活动前，给每位小朋友发了一个气球，并让他们根据教师拍打的节奏有规律地吹气球。请想一想，在音乐游戏开展前，为什么林老师会让小朋友们吹气球呢？这对开展音乐游戏有帮助吗？

一、幼儿音乐游戏的设计要点

1. 明确音乐游戏目标

音乐游戏目标是选编游戏内容、设计游戏玩法和制定游戏规则的依据。音乐游戏的目标包括知识目标、能力目标和情感目标。其中，知识目标是指幼儿在游戏中对音乐基础知识（如音高、节拍、节奏、曲式等）、游戏玩法或规则的理解和掌握。能力目标是指幼儿对音乐乐曲形式的表现（包括增添动作、改编歌词、操作乐器等）和综合应用能力的达成。情感目标是指针对幼儿在音乐游戏中获得的情绪体验和幼儿的音乐审美的情感发展，如体验合作创编、操作乐器的乐趣，感受音乐的美妙等。

2. 选择音乐素材

音乐素材的选择直接影响幼儿音乐游戏的兴趣和游戏效果。首先，教师要根据游戏目标选择合适的音乐。若游戏的目标是发展幼儿的听辨能力，可以选择音高、音色、速度、节奏等变化明显的音乐，如乐曲《小矮人和大巨人》《问候舞》《大雨和小雨》《布谷鸟》等。若游戏的目标是发展幼儿的音乐表现能力，可以选择带有情境性的乐曲，如《小鱼跳高》《铃儿响叮当》《小狗圆舞曲》等。其次，教师应结合幼儿的年龄特点选择适合他们的音乐素材，如常出现在音乐游戏中的进行曲、圆舞曲和摇篮曲。幼儿对音乐的感知能力会随年龄的增长而进一步加强，其中进行曲和圆舞曲节奏明显，幼儿容易把握；摇篮曲应用范围较小，通常作为游戏环节的过渡音乐或游戏结束后的放松音乐使用。

3. 选编音乐游戏内容

由于音乐游戏中包含着较多的教学成分，在设计音乐游戏时应围绕目标来选择合适的活动形式和活动内容，还应根据幼儿的年龄特点和所在班级的具体情况循序渐进地进行。教师在进行音乐游戏的选编、设计时，可将一些音乐教育内容游戏化，具体可以分为以下两类。

1）以纯游戏为主线，适当融入教育内容

纯游戏是指幼儿自然自发的游戏，它的特点是有约定俗成的规则和极强的趣味性且流传得较为广泛，经久不衰，如捉迷藏、猜谜等游戏都属于纯游戏。用纯游戏编制音乐教育游戏时，一定要保留游戏的原始形式，融入的音乐教育内容不可冲淡游戏的趣味性，即只需要在沿用原规则的基础上按照教学要求适当增添游戏规则。

案例6

小班幼儿音乐游戏《找唱名》

教师将提前准备好的唱名符号制作成头饰，在游戏开始前分发给每位幼儿佩戴，并

在选定好捉人者后，请佩戴唱名头饰的幼儿迅速找地方躲好，待捉人者蒙眼唱过两遍唱名后，便可开始找人了。若捉人者找到某位幼儿时，必须准确说出"唱名＋躲在某处"（例如，do 躲在门后面），只有当捉人者答对了时才算完成，否则游戏将继续。

分析：唱名还即 do, re, mi, fa, sol, la, si。《找唱名》游戏是帮助幼儿熟记唱名的好方法。该游戏以传统游戏"捉迷藏"为主导，并在其中融入了唱名知识。

2）以教学活动为主线，创设音乐游戏氛围

在音乐游戏的选编上可以在音乐教学活动中加入角色、情节、虚拟动作等虚构性成分和竞赛性因素。这种手段在音乐教学游戏中应用广泛、变化多。在音乐游戏中，幼儿被特定的情境吸引，对游戏产生了浓厚的兴趣，进而对游戏内容产生积极主动探索的愿望，这不仅能够让他们更好地参与游戏，还能提高学习效率。

案例7

中班幼儿音乐游戏《蜜蜂和小熊》

游戏音乐选用《海琼斯小夜曲》。乐曲中快速的高音部代表蜜蜂，慢速的低音部代表小熊。"小熊们"上围成一圈坐在椅子，"蜜蜂们"蹲在圆中央代表方形的蜂箱内，如图 8-2-1 所示。当高音部出现时，"蜜蜂"站起在圈中随音乐作飞舞动作，音乐一停便回到"蜂箱"休息。这时，低音部随之出现，"小熊"就要围着"蜂箱"随音乐慢走，当高音部再度出现时，便赶紧走回座位坐下，若"蜜蜂"发现"小熊"仍在圈内，可群起而攻之，将其"刺"回原位。游戏继续进行，"被蜇的小熊"则要停止一次游戏。

分析：教师利用"小熊爱吃蜂蜜，却被蜂蜇"这一情节，将辨别音乐性质的内容改编成游戏《蜜蜂和小熊》。在此类游戏中可加入竞赛性因素，如比一比谁是能坚持到最后的小熊，这更能引导幼儿参与游戏并认真听音乐辨别音高。

图 8-2-1 音乐游戏《蜜蜂与小熊》场地布局

二、幼儿音乐游戏的策略支持

1. 幼儿音乐游戏的组织策略

1）游戏前的准备工作

教师需要在开展音乐游戏前做好四方面的准备，即物质准备、经验准备、声音准备和空间准备。

首先，物质准备是指与本次音乐游戏有关的材料，即所准备的物质材料直接影响了该音乐游戏的进行，切忌在游戏设计上呈现无关紧要的材料。例如，开展节奏游戏时，主要的音乐游戏材料为节奏图谱，若将卫生纸（供幼儿擦鼻涕使用）也写在游戏设计方案中，则略显多余。另外，在游戏材料的数量上也要做出说明，确保材料充足，以免影响幼儿的游戏质量。

其次，经验准备是指与本次音乐游戏有关的幼儿已有知识经验，如熟悉音乐旋律、结构、歌词、基本步法、材料和游戏的基本玩法等。

再次，声音准备是指在音乐游戏开始前，教师带领幼儿进行发声练习，以帮助幼儿快速进入歌唱前的准备状态。

最后，空间准备是指音乐游戏的场地布局安排，而非（室内或室外等）场地位置。幼儿在地毯上呈圆圈形围坐，教师在空旷、平整的地面上按照一定间隔、呈竖列贴上事先准备的动物脚印地贴。若觉得该游戏场地的空间布局不好用语言描述，教师也可以以绘图的形式呈现，如图8-2-2所示。

 **案例8**

在组织开展小班幼儿歌唱游戏《小动物唱歌》时，教师可以请幼儿动起来，即根据歌曲节拍由起点走到终点，边唱歌曲边踩对应的动物脚印地贴。

小班音乐游戏
《小动物歌唱》

图 8-2-2　音乐游戏场地的空间布局安排

附：歌曲《小动物唱歌》

|5　3|5　5　3| 5　3|5　5　3|

小 鸭 来唱 歌，嘎 嘎 嘎嘎 嘎

2）游戏中的有效指导

教师在幼儿的音乐游戏中主要扮演游戏的支持者和推动者，因此应尽量避免幼儿的音乐游戏在教师的高度控制下进行，要给予幼儿充分的想象和创造空间。

（1）调动幼儿参与音乐游戏的积极性。

教师要在游戏中推动幼儿体验游戏，可以通过提问、设疑、展示材料、创设情境等方式调动幼儿参与游戏的积极性，引出本次音乐游戏的主要内容。例如，教师可以向幼儿发问："你在游戏场地中都看到了什么？哪位勇敢的小朋友愿意试着操作一下老师准备的乐器？你觉得我们应该如何使用这些乐器？"

（2）帮助幼儿理解音乐游戏的玩法和规则。

玩法和规则决定了音乐游戏能否顺利进行。教师可通过以下几种途径帮助幼儿理解游戏的玩法和规则：第一，由教师主导，讲解示范游戏玩法；第二，以幼儿为主体，先仔细聆听音乐，感受音乐的特点，再根据所给游戏中的物质和空间准备自主尝试音乐游戏的其他玩法，接着以小组形式进行游戏玩法和规则的讨论，并记录游戏中不合理或难以实现的规则，最后在班级内商讨，大家共同修改、完善游戏规则和玩法；第三，为了巩固幼儿对游戏规则和玩法的记忆，教师可以请幼儿在纸上画出音乐的节奏，并上前为大家示范并讲解规则。

（3）观察幼儿音乐游戏开展情况，适时介入指导。

教师在幼儿音乐游戏中要做好观察记录，当幼儿在音乐游戏中出现以下情况，教师可以介入指导：一是幼儿对音乐乐曲特点（如节奏、节拍、强弱等）把握不准确，教师可以用指导者的身份进入游戏，带领幼儿熟悉乐曲特点，并引导幼儿体会乐曲与游戏的关系；二是当幼儿缺乏和游戏伙伴的交往，或游戏情节缺乏时，教师可以游戏者的身份进入，与幼儿共同探究音乐游戏的开展形式；三是当幼儿之间发生严重争吵或造成肢体伤害时，教师要以控制者的身份进入，及时干预幼儿的不良行为；四是教师发现幼儿在进行音乐游戏时表现用的乐器不合适时，应以幼儿游戏支持者的身份帮助幼儿更换乐器。

3）游戏后的收尾工作

一方面，若开展的是需调动幼儿大量体能的节奏或舞蹈音乐游戏，则在游戏结束后首先进行身体放松活动，以帮助幼儿舒缓身心、平复心情；另一方面，若开展的音乐游戏涉及乐器图谱等物料，教师需要组织幼儿收拾整理物料，让他们养成自我服务的好习惯。将物料整理好后，教师可以将幼儿聚集在一起，共同总结音乐游戏中运用的音乐知识并探讨音乐游戏中出现的问题，以及找到对应的解决办法，也可以请幼儿分享自己在音乐游戏中的心得，为下次开展音乐游戏奠定基础。

2. 不同年龄段幼儿音乐游戏的特点和指导策略

1）小班幼儿音乐游戏特点及指导策略

小班幼儿虽然音乐水平低，缺少规则意识，但他们在音乐中有极强的自我变现力，他们爱模仿，关注点往往在于做的动作所表现的是否是自己熟悉的事物。处于这个阶段的幼儿喜欢听音乐，喜欢伴随音乐重复简单的动作。因此，教师在指导时应从两方面入手，一是注意培养幼儿对音乐的兴趣，帮助幼儿感受音乐，了解音乐的音准、音高。具体可选择以四二拍或四三拍为主的一段体音乐。二是教师应弱化游戏规则，将重心放置于幼儿在音乐游戏中的愉快体验。

2）中班幼儿音乐游戏特点及指导策略

中班幼儿对音乐的感受能力显著增强，逐渐能够感受到乐曲中的结构，听出乐曲的乐段、乐句之间的重复以及乐曲在情绪变现上的区别。中班幼儿有了竞赛意识，相对于游戏过程，他们更关注游戏结果。在动作发展方面，幼儿会将生活经验带入音乐游戏，并跟随音乐内容做出合适的身体动作。在音乐选择上，教师可适当增加乐曲难度，帮助幼儿在游戏中逐渐增强对乐曲节奏感的把握程度。针对中班幼儿已经初步具备竞赛意识的特点，教师可多开展一些带有竞赛性质的音乐游戏，并在游戏中强化幼儿的规则意识，培养幼儿养成坚持规则的好习惯。

3）大班幼儿音乐游戏特点及指导策略

大班幼儿的歌唱技巧及音乐欣赏水平、感受能力都有明显提升，可以开展的音乐游戏种类也更多样，他们更喜欢有挑战性音乐游戏，也更加注重游戏中同伴之间的配合。因此教师可以尝试改变音乐游戏的规则和玩法，请幼儿自行制定游戏规则、拓展游戏玩法。在音乐选择上，教师可以增设一些相对较复杂的乐曲，引导幼儿幼儿大胆创编音乐游戏。

✏️ 知识链接

授课教师，应培养学前专业学生的传统文化底蕴，引导学生在未来的从教过程中，将幼儿音乐教学渗入传统音乐文化。例如，在音乐舞蹈游戏中，教师可以有意识地在舞蹈动作表现上融入民族舞元素（如竹竿舞、板凳舞、三弦舞等），使幼儿在愉悦的民间舞蹈中感受优秀传统文化的魅力，在轻松自在的音乐舞蹈游戏中跳出民族特色。同样地，在音乐节奏游戏中，除了使用沙锤、三角铁等乐器外，幼儿也可以尝试使用大鼓、小鼓、喇叭等乐器。民族音乐可以使幼儿获得以和谐为核心的审美思想，民族舞、民族乐器融入幼儿音乐启蒙教育能够激发幼儿音乐潜能、丰富音乐教育内涵，增强幼儿的民族认同感，为中国优秀传统民族文化的传承注入新的力量。

变化的天气

1.活动目的

（1）尝试有创造性地使用不同音色的乐器表现变化的天气，体验合作创编、操作乐器的快乐。

（2）培养学生组织和指导幼儿开展音乐游戏的能力。

2.活动要求

（1）选取铃鼓、串铃、三角铁、沙球、碰铃、圆舞板、双响筒等乐器，并模拟向幼儿示范这些乐器演奏方式的过程。

（2）模拟如何引导幼儿探索和倾听，发现这些乐器演奏的不同的声音特点。

（3）设计一个听辨游戏来检测幼儿是否能够区分这些乐器发出的声音。

3.活动准备

若干张表现天气变化的图片。

4.活动过程

1）谈一谈最近的天气

教师：最近的天气怎么样？发生了什么样的变化？（引导幼儿讨论梅雨季节的天气变化，并用相应的图片表示。）

2）用乐器预报天气

（1）为晴天选择乐器。

教师：做小小气象预报员，用小乐器来预报天气，太阳高照的时候，我们选择什么乐器？应怎样预报天气？（自由讨论，引导幼儿选择乐器和节奏为晴天配音。）

（2）分组讨论为天气配音。

教师：和你的朋友一起选乐器预报天气，每组4个人。（引导幼儿分组讨论为雨天、多云、小雨等变化的天气选择乐器，教师巡回观察指导，鼓励幼儿创编节奏。）

（3）我是气象预报员。

教师：刚才大家都选择了自己的乐器和节奏来预报，我们来听听。（引导幼儿合作展示乐器搭配方案。）

5.活动建议

教师在引导幼儿表述变化天气后，应进行相应的总结。例如，天气真好，太阳升得高高的，把大地照得亮堂堂的。忽然，一片乌云飘过来，遮住了太阳。不一会儿，天空中布满了乌云，下起了小雨。接着，雨越下越大。过了一会儿，雨小了，最后停了。太阳又从云缝里钻出来照亮了大地。

在搭配乐器时，教师鼓励幼儿用自己的方式操作。例如，同样是为太阳配音，有的幼儿用小铃表现，有的幼儿用三角铁表现，还有的幼儿用木琴敲出上行音阶。教师应及时发现幼儿的创作能力并加以肯定，还要鼓励胆子较小的幼儿积极参与活动。

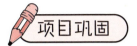

一、填空题

（1）音乐游戏可分为音乐听觉游戏、_____、歌唱游戏和_____。

（2）音乐游戏是指在_____或_____的条件下，按照一定规则和要求进行各种活动的游戏。

（3）教师需要在开展音乐游戏前做好三方面的准备工作，即_____、经验准备工作和空间准备工作。

二、单项选择题

（1）幼儿舞蹈的表现形式不包括以下哪种？（   ）

A.游戏舞　　　　B.表演舞　　　　C.双人舞　　　　D.集体舞

（2）音乐游戏最大的特点是具有（   ）。

A.音乐性　　　　B.趣味性　　　　C.游戏性　　　　D.生活性

（3）智力游戏、音乐游戏和体育游戏都属于（   ）。

A.创造性游戏　　B.角色游戏　　　C.有规则游戏　　D.生活游戏

（4）（   ）是音乐游戏最大的特点，也是它区别于其他规则游戏的典型特征。

A.游戏性　　　　B.音乐性　　　　C.生活性　　　　D.趣味性

三、案例分析题

幼儿教师准备开展一次名为《鱼儿游》的小班幼儿音乐游戏活动。在游戏中，教师先请幼儿学一学鱼儿游泳的动作，并请幼儿跟随《鱼儿游》的音乐想象自己像小鱼一样在水中游啊游……

请结合上述案例回答：教师使用了哪种音乐游戏形式？请说一说这种音乐游戏形式的特点。

项目九

幼儿喜爱的特色游戏
——手指游戏、民间游戏

手指游戏、民间游戏都是人们在日常生活当中非常常见的游戏，往往来源于民间，贴近幼儿的生活实际，是人们智慧的结晶。

手指游戏是幼儿游戏的重要形式之一，被誉为"指尖上的智慧"，幼儿们通过十指的舞蹈让儿歌变得更加灵动，幼儿们也会变得更加智慧。它不仅给孩子们带来了心理上的愉悦感，还充分发展了他们的观察力、记忆力、想象力。

民间游戏在人们的生活中广泛流传，它的文化魅力在于通过其内在价值和游戏样式向人们展示自己文化符号，加深大家的民族认同感。中国民间游戏经历了历史的洗礼，是很宝贵的文化遗产。挖掘及传承这些具有人文价值的民间游戏对发扬中华民族优秀的传统文化具有现实意义。

本项目主要介绍手指游戏、民间游戏的概念和类型，总结设计与组织手指游戏、民间游戏使用的方法与策略，并在教学活动中引导学生全面、深入地认识幼儿特色游戏，从而培养学生拥有设计与组织幼儿特色游戏的专业技能并使他们形成正确的游戏观。

思维导图

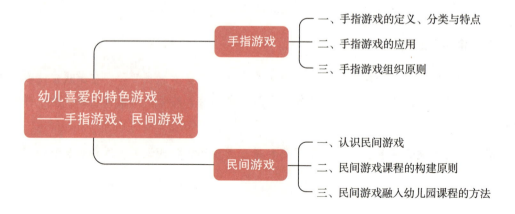

幼儿喜爱的特色游戏——手指游戏、民间游戏

手指游戏
- 一、手指游戏的定义、分类与特点
- 二、手指游戏的应用
- 三、手指游戏组织原则

民间游戏
- 一、认识民间游戏
- 二、民间游戏课程的构建原则
- 三、民间游戏融入幼儿园课程的方法

学习目标

知识目标

（1）了解手指游戏、民间游戏的概念和特征。
（2）理解手指游戏、民间游戏的类型与教育特征。

技能目标

（1）掌握手指游戏设计的方法和民间游戏改编的方法。
（2）能组织与实施手指游戏、民间游戏。

素养目标

（1）可以组织幼儿进行特色游戏活动。
（2）能够指导家长带领幼儿开展特色游戏。

学习支持一　手指游戏

情境导入

　　今天是吉吉老师到某幼儿园实习的第一天。马上就要开始吃午饭了，但是刚上完厕所洗完手的小朋友们还沉浸在自己的世界中，有的跟好朋友在热聊、有的在发呆，还有的跑去了"娃娃家"……，林老师在做进餐前的准备工作，就请吉吉老师帮忙组织一下小朋友。但是面对吉吉老师的招呼，小朋友们就像没有听见一样。这时，林老师说："小朋友们还记得昨天我们学习的手指游戏——《小白小白》吗？咱们一起来做一遍好吗？"说着，他就带着小朋友们边唱边做了起来。

小白小白上楼梯，

拉拉小天线，打开电视机，

电视不好看，关掉电视机。

小白小白下楼梯，

去吃肯德基！

汉堡呀汉堡，

鸡腿呀鸡腿，

可乐呀可乐，

薯条呀薯条，

冰激凌呀冰激凌，

嗝——吃饱了！

　　神奇的一幕出现了：幼儿们认真地跟着林老师边唱边做，之后就按照林老师的要求坐在了自己的座位上。吉吉老师不禁好奇起来，脑袋中出现了一系列问号：幼儿为什么对这种边说边做的手指游戏如此喜欢？手指游戏对于幼儿的成长又有什么意义呢？一般应该在哪些活动环节中开展呢？

一、手指游戏的定义、分类与特点

1. 手指游戏的定义

　　手指游戏就是用手指头玩的游戏。婴幼儿期是手部动作发展的关键期，手指运动能直接刺激大脑皮层，促进大脑的发育，而大脑的完善发展又能使手的动作更加灵活。因此，教师可以通过各种途径让幼儿的手动起来，因为生动有趣的手指游戏也是幼儿喜欢的手指运动之一。

2. 手指游戏的分类

　　手指游戏包含专门的手指操和其他手指游戏。专门的手指操是指为了锻炼手指的灵活性而设计的手指活动，其中包括各个手指的弯曲练习、点指练习、弹指练习、轮指练习以及手指之间的协调配合练习等。其他手指游戏包括融入音乐活动中的手指游戏，以及结合文学作品的手指游戏等。开展手指游戏可以提高幼儿手指的灵活性，促进幼儿的语言发展，还能激发幼儿的大想象力，促进幼儿与同伴的交流。

3. 手指游戏的特点

　　手指游戏内容丰富、音韵和谐、朗朗上口，具有便捷、简朴、轻巧、灵活的特点，还可以促进幼儿之间的合作与协商。手指游戏不受时间、条件、年龄的限制，随时可以开展，分为适合室内教学活动的手指游戏，适合户外教学活动的手指游戏。另外，教师可以根据幼儿的接受能力和教育内容的需要来选择适合的手指活动，使他们在轻松、愉快的活动氛围中由浅入深地学习。手指游戏可以带给幼儿独特的体验和智慧的启迪，作为教育者，手指游戏的教育价值就是通过手指的活动带动语言上认知的发展，给幼儿带来愉快的情感体验。

二、手指游戏的应用

1. 利于教学活动的开展

　　幼儿的天性就是活泼好动的，就算是专心致志也不过几分钟，然而，一般的教学活动却长达半小时。这时，教师就应该灵活掌握活动情况，若发现大多数幼儿开始说话、打闹，就可以带领他们做一些有趣的手指游戏，从而吸引他们的注意力。

 案例1

十指歌

一根手指转转转，变成牙刷刷刷刷；

二根手指转转转，变成小兔蹦蹦蹦；

三根手指转转转，变成小猫喵喵喵；

四根手指转转转，变成叉子叉叉叉；

五根手指转转转，变成老虎唔唔唔；

六根手指转转转，变成电话喂喂喂；

七根手指转转转，变成老鼠吱吱吱；

八根手指转转转，变成手枪啪啪啪；

九根手指转转转，变成钩子钩钩钩；

十根手指转转转，转到身后看不见。

　　这时，教师可以说："我来看看哪个小朋友的小手藏得最好呀！"小朋友们就会将小手背后，注意力就又会重新集中了。

> **试一试**：请搜集2~3种适合在教学活动中使用，可以吸引幼儿的注意力且有利于维持教学秩序的手指游戏。

2. 作为知识传授手段

　　有些手指游戏本身附带的儿歌就是一个知识载体，通过念儿歌、做动作的形式，幼儿既能让手指动起来还可以对儿歌留下较为深刻的印象，这样的手指游戏就可以作为教师传授相关知识的手段。

 案例2

一家人

大拇指是爸爸，爸爸开汽车，嘀嘀嘀（双手单伸大拇指出来，向下按）；

爸爸旁边是妈妈，妈妈洗衣服，刷刷刷（双手单伸食指出来，做搓衣服的动作）；

个子最高是哥哥，哥哥打篮球，砰砰砰（双手单伸中指出来，向上做投篮动作）；

哥哥旁边是姐姐，姐姐在跳舞，嚓嚓嚓（双手单伸无名指出来，做绕圈动作）；

个子最小就是我，我在敲小鼓，咚咚咚（双手单伸小拇指出来，做敲小鼓动作）；

五根手指的特殊和相应的手势意义：把小拇指比作"小个子我"，把无名指比作"姐姐"把中指被比作"高个子哥哥"是对手指特征的形象比喻，还包含了"小""高"等数学概念。对于此类的手指游戏，幼儿在玩的过程中既可以达到放松、愉悦心灵、锻炼手指技能的目的，又符合作为知识传授手段的要求，在组织小班幼儿活动中具有相当高的实用价值。

3. 作为课堂导入环节

在上课之前，教师可以运用手指配合儿歌、音乐做一些手指活动，以吸引幼儿的注意力，激发幼儿的学习兴趣，如组织数学教学活动《认识5以内的数字》可以运用"五只猴子"的手指谣来导入，让幼儿对"5"有初步的了解。

案例3

五只猴子荡秋千

五只猴子荡秋千，嘲笑鳄鱼被水淹，鳄鱼来了鳄鱼来了，嗷呜啊呜；

四只猴子荡秋千，嘲笑鳄鱼被水淹，鳄鱼来了鳄鱼来了，嗷呜啊呜；

三只猴子荡秋千，嘲笑鳄鱼被水淹，鳄鱼来了鳄鱼来了，嗷呜啊呜；

两只猴子荡秋千，嘲笑鳄鱼被水淹，鳄鱼来了鳄鱼来了，嗷呜啊呜；

一只猴子荡秋千，嘲笑鳄鱼被水淹，鳄鱼来了鳄鱼来了，嗷呜啊呜；

小朋友们，没有猴子啦！

教师运用对应的教学方法生动地导入要讲解的活动内容。课前的"热身"会给幼儿们带来不一样的体验。

4. 调动幼儿的积极性

在幼儿园中，总有一些孩子由于个性、心情等因素而不爱讲话不肯配合大家活动，而在小班中，这一点表现得更加明显，由于不适应幼儿园环境或者入园时对于父母的依恋性太强、性格内向等原因，幼儿对于教师组织的活动常常表现得毫无兴趣，有时不仅不配合，还哭闹叫嚷，这更加给教师组织活动增加了难度。此时，利用一个合适的手指游戏来调动幼儿的积极性引起幼儿的兴趣就比较简单、有效。有趣的儿歌和好玩的手指动作可以让幼儿产生熟悉感，使心情变得开朗起来。在现实生活中，有的幼儿性格内向，语言的发展比较滞后，平时连想让老师给自己添饭都不肯说话，可是在老师带领手指游戏"开门"时，他们比在任何时候都开心、认真，也会自觉地唱起儿歌，跟其他幼儿一起做手指动作。

 **案例4**

这里就是我的家

这里就是我的家，（双手呈倒三角）；

你从窗子往里看，（双手相互插在一起留一个小孔眼睛凑着看）；

爸爸正在擦地板，（双手大拇指碰碰头）；

妈妈正在洗衣裳，（双手食指碰碰头）；

爷爷正在看报纸，（双手中指碰碰头）；

奶奶正在煮稀饭，（双手无名指碰碰头）；

我正坐在马桶上，（双手小拇指碰碰头）；

嗯、嗯、嗯——（十指交叉，手心朝下按三下）。

接下来，教师可以说："小朋友们，在家里是不是很快乐呀？"此时，幼儿们就已经充分放松下来了。

三、手指游戏组织原则

1. 经常变换，保持新鲜

幼儿的年龄越小，对某一事物的新鲜感保持时间越短。因此，教师要经常更新手指游戏的内容，还可以请幼儿和家长一起来帮忙开发新的手指游戏，持续激发幼儿对手指游戏的兴趣。

2. 不受限制，随时开展

手指游戏不受时间、条件、年龄的限制，可以随时开展。在教室，在操场，在去郊游的路上；在课前，在餐前，在离园的时候……教师可以根据幼儿的年龄特点和接受能力来选择相应的手指活动，使他们的手部肌肉在轻松愉快的气氛中得到锻炼。幼儿一日活动中的每个过渡环节（如无声的手指运动和变化多端的手指造型）都可以很好地稳定幼儿的情绪，使幼儿的注意力尽快被教师吸引，如图9-1-1所示。这样，教师组织幼儿集中起来或排队就变得很简单、很轻松。

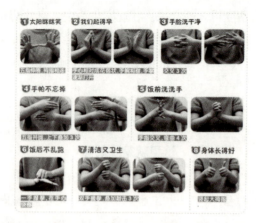

图 9-1-1　清洁宝宝手指游戏

清洁宝宝

太阳眯眯笑，

我们起得早，

手脸洗干净，

手帕不忘掉。

饭前洗洗手，

饭后不乱跑，

清洁又卫生，

身体长得好。

之后，教师可以说："小朋友们，让我看看哪个宝宝最乖呀？"这时，幼儿们都十分听话地做完了动作。

3. 遵循特点，减少变化

幼儿由于年龄小，手指的关节和肌肉尚在发育时期。因此，教师设计手指游戏的动作应简单，变化不宜太多，且动作可多次重复，便于幼儿掌握动作要领，增强幼儿的自信心，避免幼儿面临困难而退缩。

4. 由浅入深，循序渐进

在选择手指游戏时，教师应根据幼儿的年龄特点，由浅入深，循序渐进。在小班，教师可以利用手指来做一些简单的模仿动作，如小花、手枪、剪刀、小鸟、小兔等，让幼儿感受手指变化带来的快乐。在中班，教师可以逐步引导幼儿进行一些基本手型的练习，如弹指、轮指、弯指、捏指、勾指等动作，使幼儿手指的各个关节都动起来，同时，结合一些简单的童谣，让幼儿随时都可以进行手指运动。在大班，教师将手指游戏融入故事、古诗中，让幼儿用手做动作；还要让幼儿在大脑里回忆故事情节和古诗内容，从而有效地开发大脑功能。

5. 以此为介，多元发展

在手指游戏活动中，幼儿的大脑、手、眼协调起来，这对视觉、听觉、触觉、语言等功能的发展也有着很大程度的促进作用。在组织幼儿手指运动时，教师应充分调动幼儿多种感官的参与，鼓励幼儿大胆表达自己的想法。同时，教师还应有效结合音乐、语言、健康等各领域的内容，将它们与手指"体操"融为一体，促进幼儿多元化发展。

好动好玩是幼儿的天性。手指游戏是幼儿的基本活动，符合幼儿的年龄特点，手指游戏具有趣味性，幼儿在游戏中观察，思考，想象。在游戏中运用各种感官，动手，动脑，学会与人交往合作，将手指游戏运动到教学中，既有可行性也有操作性；同时，其对幼儿的自身发展也起到促进作用，将手指游戏融入教学，不仅满足了幼儿的发展需要，更为教师组织教学活动提供了很强的辅助作用。因此，将手指游戏运用到幼儿园一日教学活动中，充分挖掘其内在价值，发挥其教育功能，将其和学习结合在一起，可以让幼儿更快、更开心地成长！

学习支持二 民间游戏

在某次户外自由游戏活动中，幼儿们有的玩滑梯，有的玩球，有的荡秋千，还有的走梅花桩。多多和小爱在一旁商量着什么，然后两人面对面站着，手牵手，边念儿歌，边有节奏地向左右协调地摆手（炒、炒、炒黄豆，炒好黄豆翻跟头）。当念到儿歌的最后一句时，两人举起同一侧的手臂，翻转身体并还原姿势，然后反复进行。虽然看起来是很简单的一个游戏，但是两个孩子玩得非常开心。看见她们玩得开心，有些幼儿被吸引了过来，也想跟着玩，多多和小爱指导着玩法参与的幼儿越来越多。回到活动室，王老师就组织幼儿们说说在户外活动都玩了些什么游戏，孩子们最有兴致就是"炒黄豆"游戏，王老师说："老师小时候也玩过这些游戏，还有很多类似的，它们叫民间游戏。"接下来，王老师还发动幼儿们回家后收集其他民间游戏的玩法。在未来一段很长的时间里，幼儿们对民间游戏的兴趣一直不减。

这些游戏活动激起了幼儿对民间游戏的喜爱，他们的热情一直不减，这正是由于民间游戏具有独特性。那么，什么是民间游戏？教师应如何选择用民间游戏？如何在幼儿园里组织与指导民间游戏？这是我们马上要探讨的问题。

一、认识民间游戏

1. 民间游戏的含义

民间游戏是一种产生、流传于民间，由劳动人民在日常劳动的过程中自发创编的，多以幼儿为游戏主体的，具有中华特色、浓厚地方性和趣味性的嬉戏活动。

2. 民间游戏的特点

1）随机性

民间游戏题材广泛，内容丰富，具有很大的随机性；规则及与之相伴的歌谣具有随机性；形式多样，具有随机性；运用的材料丰富多彩，具有随机性；对场地的要求不高，具有随机性；在时间上具有随机性等。

2）简便性

民间游戏中使用的材料、玩具大多数是来自生活、来自自然，如水、石、沙、废旧物品等，这些材料源于生活，易于准备，便于制作。例如，"拈石子"又称"抓子"，是一种民间传统游戏，其游戏材料是石子。

3）趣味性

趣味性是游戏固有的特征，有些民间游戏能够流传是因为它浓厚的趣味性，符合游戏的特点，如跳皮筋，幼儿边念儿歌边跳皮筋，在多变的玩法中感受到了无与伦比的欢乐，成了一代又一代人美好的童年回忆。民间游戏的儿歌具有一定的文化特色，儿歌的内容常常诙谐逗趣或者具有当地的文化特色。

3. 民间游戏的分类

1）根据游戏功能分类

其可分为体育类、智力类、语言娱乐类、表演类。体育类民间游戏主要以发展身体动作为主，练习走、跑、跳、钻爬、投掷、攀登等，发展幼儿的基本动作，如"拍人""踢瓦片"等。智力类民间游戏是以发展幼儿智力，以动手动脑为主，能提高幼儿的思维能力，这类游戏要求幼儿思维敏捷、反应快，如"翻花绳""七巧板"等。语言娱乐类是伴有儿歌的，主要以一唱一和或一问一答为主要形式的游戏，这类游戏能促进幼儿语言表达和创编能力，提高幼儿在游戏中学习语言和运用语言的兴趣，如"金苹果、银苹果"。表演类民间游戏是感知民间艺术内容，促进幼儿的主体性发展的游戏，这类游戏具有艺术性、娱乐性及表演性如"皮影戏""舞龙""舞狮"等。

2）根据游戏组织形式分类

其可分为个体游戏、小组游戏和集体游戏。个体游戏如"踢毽子""跳短绳""抓石子"等；小组游戏如"打弹珠""跳房子""斗鸡""翻花绳"等；集体游戏如"挤油渣""跳长绳"等。

3）根据游戏材料需要分类

其可分为需要材料游戏和徒手材料游戏。需要材料游戏如"抽陀螺""放风筝""舞龙"等；徒手材料游戏如"捉迷藏""老鹰抓小鸡""拍人"等。

二、民间游戏课程的构建原则

1. 区域性

区域性的民间游戏所需的材料更容易获得；区域性的民间游戏和幼儿的现实生活联系更密切，更容易被幼儿理解。

2. 适宜性

选取适宜不同幼儿操作的游戏内容和形式，并结合现代教育理念，对之进行适当的改造，以更好地满足其发展的需要。民间游戏具有浓郁的生活气息，活动对象没有明确的限定。但有些民间游戏难度过高、内容过繁，幼儿在游戏中难以达到或实现，这就需要"去粗取精"，降低难度，让所选的游戏符合幼儿的身心发展特点，如"斗拐"游戏的难度偏大，即使是大班幼儿也很难把握，教师在引入时就要改良、降低难度。比如，将其换成单脚站立，面对面双手推掌，看谁先落地（在地垫上游戏）。

3. 家长参与性

家长参与民间游戏课程的建设，不仅可以从中获得正确的教育理念，而且由于各自具有不同的知识经验和专业背景，还能够为幼儿园民间游戏课程的建设提供更多的支持。

4. 科学性

将民间游戏引入课程要注重内容以及形式的科学性。因人们的生活方式、价值观念以及社会习俗的改变。许多民间游戏在内容和形式上都呈现出一定的局限性，有的甚至存在一些不健康、不安全的内容，如"捉鬼"游戏，不利于对幼儿进行科学教育。因此，教师可将"捉鬼"改为"捉影子"，这样既保持了该民间游戏的特点，又符合游戏的科学性。

5. 娱乐性

一般娱乐性较强的民间游戏具有共同的特点：内容生动具体、形式活泼多样、并配有朗朗上口的儿歌。娱乐性强的民间游戏会激发幼儿参与的积极性，通过游戏来满足幼儿动、好玩、好模仿的心理特点。例如，在"办锅锅宴"游戏中，幼儿通过扮演角色、模仿角色的行动来获得积极的、愉快的情绪体验。例如在"跳皮筋"中，幼儿边跳边唱"周扒皮"的儿歌。

三、民间游戏融入幼儿园课程的方法

1. 因地制宜，创造良好的游戏环境和条件

《幼儿园教育指导纲要（试行）》中指出："环境是重要的教育资源，应通过环境的创设和利用，有效地促进幼儿的发展。"为此，应重视环境的创设和利用，让环境"说话"，让每个活动区域、每块墙壁、每条走廊都来与幼儿互动、与幼儿"对话"，充满民间特色。比如，教师在各班级走廊墙面处用便利贴布置一些颜色、大小不同的方格、图形、数字、脚印等；在健身区为小班和中班幼儿提供皮球，为大班幼儿提供跳绳；在手工区为幼儿准备毛线绳用来玩翻绳、打好洞的纸板用来玩穿洞，折纸玩"东南西北"等。另外，可以发动幼儿及家长利用废旧材料制作一些小型活动器械：把易拉罐加工成小朋友能踩的高跷；把玻璃绳制成小朋友爱踢的毽子；把饮料瓶子变成杠铃、树桩；用废弃的轮胎玩滚圈等。

2. 摸索实践，形成自己的"民间游戏"园本课程

1）根据幼儿不同的年龄段选择相应的游戏，以保证游戏的安全性

由于幼儿园动作的准确性、灵巧性和协调性都还不够，而且不同年龄段孩子的动作发展程度又存在一定的差异。如大班幼儿可以玩"老鹰抓小鸡""攻城"；中班幼儿可以玩"独木桥""跳格子"；小班幼儿可以玩"炒黄豆""捞鱼"等比较简单，活动强度不大的游戏。

2）在游戏开展的过程中，教师应根据幼儿的反馈信息对游戏进行创编

教师注意创编游戏时尽可能地考虑游戏的多重教育功能，以促进幼儿的全面发展，体现《幼儿园教育指导纲要（试行）》的真正含义，如可以用组合法把两个或两个以上的动作技巧与本班幼儿的实际发展水平有机地组合在一起。

案例6

例如，大班体育类游戏"猫捉老鼠"和语言类游戏"小老鼠上灯台"的组合，可以通过童谣来增强游戏的趣味性；再如，大班体育类游戏"跳房子"和社会类游戏"石头、剪刀、布"的组合，可以增强该游戏的秩序性。教师可以用拓展法请幼儿设计出不同的游戏玩法或是创编游戏儿歌等。同一种游戏可以有不同的玩法。比如，对于游戏"跳房子"，可以设计单脚或双脚跳；也可以将班上的学习情况融入进来，在方格里画上单数和双数，让幼儿单脚跳进单数格，双脚跳进双数格；还可以按数字顺序顺数着跳或倒数着跳等。

民间游戏除了能发展完善幼儿的各种动作外，更能在心理上使幼儿体验各种感受。因此，在设计民间游戏时，教师可以有意识地把个人项目和集体项目结合在一起，既不作为单一个人的项目，也不作为纯粹的集体项目。这可以使幼儿在获得成就感和体验失落感的同时，还能切实感受到集体的温暖和强大，体会团结协作的重要性，以培养幼儿的团队精神和抗挫折能力。

3. 增强互动，幼儿与家长共同参与游戏课程开发

对于幼儿和家长而言，他们不仅被本土文化影响，又是本土文化的建构者。因此，民间游戏课程的开发不仅需要幼儿的参与，也需要家长的参与。通过参与民间游戏课程的建构和实施，家长不仅可以加深自身与孩子间的亲子之情，也有助于家长理解幼儿园教学。另外，在民间游戏开展过程中，还可以调动家长的积极性，收集并制作具有浓郁乡土情趣的玩具材料，如将废纸箱和废鱼竿做成小花轿等。

4. 合理融入，贯穿在幼儿的日常活动中

（1）结合本班日常教育目标，合理地将民间游戏有机地融入日常活动。

在中班的数学活动中，教育目标为认识"5"的相邻数，就可以利用"跳房子"的游戏，在地上画上格子并分别标注上5的相邻数，引导幼儿边跳边念："5有两个好邻居，就是4和6，4是5的小邻居，6是5的大邻居，大家一起玩跳格，开心又有趣。"这样一来，幼儿在愉悦的游戏中轻松地掌握了"5"的相邻数，顺利达成活动目标。

（2）民间游戏可在幼儿一日活动的零散间隙中开展。

孩子在幼儿园的一日活动环节过渡中有许多零散时间，如幼儿来园后的晨间活动，以及早餐后、离园前等。例如，对于晨间活动，可以在场地上准备许多游戏材料，让孩子们根据意愿自由寻找游戏伙伴、自选玩具和玩法，或自己商量制定游戏规则，改变玩法；也可以由老师来组织集体活动如玩"老鹰捉小鸡""编花篮""踩影子""吹羽毛"等，这些游戏的运动量较大，除了发展动作外，还可以培养幼儿交往、谦让、合作的能力。例如"叫手势"游戏——"一出针，二出剪，三股叉，四季换，五福到，六六顺，七巧巧，八仙来，九到头，十满堂；"再如"推小车"游戏——"吱吱吱，小车叫，推上小车卖甜糕，谁要？谁要？（我要，我要）娃娃吃得眯眯笑。"对于体育活动，为激发孩子的学习兴趣，增强幼儿的腿部力量，提高幼儿的跳跃能力，培养幼儿与人合作的意识，可以在大班开展民间体育游戏"编花篮"来锻炼孩子的腿部力量。同时，教师还要不失时机地用比赛来激励孩子之间的竞争，充分发挥孩子的主体性，发展孩子的合作能力与创新精神。比如，体育游戏"跳格子""玩沙包""冰糕化""丢手绢""荷花荷花几月开"等，均可以产生不同的玩法。

（3）生活中的过渡时间。

幼儿在每天的生活中有许多过渡时间，此时，可以安排一些活动量较小、活动范围较小、材料收放自如的游戏。如在排队等待时就可以玩"挤油"的游戏；在离园前可以玩"拍手背"等游戏，既锻炼了幼儿的灵活性，又调动了幼儿的积极情绪。再如："翻花绳""东西南北""石头剪刀布""炒黄豆"等。

（4）民间游戏与区域活动的开展。

在实践中，可以将民间游戏渗入到区域活动中去，如益智区，投放"挑小棒""翻花绳"的游戏材料，使幼儿在轻松的自发状态下动手动脑；探索区，投放"弹蚕豆""打板儿""转陀螺"等材料，幼儿可以自己探索；语言区，幼儿可以玩"摇啊摇，摇到外婆桥""拉大锯"等配有童谣的、相对活动量小些的游戏；而在运动区，投放高跷、沙包、皮筋、跳绳等材料。还可以建立民间游戏玩具展示区，在展示区里摆放一些毽子、梅花桩、高跷、独轮车、风筝、风车等游戏玩具。

（5）民间游戏与主题活动的开展。

可以根据主题的目标和内容改编民间游戏，使游戏为主题服务。例如在大班的"我是中国人"主题活动中，教师可以在游戏"跳房子"的基础上设置数字和中国名胜古迹相结合的图片，让幼儿选择设计房子，自由、大胆地跳，看谁的花样多。又如，在主题活动"秋天"中，教师可以结合打弹珠的游戏，将用弹珠打中别人改为用弹珠打中竖立的画——画上秋天产的水果的纸牌，比一比谁"摘获"的水果多。

 **项目实训**

实训一：过渡环节中手指游戏的创编

1. 活动目的

加深对手指游戏的认识；能够组织开展手指游戏。

2. 活动场地

实训室或者教室。

3. 活动准备

歌谣若干首。

4. 活动形式

4~6 人分组进行。

5. 活动时间

1 课时（5 分钟分析歌谣；5 分钟确定过渡环节和活动意义；15 分钟设计手指游戏动作；15 分钟展评；5 分钟修改总结）。

歌谣　　　　手指游戏案例

6.活动过程

（1）根据学号分组，让大家围成圆形坐下。

（2）教师宣布活动任务：根据给出的歌谣挑选2~3首给定范围的歌谣，创作成适合幼儿在过渡环节中开展的手指游戏动作。

（3）学生操作，教师在巡视时提供活动支持，如歌谣的选择、方法的指导等。

（4）学生展示作品，教师来评价。

实训二：民间游戏的创编

老鹰抓小鸡

1.活动目的

能够将民间游戏改编成适合在幼儿园开展的游戏方案；能够对方案进行组织与实施。

2.活动场地

实训室或者教室。

3.活动准备

纸、笔。

4.活动形式

4~6人分组进行。

5.活动时间

2课时（1课时25分钟改编幼儿游戏方案，15分钟展评；2课时5分钟修改总结，20分钟模拟方案组织，15分钟展评，5分钟修改总结）。

6.活动过程

（1）根据学号分组，让大家围成圆形而坐下，进行游戏方案改编。

（2）各小组进行方案展示、大家互评，然后教师点评，修改方案。

（3）学生操作，教师巡视，其间提供活动支持。

（4）学生展示作品，教师来评价。

一、选择题

（1）手指游戏内容丰富、朗朗上口，具有便捷、简朴、轻巧、（　　　）的特点。

　　A.灵活　　　　B.有趣　　　　　C.可操作性强　 D.简单

（2）民间游戏一般根据游戏的功能和组织形式以及（　　　）分类。

　　A.游戏时间　　B.游戏地域　　C.游戏规模　　D.游戏材料

（3）民间游戏的特点是具有随机性、简便性和（　　　）。

　　A.趣味性　　　B.实用性　　　C.适用性　　　D.可行性

二、简答题

（1）什么是手指游戏？它具有哪些特点？

（2）请说出3~5个常见的民间游戏。

三、实操题

（1）设计一个适合幼儿园中班在春季开展的民间游戏。

　　目标

　　① 能设计一个幼儿园中班民间游戏方案。

　　② 能组织与实施幼儿民间游戏，提高学生运用理论知识指导实践的能力。

　　内容与要求

　　① 学生能按自己设计的方案分组开展民间游戏实训活动。

　　② 小组成员互评，从游戏目标的达成、游戏环境及材料的创设、游戏环节的实施等方面进行。

（2）改编、创编民间游戏。

　　1）目标

　　① 能对幼儿民间游戏进行改编、创编。

　　② 提高对所学知识的综合运用能力。

2）内容与要求

① 收集幼儿民间游戏，能根据民间游戏的原则进行改编、创编。

② 在教师的指导下，以小组为单位组织修改，并推荐优秀作品汇编成《民间游戏集》。

四、拓展与练习

某幼儿园的林老师为了让幼儿们在户外运动时可以发展体能并玩得开心，选择了"跳房子""打弹珠""抬轿子"等几个民间游戏，将幼儿们分为几个组。但幼儿们玩了一会儿就没有兴趣了。虽然安排的户外活动时间还没到，林老师就提前结束了活动。林老师心想：我小时候可以玩很久，而且玩得很开心的游戏，为什么他们玩一会儿就没兴趣了呢？

针对林老师的困惑，请你用民间游戏的相关知识来为她解答。

项目十

幼儿园前沿游戏的启示与利用

——南有安吉，北有利津

《3~6岁儿童学习与发展指南》中指出，幼儿园要以游戏为基本活动，即幼儿园要结合幼儿的身心发展规律和兴趣特点，将游戏作为主要的活动形式，让幼儿在游戏中锻炼和发展各方面的能力。

"安吉游戏"和"利津游戏"作为我国本土化游戏的典范，是幼儿园结合当地特色，因地制宜生成的游戏模式，是符合生态教育理念的乡土游戏，学前教育理念与幼儿园课程变革的愿景正是安吉与利津幼儿园为我们描绘的：以"课堂集中授课方式为主组织安排幼儿的一日活动"转变为以游戏为基本活动，灵活运用集体、小组和个别活动等多种形式，合理安排和组织幼儿一日生活，让幼儿在游戏的过程中学习知识并增长经验，这有助于促进幼儿的身心健康发展。

本项目主要介绍"安吉游戏"和"利津游戏"游戏的概念、特点、理念、组织和指导游戏的策略、研究等，探讨二者的异同，意在通过教、学、做、研等教学活动引导学生了解我国的本土化游戏，让学生掌握组织幼儿园游戏的专业技能并养成正确的游戏观。

思维导图

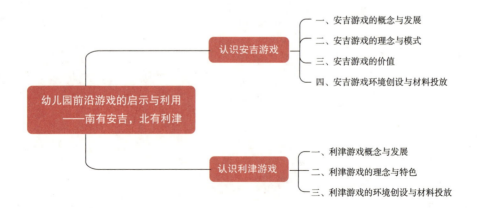

知识目标

（1）掌握"安吉游戏"和"利津游戏"的概念和发展历程。

（2）掌握幼儿园前沿游戏课程中环境规划与材料投放的要点。

（3）理解"安吉游戏"和"利津游戏"的理念及精神内涵。

技能目标

（1）精密观察、精准分析、精心支持，能应用幼儿园前沿游戏课程的相关理论分析幼儿园的现实游戏活动。

（2）能在游戏中引导幼儿用自己的方式独自解决问题。

素养目标

树立科学的游戏观，愿意用幼儿园前沿游戏课程理论观察、分析幼儿园游戏中存在的实际问题，把游戏的自主权归还给幼儿。

学习支持一　认识安吉游戏

情境导入

有人认为，学"安吉游戏"，就是学习"安吉游戏"的精神，而不是学"安吉游戏"的形式。你如何理解这句话？你知道安吉游戏的精神是什么吗？带着这些问题，让我们开始学习本章的内容。

一、安吉游戏的概念与发展

1. 安吉游戏的概念

"安吉游戏"，即安吉幼儿园游戏教育，是安吉幼儿园游戏教育的简称。它是浙江省湖州市安吉县教育局基础教育科副科长程学琴基于安吉县的教育生态改革、探索出的一种以游戏教育为主要形式的全新学前教育实践。2018年，教育部与联合国儿童基金会携手将安吉游戏教育模式列入学前幼儿质量提升项目。

2. 安吉游戏的发展历程

20世纪80年代以来，"安吉游戏"的发展经历了无游戏阶段、假游戏阶段、真游戏阶段。真游戏阶段还及儿童观、教育观和课程观的改变。经过几十年的本土化实践，安吉幼教工作者以游戏点亮儿童的生活，基于儿童立场，将游戏与教育结合，不断反思实践。"安吉游戏"的理论与实践的探索发展正在不断向前迈进，并一直坚持让儿童回归游戏与生活，把游戏权利还给了儿童，让幼儿园教育回归儿童的游戏天性。

1）无游戏阶段

以前，幼儿被限制在狭小、拥挤的室内，学习的是加减法，认字，背诵诗词，没有游戏的机会，小学化是幼儿园教育的核心，如图10-1-1所示。

图 10-1-1　无游戏阶段

2）假游戏阶段

自2001年起，虽然幼儿园开发了多种类型的玩教具，还在室内创设了各种活动区，但是幼儿只能按照教师规定的步骤、顺序、角色等机械地游戏。假游戏只能带来假快乐，幼儿觉得无聊甚至受挫，他们就会像工厂里面流水线上的操作工，对于每一道工序都只是机械地重复。

3）真游戏阶段

2007年，经过反思性实践，安吉游戏将真游戏还给幼儿，探索出一套以幼儿游戏经验为核心，涵盖幼儿园多种活动形式的安吉游戏课程。

二、安吉游戏的理念与模式

1. 安吉游戏的理念

在安吉游戏中的"投入、反思、冒险、喜悦、爱"五个关键词在幼儿身上展现，也引领着安吉游戏中成人的态度、活动、组织及经历。

1）投入

安吉游戏赋予幼儿最大限度的自由，这是推动幼儿投入活动的重要外部条件，而幼儿的积极参与又是幼儿得以深度学习的内部状态。同时，其又为培养幼儿学习的专注度创造了条件。

2）反思

反思在幼儿的经历、经验转化为智慧的过程中起关键性作用。幼儿在自主游戏中的反思主要是通过"游戏故事"来表现的。此外，在安吉的许多其他类型的探究性活动中都有专门的反思环节。而不同形式的反思活动也都成为幼儿发展的加速器。

3）冒险

没有冒险，就没有解决问题的能力，而没有解决问题的能力就无法学习。幼儿根据自己的能力选择自己在游戏中的行为，挑战自己能力极限，这也能最有效地促进他们自身的发展，如图10-1-2所示。

4）喜悦

喜悦真游戏带来的。喜悦不仅是高质量的学前教育的刚性标准，也是学前教育回归儿童本性必然要求。喜悦的游戏活动带给幼儿幸福的生活体验，发展健康的个性心理、形成积极的工作态度，也滋养幼儿的生命。

图 10-1-2　冒险

5）爱

爱是一切关系的基础。幼儿只有在真正被关爱的环境中才能放心地在身体、情感、社会上冒险，保持好奇心，不断发现并提出问题。爱和帮助共同构建起安吉游戏生态，这影响着安吉游戏幼儿园和社区生活。

2. 安吉游戏的模式

1）适合幼儿需要，设置游戏物理环境和资源

游戏环境对幼儿的身体、智力、情感提出"最近发展区"要求，促使幼儿够得着、拿得起、玩得上，但又有利于幼儿各方面的锻炼和发展，可以让不同的幼儿依据自身发展水平和需要进行游戏。从游戏空间的开发性、游戏材料的可控制性两个要点创设游戏环境，有利地从基础上保证了幼儿的游戏权利。一方面，可以充分开发和利用户外游戏环境，把幼儿从狭小的室内解放出来，拓展游戏空间容量。另一方面，可以为幼儿提供自由组合结构的游戏材料，满足幼儿掌控材料的需求，这样，幼儿就有机会自己创造或构建，积极主动体验，从而获得有意义的经验。

安吉游戏案例

2）赋予幼儿游戏自主权，充分保证幼儿游戏时间

"怎样玩""和谁玩""玩什么"都允许幼儿自己决定。幼儿们可以自由选择独立或是团队游戏，教师并不介入，只让幼儿发挥自己的想象力与创造力，完全将游戏的选择权交还给幼儿。著名游戏专家华爱华教授说过："保证充分的游戏时间，就能保证幼儿在不同水平上富有个性的发展。"幼儿每天的游戏时间为1小时左右，就能保证幼儿从容地完成自己的游戏意愿，并在不同方向上有个性地发展。

3）教师转变为幼儿游戏的支持者，观察分析幼儿游戏并给予适时指导

首先，教师转变对幼儿表现的主观臆断现象，不能以主观意图干扰幼儿的游戏，从"管住嘴、管住手（不干预），睁大眼、竖起耳（倾听）"的观察要求开始，倾心观察幼儿自由游戏。其次，教师捕捉游戏中幼儿的自发学习行为。教师在游戏中通过观察，发现幼儿在自由游戏中的创造、想象、探究、合作、专注等表现。再次，教师学习分析幼儿的游戏行为。教师分享幼儿的游戏故事，并将儿童游戏中的故事分解为"已有经验表现""正在进行的自我挑战""可能的发展"，以促进游戏的发展。

知识链接

安吉有集体教学吗？

开展自主游戏后，幼儿的自主游戏成为一日生活的中心。那么，集体教学是否就没有了？

其实，教学集体依然存在。只不过教学的起点不再是各种形式的教材或资源包。安吉放弃了统一的教材，放弃了部分无意义、远离儿童的知识教学。让课程与教学更多地来源于幼儿的游戏中的经历，来源于一日生活中的真实的事件。

所以，自主游戏本身就是课程，但它同时又是更多其他课程和教学环节的源头与平台。

三、安吉游戏的价值

安吉游戏的价值是以幼儿的真实游戏为核心，由开放的游戏环境、幼儿游戏的赋权、成人的支持角色三大要素构成，让幼儿在没有成人干预、充满爱和安全感的环境中不断挑战自己能力的边界，获得各方面的发展。

1. 安吉游戏有助于幼儿认知能力的发展

对于幼儿来说，安吉游戏"把游戏权利还给幼儿"的真游戏理念给他们的成长之路带来了获得多种经验的机会，其各方面能力包括计划力、创造力、反思力、运动能力、艺术表现能力、语言表达与表征能力、解决问题的能力等，这些能力都在游戏中得到了全面的发展。例如，孩子去触摸、去感受物质世界的时候，会激发他们的思维去思考，会有各种各样的想法、观点。在安吉幼儿园里，孩子们所做的游戏材料没有被刻意设计过。对成年人来说这些只是简单的木块，但对孩子来说可能是"饼干""太阳"，他们还可以把这些材料搭建成汽车、外星人等。通过游戏和想象力以及给材料附加的故事，孩子们为它们添加了额外的意义。

安吉游戏理解孩子们在游戏过程中的"强大自我"，他们建立自我认知，也和同伴沟通。在游戏过程中，孩子们主动积极地建构自我认知，而不是被动接受。安吉的孩子敢于挑战并承担责任。这些孩子做他们力所能及的事情，并且非常开心、快乐。当他们拥有游戏自主权时，就有机会去超越、去发现，如可以在游戏中发现新事物并勇于挑战、接受挑战和应对挑战。

2. 安吉游戏有助于幼儿情绪、情感的发展

（1）安吉幼儿园里充满了喜悦。

对幼儿来说，喜悦非常重要，喜悦是学习的必要元素，他们在感受喜悦的同时，也会有各种奇妙的时刻。

（2）安吉幼儿园充满了爱。

教师站在孩子的立场上去思考、去设置环境、去创造生活、尊重、信任孩子的能力。因为他们认为如果尊重孩子，追随孩子，他们就会改变世界。

（3）安吉的孩子在游戏中不断冒险

幼儿在感受挑战成功的喜悦时，还习得了如何计划、控制以规避风险，如何观察、评估以调整风险，如何合作、求助以降低风险。他们在游戏中不仅获得了成功和自信，还能通过多种方式判断风险、自我保护。

3. 安吉游戏有助于幼儿社会性的发展

在游戏过程中，除空间、场地、材料和资源外，孩子与同伴间的互动、合作、学习更为重要，更有价值。安吉游戏很好地验证了维果茨基的最近发展区理论。在安吉游戏中儿童不断创造自己的最近发展区。在这里，成人不再处于一个更高级的位置，而是不断加深对"儿童是自己童年的主人"的理解。理解幼儿的发展不仅是一个自然的过程，也需要将自然习得与文化习得相结合。

4. 有助于家园共育

安吉游戏中有一种方法，让教师、家长回忆最喜欢的童年游戏经验。通过回忆，成年人会想，为什么不让我自己的孩子玩呢？这个方法有助于家长了解幼儿园活动的特点。有时，孩子们会把整个游戏故事带回家，使其成为家长和学校的沟通桥梁。在游戏故事中，我们不仅能够回忆游戏，也能了解了游戏的内涵。

5. 有助于促进教育公平

如果一个社会有足够公平，那么农村和城市的孩子应该享有同样机会。在安吉游戏中，来自农民工家庭的孩子与条件更好的孩子享有同样的机会，而且他们获得鼓励，把自身文化方言、传统带入课堂。同时，安吉游戏的核心价值就是自主权、独立、自由、平等和拥有。在安吉游戏里，男孩可以扮成海盗、跳舞、化妆，女孩可以推着玩具桶勇敢地滚动，并尝试搭建复杂、结实的建筑，这就是教育平等的具体表现。

6. 有助于教师的专业发展

对于教师来说，安吉游戏为其专业成长提供了清晰的发展路径，让他们发现了：幼儿具备学习的主观能动性，并且善于运用无处不在的资源开始学习，这使安吉幼师的幼儿

观、教学观、课程观都在发生着质性的改变，他们在直面幼儿的游戏时，做到了：放手游戏，放弃主观的指导和对幼儿的行为控制，还给儿童自由自主的游戏；观察游戏，发现儿童的精彩行为，感受幼儿在游戏中的能力，时刻关注幼儿的动向，为他们提供必要的支持；分析游戏，理解幼儿的游戏中的学习内容、探究过程与发展水平；回应游戏，基于游戏生成教学，对幼儿游戏经验进行梳理。

四、安吉游戏环境创设及材料投放

1. 为幼儿提供自然、挑战的游戏场所

在安吉，幼儿园拥有多种特征的自然野趣的户外游戏场地，如充分利用园内的平地、草地、坡地、沟渠、树林、野草、高台、沙水、绳索、石头、木桩等多种自然环境建立各种游戏场地。例如，安吉县机关幼儿园设置了包括沙水区、欢乐运动场、建构区（户外、室内、门厅）、冒险岛、农家乐、小树林、石玩坊、涂鸦、废旧工厂等区域；处在城郊的南北庄园心幼儿园，空间上分为户外游戏区（金沙滩沙水区、建构区、运动区、野战区、野霄区农林区等），如图10-1-3所示。建廊游戏区（包括休闲书吧、创意美工坊、阳光大舞台、美食一条街），跳缓游戏区（包括益智区、美工区、图书区、娃娃家）三大片区；地处安吉县西南部、天目山北麓的报福中心幼儿园，户外活动面积达6 500平方米。整个户外场地由缓坡、树林、种植区域、感觉区域、玩沙玩水区域、大型运动区域、小型私密空间等组合而成。

图 10-1-3　户外游戏场地

2. 能自主掌控的开放性的游戏材料

安吉游戏倡导为幼儿提供可移动、可自行组合的游戏材料，这些材料主要有以下几个特点：首先，游戏材料必须是自然生态、可反复使用、不必经常更换的；其次，游戏材料必须由幼儿园相关负责人统一规划投放，能够满足不同年龄段孩子的游戏需求；再次，游戏材料是幼儿可以自主掌控，有无限种玩法；最后，游戏材料的收纳整理及游戏过程中的护理工作，必须支持幼儿自主完成。

如图10-1-4所示，在攀爬区里主要提供单梯、人字梯、大木箱、爬网、树桩、地垫、绳索等材料，幼儿们自主协商，把这些材料随意组合，在爬上跳下中不断挑战自我，如图10-1-4所示。玩山玩水区里包含沙水、水车和各类玩沙工具等；建构区里有种类繁多、数量丰富的积木、竹棍、各类小推车和汽油桶等。幼儿园把真的轻体墙砖摆放在户外游戏

场地中，还用木头按照标准砖块的尺寸制作了国内首创的户外炭烧积木，接着又设计并制作了大量体积不同的木块、木板等游戏材料，充分满足了孩子的需要；涂鸦区内的瓷砖墙面、大滚筒、各号画笔、棉棒、滚筒刷、水桶、抹布、废旧材料等，可以让孩子们在自由自在的方式中尽情表现，有的是随性的线条与点的组合，有的是天马行空的想象画，有的是生活情景的再现等，处处洋溢着孩子们的情感、生动而稚拙。另外，幼儿园还在游戏场地中投放了水缸、箱子等半封闭材料，让孩子有空间可藏，因为幼儿特别爱玩滚动的物品，于是找来了废旧的油桶和大小不等的储水桶、各种尺寸的水管给孩子探索；还在大小不一的麻袋、编织袋内装上软的填塞物，以满足对于安全保护的需求。

同时，为了减轻教师为孩子摆放和收纳游戏材料的劳动量，安吉游戏中有大量配套的收纳设施，保障幼儿游戏材料触手可及，同时设置了方便幼儿自我护理的冲洗、脱换衣鞋等装备，让幼儿在自主收纳、整理游戏材料和自我护理的过程中获得更多的学习机会。

图 10-1-4　攀爬区

知识链接

幼儿阶段接受的教育能影响人的一生，但教育不仅仅是知识教育，更是思维、体能、情感等全方位素质的培养。近年来，人们广泛关注全面素质教育，许多专家学者和一线教职工共同探究新教育模式和教学内容。安吉游戏正是近年来的创新活动，强调"把游戏的权利还给幼儿，让活动场地回归自然"。今后，安吉游戏的理念将对幼儿园探寻适合的活动与适合的教育提供方向。安吉游戏器械材料如图10-1-5所示。

户外碳灰积木

户外运动组合

探索组合

沙水组合

图 10-1-5　安吉游戏器械材料

学习支持二　认识利津游戏

"利津游戏"从"游戏是幼儿的天性"这一高度强调了游戏的重要价值，并在园长的带领下创造性地确立了"寓幼儿传统游戏于幼儿一日生活"的教育思想，提出"让幼儿园里每一寸土地都充满灵性，让孩子在园里的每一天都怦然心动"。

一、利津游戏的概念与发展

1. 利津游戏的概念

利津游戏是山东省利津县幼儿园游戏教育的简称，由利津县第二实验幼儿园园长赵兰会及其研究团队历经10余年探索创建。利津游戏开发了丰富系统的户外体育游戏和民间传统游戏活动，践行着"低成本、高质量"的办园理念，颠覆了传统的幼儿教育模式，成为我国幼教界的知名品牌，如图10-2-1所示。

图 10-2-1　利津游戏

2. 利津游戏的发展历程

"利津游戏"在让儿童传统游戏融入幼儿生活的教育目标下，通过"三步走"工作，深入开展了游戏素材的挖掘与整理工作。

（1）素材征集。

通过广泛发放"幼儿传统游戏素材征集表"，先后回收民间幼儿游戏200多例。

（2）素材筛选。

在幼儿园成立"游戏素材研究小组"，对每例游戏的教育性、适宜性进行科学分析，最后筛选出100例游戏素材。

（3）素材分类。

根据游戏目标侧重，将游戏划分为三大类。

①"体育类"：丢手绢、老鹰捉小鸡、跳房子、舞龙灯。

②"智力类"：占角游戏、下棋、翻绳等。

③"语言类"：儿歌、古诗词、童谣等。

本着"盘活资源、因地制宜"的原则，先后设计了攀爬游戏（如爬绳、爬树、爬梯等）、平衡游戏（如走铁索桥、走高路、推小车等）、跑跳游戏（如跳箱、跳绳、滚筒等）、水上游戏（水上运动、竹桥流水等）、情境游戏（如长征之路、农家小院等）及其他游戏（如打地鼠、翻骰子等）六大类有利于发展幼儿大小肌肉动作、体能、合作性，以及认知发展的14个区的180多种游戏。

二、利津游戏的理念与特色

利津游戏案例

1. 利津游戏的理念

利津一幼、二幼以"游戏、童年、快乐"为发展理念，主张"把游戏还给孩子、把童年还给孩子、把快乐还给孩子"。"利津游戏"经过多年的探索与研究，形成了"生态、快乐、探索、挑战、传统、创新、普惠"的核心价值理念。利津游戏坚持着幼儿的主体地位，感立足本土又放眼世界，在注重当地自然乡土等民俗文化的基础上，对废旧材料合理利用，践行低成本、高质量的学前教育理念和以游戏作为幼儿园基本活动的教育要求的特色，在中国具有一定的社会效应。

丰富多彩而又系统完整的户外体育游戏和民间传统游戏活动，成为"低成本、高质量"推进学前教育本土创新的希望和典范。在丰富的游戏素材基础上，"利津游戏"秉持"传统的东西也要体现时代脉搏"的观念，教师们从游戏的活动材料、玩法规则以及场地布置三个方面进行了改编创新，这些游戏既嵌入了中国文化基因，又渗透了科学探索精神，同时也体现了教育家陈鹤琴对中国幼儿的期许，爱国、强体、解放头脑等。利津游戏在很多活动内容上都推行我国著名学前教育家陈鹤琴的"活教育"和"五指活动"课程，以及"整个教学法"的理念。

2. 利津游戏的特色

利津游戏的特色，一是对传统民间游戏的挖掘、整理和创新，使幼儿园成为活动着的传统民间游戏博物馆；二是尝试课程游戏化，崇尚运动和生活、自然教育，拓展幼儿户外运动游戏，将民间文化融入幼儿园游戏。利津游戏包括儿童传统游戏和户外野趣游戏。儿童传统游戏分为三大类：语言类、智力类和体育类。户外野趣游戏在内容上又分为攀爬类、平衡类、跑跳类、水上类、沙土类和情境类，集创新性、趣味性、实用性于一体。

3. 利津游戏的价值

首先，利津游戏基于"把游戏还给孩子，把童年还给孩子，把快乐还给孩子"的理念，让幼儿真正成为游戏的主人。其次，利津游戏秉承着"传统的东西也要体现时代脉搏"的游戏创新理念，通过对传统游戏的探索与创新，精心挑选传统游戏并为幼儿提供游戏材料，为传统游戏注入新的生命力，使其在当代幼儿身上展现出所特有的教育价值。最后，利津游戏把游戏视作幼儿经验获得与生命成长的基本方式，为幼儿提供了一系列敢于探索、勇于挑战、善于创新的游戏课程与游戏氛围。让幼儿在挑战与探索中认识世界，发现自我，培养幼儿自信、勇敢、智慧、坚毅等优良品质，努力让幼儿教育回归本真。

三、利津游戏的环境创设与材料投放

根据幼儿园游戏场地和空间，合理规划和创设了14个活动区，极大丰富了幼儿的活动兴趣，包括攀爬区、建构区、玩沙场、野战区、动物园、种植园等。活用资源创设生态游戏环境，开发了利用大柯建造的"树屋"，利用小土坡挖掘的"阿里巴巴洞"等，不仅能够满足幼儿的想象力还充分利用了园所生态空间。

在游戏材料的开发上，赵兰会园长秉承就地取材、变废为室、一物多用的理念，注重当地自然乡土、废旧材料的合理利用，通过材料的系统创新、丰富了游戏材料，符合一些成本，"高质量"的办园理念。同时，为了满足幼儿爱挑战、爱冒险的特点，结合幼儿园自然环境开发了一系列游戏材料，如空中探险、土中作乐、水上乐园、平衡运动等，利津游戏中的材料以其丰富性、生态性、层次性等特点，满足不同年龄和不同能力的幼儿游戏需要，在支持幼儿自主游戏的同时极大地满足了幼儿玩的需求。

有学者从利津游戏本土性、独创性和实用性上归纳利津游戏的特征。本土性是基于利津游戏致力挖掘及传承中国民间传统游戏，通过呈现多样的传统游戏帮助幼儿了解自己的民族文化，从而增强幼儿的民族认同感，以及充分利用当地资源，让幼儿动手构建并且开设多种泥土作乐的好玩具；独创性是指创新游戏材料、场地以及玩法；实用性是指通过种类丰富、玩法多样的游戏材料，让幼儿在游戏中接触新的形象的同时，也获得新的体验，在产生问题的同时，也对世界有新的认知。

 项目实训

安吉游戏与利津游戏的共同特征和不同之处

一、活动目的

培养学生的信息收集能力和对比归纳能力。

安吉游戏与利津
游戏的异同

二、活动要求

（1）利用学习资源自主阅读安吉游戏与利津游戏的异同。

（2）请从儿童观、教师观、游戏资源、游戏环境以及游戏本身五个维度分析安吉游戏和利津游戏的共同点，并填入表10-2-1中。

表10-2-1　安吉游戏和利津游戏的共同点（1）

游戏类别	儿童观	教师观	游戏资源	游戏环境	游戏本身
安吉游戏					
利津游戏					

（3）请从各自特色、教师角色、游戏形式、游戏材料、层次性五个方面分析安吉游戏和利津游戏的共同点，并填入表10-2-2中。

表10-2-2　安吉游戏和利津游戏的共同点（2）

游戏类别	各自特色	教师角色	游戏形式	游戏材料	层次性
安吉游戏					
利津游戏					

三、评分标准

评分标准见表10-2-3。

表 10-2-3　评分标准

评分项	等级				
	优	良	中	及格	不及格
学习方法	有四种以上的方法探寻相同点和不同点，呈现方式清晰新颖	有三种方法探寻相同点以及不同点，呈现方式清晰	有两种方法探寻相同点以及不同点，呈现方式比较清晰	有一种方法探寻相同点以及不同点，呈现方式一般	不具备相关技能和信息收集能力
分析理解	能很好地利用游戏案例和阅读资料，准确表达观点	能利用游戏案例和阅读资料，比较准确地表达观点	基本能利用游戏案例和阅读资料，表达观点	利用部分阅读资料的观点对游戏案例进行简要的分析	不能利用阅读资料进行案例分析
知识掌握	非常完整准确地阐述相关知识要点	完整准确地阐述相关知识要点	比较完整地阐述相关知识要点	基本完整地阐述相关知识要点	不能准确地表达相关知识要点

项目巩固

简答题

（1）什么是安吉游戏？什么是利津游戏？

（2）安吉游戏与利津游戏的理念分别是什么？

（3）安吉游戏和利津游戏各有什么样的发展历程？

讨论题

分组讨论安吉游戏、利津游戏在幼儿园教育活动中的应用方法。

参考文献

[1] 黄人颂. 学前教育学 [M]. 北京：人民教育出版社，1998.

[2] 刘焱. 儿童游戏通论 [M]. 北京：北京师范大学出版社，2004.

[3] 华爱华. 幼儿游戏理论 [M]. 上海：上海教育出版社，1998.

[4] 邱学青. 学前儿童游戏 [M]. 南京：江苏教育出版社，2008.

[5]（德）弗里德里希·福禄贝尔. 幼儿园教育学 [M]. 许建美，泽. 武汉：长江少年儿童出版社，2014.

[6] 丁海东. 幼儿园游戏与指导 [M]. 北京：高等教育出版社，2013.

[7] 刘焱，潘月娟. 学前儿童游戏指导 [M]. 北京：高等教育出版社，2015.

[8] 张馨予. 幼儿游戏活动的支持与引导 [M]. 北京：中国轻工业出版社，2012.

[9] 许政涛，陈宪. 幼儿游戏观察指导 [M]. 上海：上海社会科学院出版社，1998.

[10] 段春梅. 户外区域体育活动的教与学 [M]. 北京：北京师范大学出版社，2010.

[11] 李淑贤，姚伟. 幼儿游戏理论与指导 [M]. 长春：东北师范大学出版社，2000.

[12] 朱智贤，林崇德. 儿童心理学史 [M]. 北京：北京师范大学出版社，1988.

[13] 刘晶波. 社会学视野下的师幼互动行为研究：我在幼儿园里看到了什么 [M]. 南京：南京师范大学出版社，2006.

[14] 姚本先. 儿童发展与教育心理学 [M]. 合肥：安徽大学出版社，2002.

[15] 李幼穗. 儿童社会性发展及其培养 [M]. 上海：华东师范大学出版社，2004.

[16] 董旭花. 幼儿园游戏 [M]. 北京：科学出版社，2009.

[17] 张文新. 儿童社会性发展 [M]. 北京：北京师范大学出版社，2000.

[18] 华爱华. 幼儿游戏理论 [M]. 上海：上海教育出版社，2000.

[19] 梁周全，尚玉芳. 幼儿游戏与指导 [M]. 北京：北京师范大学出版社，2011.

[20] 庞丽娟. 教师与儿童发展 [M]. 北京：北京师范大学出版社，2014.

[21] 么娜，胡彩云. 幼儿游戏活动指导 [M]. 上海：华东师范大学出版社，2021.

[22] 刘智成，龚书静，马媛. 幼儿园游戏与指导 [M]. 北京：中国科学技术出版社，2022.

[23] 叶小红. 幼儿园游戏与指导 [M]. 南京：江苏凤凰教育出版社，2009.

[24] 刘美琴，崔梅. 幼儿游戏活动指导 [M]. 上海：复旦大学出版社，2022.

[25] 李春良，幼儿游戏与指导 [M]. 上海：复旦大学出版社，2022.

[26] 翟理红. 学前儿童游戏教程 [M]. 上海：复旦大学出版社，2019.

[27] 杨枫，学前儿童游戏 [M]. 北京：高等教育出版社，2019.

[28] 李珊泽，刘璐，黄雪. 幼儿园游戏设计与指导 [M]. 重庆：西南师范大学出版社，2019.

[29] 梁庆丽. 建构主义理论视野下的幼儿园智力游戏开展的现状及对策研究 [D]. 长春：东北师范大学，2013.

[30] 唐冬梅，徐东. 安吉游戏与利津游戏的异同比较及启示 [J]. 贵州师范学院学报，2019，35（04）：60–66.

[31] 王晶，刘思妤，沈建洲. "安吉游戏"与"利津游戏"比较及启示 [J]. 陕西学前师范学院学报，2018（1）：13.

[32] 常晶. "安吉游戏"为什么能够走向世界 [N]. 中国教育报，2016–10–26（01）.

[33] 梁庆丽. 建构主义理论视野下的幼儿园智力游戏开展的现状及对策研究 [D]. 长春：东北师范大学，2013.

[34] 王一丹，卢钰洁，颜冉，等. 发展"情与智"的互动性益智玩具设计报告 [J]. 设计，2017，268（13）：120–121.

[35] 任佳盈，黄凯，漆胜超. 幼儿数学玩具五大设计策略 [J]. 中外玩具制造，2021，211（10）：70–72.

[36] 孔丹，王义. 综合类自制学前玩教具：超级口袋剧场 [J]. 中国现代教育装备 .2019–（6）.62–66.

[37] 刘冬梅，陈亚利，王晓鸿. 运动类自制学前玩教具：超级魔毯 [J]. 中国现代教育装备，2019（16）：69–72.

[38] 李妍. 教赫赫拍皮球 [J]. 幼儿教育，2009，（Z1）：79.

[39] 陆晓霞. 规则改变一点 活动自主一点 [J]. 幼儿教育，2012，（16）：26–27.